Isabelle Filliozat

Elternliebe – Elternhaß

Isabelle Filliozat

ELTERNLIEBE ELTERNHASS

Das lebenslange Drama zwischen Eltern und Kindern

Aus dem Französischen
von Enrico Heinemann

Piper
München Zürich

Die Originalausgabe erschien 2004 unter dem Titel
»Je t'en veux, je t'aime. Ou comment réparer la relation
à ses parents« bei Jean-Claude Lattès, Paris.

ISBN 3-492-04702-5

Satz: seitenweise, Tübingen
Druck und Bindung: GGP Media GmbH, Pößneck
Printed in Germany

www.piper.de

Für Anne,
die Mutter meines Vaters,
ehe sie meine Großmutter wurde.

Für alle Eltern,
denen der Mut fehlt,
die Verletzungen wahrzunehmen,
die sie bewußt oder unbewußt
ihren Kindern zugefügt haben.

Und als Hommage an all diejenigen,
die ihren Kindern ebenso wie ihren Eltern
ihr Herz öffnen.

Inhalt

Einführung

»Ich warte unten auf Sie.« Ich gehe leise hinaus und schließe hinter mir die Tür. Mutter und Tochter umarmen sich. Ich möchte ihre wiedergefundene Intimität nicht stören. Ich steige die Stufen meines Behandlungszimmers hinab und habe das angenehme Gefühl, gute Arbeit geleistet zu haben. Wieder einmal hat der Zauber gewirkt. Aus dem Verhältnis, das so konfliktträchtig und schmerzlich schien, ist eine zärtliche und konstruktive Beziehung geworden. Ich helfe gern zwei Menschen dabei, ihren Dialog wieder in Gang zu bringen und so erneut das Band der Liebe zu knüpfen.

Über Eltern wird in der Psychotherapie häufig gesprochen, aber es kommt eher selten vor, daß man sie zu einer Sitzung einlädt. Die Verletzungen aus der Kindheit werden ganz selbstverständlich thematisiert, während nur selten versucht wird, sie durch aktive Teilnahme der Eltern zu heilen. Seit einigen Jahren kommt es bei mir immer häufiger vor, daß die Eltern meiner Klienten an Sitzungen teilnehmen – eine therapeutische Inszenierung, die intensive Emotionen freisetzt.

Vor über fünfzehn Jahren bin ich das erste Mal auf die Idee gekommen. Eine Frau berichtete mir, wie verzweifelt und hilflos ihre Eltern sie machten. »Sie hören mir einfach nicht zu …«, klagte sie. »Du hast gut reden, daß ich mit ihnen sprechen soll. Du hast sie ja nicht vor dir. Ich will in deinem Beisein mit ihnen reden.« Ich war einverstanden, und auch die Eltern stimmten zu. Daraufhin erlebte ich eine meiner schönsten Szenen als Psychotherapeutin. Um ausreichend Zeit zu haben, haben wir zwei Sitzungen zusammengelegt. Vater und Mutter waren von weit außerhalb nach Paris gekommen und hörten jetzt ihrer Tochter zu. Sie sprachen miteinander und sagten sich Dinge, die sie nie laut hatten sagen können. Tränen flossen. »Ich bin jetzt fünfundvierzig, Papa, und sehe dich zum ersten Mal weinen!« Binnen einer Stunde lagen sie sich in den Armen.

Auf diese Weise entdeckte ich, wie sinnvoll und wirksam die Anwesenheit eines »unterstützenden Dritten« für solche Familienbegegnungen sein kann. Mein Eingreifen ist auf ein Minimum reduziert. Ich gebe nur ein paar Regeln vor zum Schutz der Personen und zum Ablauf des Gesprächs und sorge dafür, daß sie beachtet werden. Nicht meine Fähigkeiten bewirken das Wunder, sondern der vorgegebene Rahmen des Sprechens und Zuhörens, bei dem über den anderen kein Urteil gefällt wird.

Ich habe diese erste ermutigende Erfahrung dann möglichst oft wiederholt. Sehr häufig habe ich dabei sagen hören: »Zum ersten Mal sagst du mir: ›Ich liebe dich.‹« – »Das hast du mir aber noch nie gesagt.« Oder: »Ich hätte mir nie vorgestellt, daß du so leidest.« Ich bin jedesmal wieder gerührt. Es bedarf so weniger Voraussetzungen, um diesen Prozeß in Gang zu bringen! Viele Eltern brauchen einfach nur die Gelegenheit und die Ermutigung, um ihr Innerstes zu öffnen. Wenn es meinen Klienten gelingt, die eigenen Widerstände zu überwinden und ihre Eltern einzuladen, enden die Begegnungen meist in einer Aussöhnung. Selbst die Widerspenstigsten geben schließlich nach – wenn der Zeitpunkt stimmt. Einige Mißerfolge haben mir Gelegenheit gegeben zu lernen und meine Arbeitsmethode zu verfeinern: Wenn man beispielsweise die Begegnung in einer zu frühen Phase der Therapie stattfinden läßt, hören die Eltern nicht zu oder verstehen nicht, worum es geht. Auf die Gründe dafür werden wir später zurückkommen.

Psychologen (Analytiker, Therapeuten, Psychiater), spirituell orientierte Menschen, Christen und andere Gläubige, Philosophen – sie alle reden von Eltern, Kindheitsverletzungen und Vergebung. Zu dem Thema Vergebung ist schon viel Tinte geflossen. Oft sind die Positionen in dieser heiklen Frage verhärtet. Manche halten Vergebung für absolut notwendig – mit der einfachen Begründung, es sei schlecht, wenn wir unseren Eltern zürnten. Seltener wird dagegen der Standpunkt vertreten, daß Vergebung unmöglich und deshalb eine größere Distanz zur Familie anzuraten sei.

Ich habe seit zwanzig Jahren Hunderte von Personen auf ihrem Weg in die seelische Selbstbestimmung begleitet – ohne vorgefaßte Meinung, ob Vergebung zur Heilung notwendig sei oder nicht. Viele von ihnen haben verziehen, andere nicht. Nach meiner Erfahrung kann Vergebung nicht gesteuert werden. Sie stellt sich am Ende eines Weges entweder von selbst ein, oder sie bleibt aus. Ich bin zu dem Schluß gekommen, daß man sie sich nicht als Ziel setzen soll. Sie ist ein Geschenk. Eine zu früh gewährte Vergebung deckt Verletzungen zu, statt sie zu heilen. Bisweilen lindert sie eine Spannung und erzeugt die Illusion einer Befreiung, aber sie heilt nicht das tieferliegende Leiden. Viele Menschen behaupten, sie hätten ihren Eltern vergeben, schleppen aber noch immer (gegen sich oder andere) Aggressionen mit sich herum, die verraten, daß in ihnen weiterhin unbewußte Emotionen schwelen.

Verzeihen ist kein Instrument der *Wundheilung.* Man braucht es nicht, um sich von seiner Vergangenheit zu befreien. Aber es ist durchaus eine notwendige Etappe, um zwischen Menschen wieder Intimität herzustellen. Verzeihen ist eine Regung der Liebe, welche die *Beziehung sich erholen läßt.* Der Schwerpunkt meiner Arbeit liegt immer öfter in der Aussöhnung. Denn ich glaube an die Fähigkeit des einzelnen, sich dem anderen zu öffnen. Ich glaube an die Macht der Einfühlung, der Liebe und des Wortes, wenn es darum geht, beschädigte Beziehungen zu reparieren.

Vor einer Aussprache muß freilich ein Weg der inneren Heilung zurückgelegt werden, weil sich andernfalls die Situation noch verschlimmert. Ist man noch zu tief in den Gefühlen der Vergangenheit verstrickt, droht die Begegnung konfliktreich zu verlaufen. Ich werde den therapeutischen Prozeß zunächst beschreiben und Sie durch alle seine Stadien begleiten. Wir werden gemeinsam eine Bilanz der Beziehung zu Ihren Eltern ziehen und dann die Etappen im einzelnen durchgehen.

Manche Verletzungen gehen auf außerfamiliäre Umstände der Natur (Erdbeben, Vulkanausbrüche, Überschwemmungen und andere Katastrophen), die Gesellschaft (soziale Ungerechtigkeit, Krieg) oder auf die Schule und unverarbeitete Traumatisierungen der Adoleszenz zurück. Ohne die Bedeutung solcher Ereignisse für unsere persönliche Lebensgeschichte unterzubewerten, behandeln wir in diesem Buch, das der Aussöhnung mit den Eltern gewidmet ist, ausschließlich solche Verletzungen, die direkt oder indirekt von den Eltern verursacht wurden.

Wenn wir unsere Narben betrachten, tauchen wir in die Vergangenheit ein und stoßen wieder auf unser Erleben. Dann hören wir dazu die Stimmen unserer Eltern. Es ist nützlich, auch das zu verstehen, was in den Eltern abläuft. Es erhellt unsere Geschichte und kann unseren Einfällen einen Sinn geben. Wir werden lernen, zwei Realitäten zuzulassen und unsere Emotionen nicht zu unterdrücken oder zu verdrängen, wenn wir uns die andere Seite anhören. Bei diesem spannenden Unternehmen, bei dem Intimität geschaffen oder wiederhergestellt werden soll, dürfen wir uns auf kein schlichtes Gut-Böse-Schema einlassen und müssen die Komplexität des menschlichen Gefühlslebens verstehen. Unabhängig von den Motiven, die hinter den verletzenden Handlungen unserer Eltern stecken, haben wir ein Recht darauf, Wut auf sie zu haben und diese Wut zum Ausdruck zu bringen. Nur so können wir wieder ins Gleichgewicht kommen. Die Wut auf die Eltern wahrzunehmen ist eine Etappe, die zahlreiche, mitunter heftige Reaktionen auslöst. Widerstände haben vielfältige Ursachen. Wir gehen ihnen auf den Grund, überwinden sie und treten tiefer in Kontakt zu uns selbst, ehe wir dann eine Begegnung mit den Eltern wagen. Ein Brief oder persönliches Gespräch? Oder ein Treffen beim Therapeuten? Eine Vorbereitung ist jedenfalls unerläßlich, wenn man verstanden werden will. Auch wenn der Berg hoch erscheint, lohnt sich das Abenteuer dieses Weges. Die Gleichgültigkeit soll nicht die Oberhand behalten. Wir wollen den Mut aufbringen, in eine lebendige, sinnerfüllte Beziehung zu den Eltern zu treten.

An dieser Stelle danke ich allen, die mir in der Psychotherapie oder in meinen Kursen ihre Geschichte und ihre Emotionen anvertraut und mir die Veröffentlichung ihrer

Briefe erlaubt haben. Ich habe gelegentlich verschiedene, von meinen Klienten zurückgelegte Wegstrecken vermengt, um bestimmte psychische Mechanismen deutlich zu machen, und gewisse Details aus Gründen des Persönlichkeitsschutzes abgewandelt. Außer auf ausdrücklichen Wunsch hin habe ich sämtliche Namen der Beteiligten verändert.

Unabhängig von dem Klima, das in der Beziehung zu Ihren Eltern gegenwärtig herrscht, kann dieses Buch in Ihnen zahlreiche Emotionen auslösen. Wenn Sie den Eindruck haben, Sie hätten das schon hinter sich, dann prüfen Sie es nach. Die Angst davor, seinen Eltern entgegenzutreten, ist ein häufiger Grund für eine voreilig gewährte Vergebung. Vorsicht, auf diese Weise werden Sie Ihre Symptome nicht los.

Überstürzen Sie nichts. Sie verspüren möglicherweise den Drang, gleich zu Ihren Eltern zu eilen und sich alles von der Seele zu reden. Das bringt vielleicht Erleichterung, schafft aber keinen echten Dialog. Es wäre im Gegenteil eine Art Vermeidungsverhalten mit der unbewußten Absicht, die eigenen Gefühle in sich selbst nicht richtig spüren zu müssen. Nehmen Sie sich für diesen Schritt die notwendige Zeit. Überspringen Sie keine einzige der für den Entwicklungsprozeß notwendigen Etappen. Lesen Sie vielmehr weiter. Tragen Sie auftauchende Gefühle, Emotionen und Gedanken in ein Heft ein.

Gute Reise auf dem Weg zur Aussöhnung mit Ihren Eltern! Ich stehe Ihnen zur Seite.*

* Sie können mir über die Web-Adresse *filliozat.net* Fragen auf französisch und englisch stellen.

I Warum die Vergangenheit aufrühren?

Manche telefonieren täglich mit ihrer Mutter und andere nie. Manche bauen sich neben ihren Eltern ein Haus, während andere möglichst weit fortziehen. Manche können kaum eine Entscheidung ohne ihren Papa oder ihre Mama treffen, während für wieder andere ein Zusammentreffen zu Weihnachten, einer Hochzeit oder einer Beerdigung die einzigen Zugeständnisse an familiäre Verpflichtungen sind. Keine Beziehung gleicht der anderen. Hinter jeder steht eine lange – bereichernde oder belastende – Geschichte. Zwischen uns und unseren Eltern liegt eine Vergangenheit, die voller Gefühle steckt. Den passenden Abstand zu halten ist schwierig. Dem erwachsenen Kind wie den Eltern fällt es alles andere als leicht, die richtige Haltung zu finden. Resigniert meinen die meisten, das sei eben so. Daran könne man nichts ändern. Begegnungen werden von starren Verhaltensregeln bestimmt, die keiner mehr in Frage stellt.

Ein kompliziertes Verhältnis

Jeden Sonntag geht Johanna mit ihrem Mann und den Kindern zum Mittagessen zu ihren Eltern. Das Gespräch dreht sich ums Essen, um Krankheiten und ums Wetter. Belebt wird die Runde manchmal durch Gespräche über Erziehung (»Die Kinder heute sind anders«) oder Politik (»Die Regierung ist schuld«). Obwohl alle diese Pflichtbesuche etwas langweilig finden, stellt keiner sie in Frage. »Es sind eben meine Eltern!« meint Johanna resigniert.

Kinder lieben ihre Eltern und Eltern ihre Kinder, jedenfalls meistens. Man könnte denken, die Beziehungen zwischen Eltern und ihren Kinder seien die engsten und innigsten von allen. Aber das ist selten der Fall. Wie das Verhältnis von Johanna zu ihren Eltern sind sie oft oberflächlich und werden von Ritualen, Langeweile und Gewohnheiten beherrscht. Das Verhältnis kann distanziert, penetrant oder gespielt innig sein. Es kann konfliktträchtig oder wortkarg, oberflächlich oder gezwungen sein. Es kann schmerzhaft und gespannt oder neutral und fad sein. Ausgeglichen, gesund und harmonisch ist es nur selten. Woran liegt das?

Weil zur Harmonie gehört, daß wir auch Wut und Liebe zum Ausdruck bringen, beides Gefühle, die in unserer Gesellschaft oft mit einem Tabu belegt sind. Auch wenn Liebe im Spiel ist, schafft das noch keine harmonische und innige Beziehung. Innigkeit erfordert Authentizität. Und authentisch sein heißt, daß man sich selbst, seine Beziehung und seine Bedürfnisse ausdrückt und den Mut hat, Emotionen zu zeigen und Gefühle mitzuteilen. Aber über Gefühle spricht man in der Familie nur selten – oder oberflächlich. Verletzungen bleiben meist verborgen, seelisches Leid wird versteckt. Vor den anderen weint man nicht. Ängste gelten als lächerlich. Und in vielen Familien kommt selbst die Liebe nur selten zur Sprache. Zärtlichkeiten beschränken sich auf das Küßchen morgens und abends. Und bei einer zerbrechlichen Liebe genügt unserem Bedürfnis nach Zusammenhalt schon, wenn wir unsere oberflächliche Beziehung nicht gefährden.

Das Zusammenleben bringt zwangsläufig zahlreiche Konflikte mit sich: Jeder hat jene eigenen Bedürfnisse, die manchmal mit denen anderer nicht vereinbar sind. An sich sind Konflikte heilsam, weil sie notwendige Anpassungsleistungen provozieren, durch die der einzelne seinen Platz in der Gruppe findet. Konflikte zwischen Eltern und Kindern sind unvermeidlich und eine notwendige Voraussetzung für eine lebendige und dynamische Beziehung. Trotzdem hat man sie in der Familie gewöhnlich nicht gern. Streitigkeiten werden unter den Teppich gekehrt, kindliche Revolten niedergeschlagen, Beschwerden beiseite gewischt und Bitten selten angehört. Sicher gibt es auch Familien, in denen alle auf Gehör stoßen und alle respektiert und geschätzt werden. Aber weil (besonders heftige) Gefühle in unserem Kulturkreis wenig geschätzt werden, ist das echte gegenseitige Zuhören eher die Ausnahme. So haben viele Eltern insbesondere den Umgang mit Wut nicht gelernt und mißbrauchen ihre Erziehungsgewalt dazu, Kindern den Zorn zu verbieten. Viele, die in der eigenen Kindheit zu wenig Zuneigung erlebt haben, sind regelrecht abhängig von der Anerkennung ihrer Kinder. Sie ertragen keine Wutausbrüche und deuten diese leicht als Liebesentzug. Wenn ihre Kinder erwachsen geworden sind, schreckt diese der Gedanke, sich ihren Eltern offen zu widersetzen. Sie haben Angst, ihre Liebe zu verlieren, sie zu verletzen oder sogar an ihrem vorzeitigen Tod schuldig zu werden. Dabei sind die Eltern wie ihre erwachsenen Kinder gleichermaßen dafür verantwortlich, daß ihre Konflikte nicht gelöst, sondern totgeschwiegen, unter den Teppich gekehrt oder geleugnet werden.

Die Angst, die Liebe der Eltern zu verlieren, ist desto größer, je weniger sie spürbar war. Ein Paradox: Manche ziehen weit von ihren Eltern fort und besuchen sie möglichst selten, weil sie befürchten, ihre Zuneigung im Streit zu verlieren. Philipp hat seine Eltern elf Jahre nicht mehr gesehen. Nicht einmal die Geburt seines Sohnes hat er ihnen mitgeteilt. »Wenn ich sie nicht sehe«, sagt er leise, »leide ich weniger unter ihrer Gleichgültigkeit.«

Wenn es nie Streit gibt, heißt das noch lange nicht, daß niemand wütend ist. Wenn wir verletzt werden – ob wir es verdrängen oder nicht –, schwelt in uns der unterdrückte Zorn weiter. Oft ist uns dieser Groll gar nicht bewußt. So hört man häufig erwachsene Kinder sagen: »Ich mag meine Eltern sehr gern. Ich trage ihnen nichts nach.« Aber sie behandeln sie herablassend, entwickeln Aggressionen gegen sie, langweilen sich mit ihnen, haben ihnen nichts zu sagen oder wollen sie erst gar nicht sehen. *Langeweile ist ein Symptom für verdrängte Emotionen.*

Oft können unsere Eltern unsere Bedürfnisse nur deswegen nicht befriedigen, weil wir sie ihnen nicht mitteilen. Und so leiden wir still in uns hinein.

»Die ändern sich nicht. Ich habe die Hoffnung aufgegeben«, sagt Philipp. »Trotzdem kann ich mich mit dieser Situation nicht abfinden. Ich erwarte von ihnen noch immer Anerkennung. Ich glaube ihnen ja, daß sie mich lieben. Auf ihre Art tun sie das. Aber in Wahrheit existiere ich für sie nicht. Mein Vater kann nicht aufhören, mich herunterzuputzen, und meine Mutter schweigt sich hartnäckig über sich selbst aus.«

Manche bemühen sich, vermeintliche Erwartungen ihrer Eltern zu erfüllen, und erfahren dafür nur Kränkungen. Barnabas verrät uns: »Wenn ich meinem Vater eine Freude machen will und ihn besuche, bin ich hinterher verletzt und völlig fertig. Die ganze Nacht habe ich Alpträume.« Ähnliche Erfahrungen hat Brigitte: »Immer wenn ich meine Mutter besuche, muß ich mich danach am Abend übergeben.« Warum nicht ansprechen, was einem nicht paßt? Warum nicht die Gegensätze beim Namen nennen? Die Frustration zum Ausdruck bringen? Die Mißverständnisse ausräumen? Warum die Beziehung nicht verbessern?

Wenn man nicht sagen darf, was einem unter den Nägeln brennt, wenn man über das Verhältnis nicht reden kann und man seinen Groll lieber verschweigt, will man irgendwann gar nichts mehr sagen. So verödet die Beziehung und wird oberflächlich. Wo das reinigende Gewitter fehlt, wo der Regen nicht fallen will, bleibt der Himmel bedeckt und die Luft drückend schwül. Unterdrückte Gefühle sind ein Nährboden für unterschwellige Aggressionen. Die Verletzungen, Zurücksetzungen und Ungerechtigkeiten, die zwangsläufig jedes Leben in Gemeinschaft begleiten, können so weder ausgesprochen noch verstanden oder gar wiedergutgemacht werden.

Die Beziehung zwischen Eltern und Kindern erscheint uns als etwas ganz Natürliches. Doch genauer betrachtet erfordert sie eine phänomenale Anpassungsfähigkeit! Wir sind mit zwei Monaten, im Alter von fünfzehn, mit dreißig oder siebzig Jahren nicht mehr dieselben Personen. Unsere Bedürfnisse verändern sich ständig im Lauf unseres Lebens. Kinder wachsen heran, und die Eltern werden älter – also muß sich ständig eine neue Beziehung einspielen und immer wieder an die Weiterentwicklung der beiden Parteien anpassen. Wenn man sich auf ein festes Bezugsschema einrichtet, droht man den anderen auf einen bestimmten Entwicklungsstand festzulegen. Für die notwendige Flexibilität braucht es ausreichend innere Sicherheit. »Mutter, ich bin doch keine zwölf mehr!« – hört man oft sagen. Doch der Hinweis geht ins Leere. Die Mutter oder der Vater wollen es einfach nicht wahrhaben. Halten sie nur an einer Gewohnheit fest? Oder haben sie das Bedürfnis, eine Zwölfjährige vor sich zu sehen, damit sie sich gebraucht fühlen? Manche Eltern wollen die Zeit anhalten und weigern sich zu sehen, daß ihre Kinder sich weiterentwickeln. Wem Macht über das eigene Leben fehlt, möchte möglicherweise (mehr oder weniger bewußt) an der Macht über seine Kinder festhalten. All diese Machtspiele belasten die Beziehung. Was nicht gelöst ist, bleibt doch präsent wie der Braten und die grünen Bohnen auf dem Tisch. Und um es nicht sehen zu müssen, starrt jeder stumm auf seinen Teller.

Zwischen Eltern und Kindern besteht eine ganz besondere Bindung. Sie dauert länger und prägt uns nachhaltiger als jede andere. Sie beginnt mit der Empfängnis und endet auch mit dem Tod der Eltern noch nicht, da wir doch deren Bild ein ganzes Leben in uns tragen. Fannys Vater ist vor fünf Jahren gestorben. Trotzdem schafft sie es nicht, sich innerlich von ihm zu lösen. Er begleitet ihren Alltag und behindert sie in ihren Entscheidungen. Die Vorstellung, er könne etwas dagegen haben, lähmt sie und engt ihre Wahlmöglichkeiten ein. Das Verhältnis, das in den ersten Tagen, Monaten und Jahren des Lebens zwischen Eltern und Kind entsteht, ist das Vorbild für unsere künftigen Beziehungen. Die Denkstrukturen, Verhaltensmuster und Schutzmechanismen, die wir in dieser Zeit entwickeln, bestimmen unsere Persönlichkeit. Diese Prägung durch die Eltern verschwindet auch nicht mit deren Tod. Wenn Frustrationen unsere Beziehung belastet haben, haben Vater und Mutter noch aus dem Grab heraus Macht über uns. Solange die Differenzen nicht ausgeräumt wurden, verfolgen uns ihre Gespenster. Wut, Ängste und Verzweiflung speisen bewußt oder unbewußt negative Meinungen über uns selbst, über andere und über die Welt.

Ob Eltern noch leben oder schon im Jenseits sind, ändert an der Sache nichts. In unseren Köpfen bleiben Verstorbene noch lange lebendig. Das Verhältnis zu den Eltern ist für alle bedeutsam, aber für niemanden einfach. Wer dies in Abrede stellt, hat verdrängt, wie sehr dieses Band seine Existenz bestimmt.

Die Beziehung zwischen Eltern und Kindern hat etwas »Zwangsläufiges«, insofern wir uns unsere biologischen Eltern nicht aussuchen können. Die uns das Leben schenkten, haben an uns ein dauerhaftes Erbe weitergereicht. Und auch unsere Eltern haben sich schließlich uns nicht unbedingt ausgesucht. Das einzige, das wir wählen können, ist die Art unserer Beziehung zueinander und wie sie sich entwickelt. Und wir können entscheiden, miteinander glücklich sein zu wollen!

Das Unbehagen in der Beziehung

Unsere Eltern leiden unter einer oberflächlichen Beziehung genauso sehr wie wir. Meist wissen sie einfach nicht, wie sie sich anders verhalten sollen. Oft waren sie selbst seit frühester Kindheit einen Mangel an Kommunikation gewöhnt; vielleicht haben sie nie Intimität erfahren. Trotzdem können sie spüren, daß ihnen etwas fehlt. Sie kompensieren diese schmerzhafte Beziehungsarmut mitunter durch ärgerliche bis unerträgliche Verhaltensweisen. Obwohl die Eltern sich über Ihren Besuch freuen, verbringt die Mutter den Sonntag in der Küche, und der Vater bleibt im Garten, so daß Sohn oder Tochter sie kaum zu Gesicht bekommen. Sie sind stolz, wenn Sie mit Vergnügen den Teller leer essen und abends noch Salat und hausgemachte Marmelade nach Hause mitnehmen, aber sie schließen Sie nicht in die Arme oder können auch nicht ehrlich mit Ihnen reden. Johanna hat die Besuche bei ihren Eltern satt. Sie vertraut mir an: »Meine Mutter hebt die Arbeit offenbar immer bis zu meinem Besuch auf. Ich habe nie Ruhe. Dauernd müssen Erbsen ausgeschotet, Töpfe weggeräumt oder Fensterläden gestrichen werden. Ich bin es leid. Wir führen nie ein richtiges Gespräch. Immer heißt es Arbeit, Arbeit, Arbeit...« Gemeinsam zu arbeiten kann Spaß machen und angenehm sein, solange es nicht zum Zwang oder zu einem Ersatz wird, weil man nicht weiß, was man sich sagen soll. Dann bleibt man plaudernd in der Küche stehen und schält dabei Kartoffeln. Und wer sagt schon gern zu seiner Mutter: »Schluß jetzt, Mama. Leg das sofort hin und setz dich zum Reden aufs Sofa!«

Manche Eltern behandeln erwachsene Söhne oder Töchter immer noch wie Kinder. Andere (oder dieselben in anderen Situationen) verkehren die Beziehung und erwarten von den Kindern eine Verantwortung oder mütterliche Zuwendung, die sie von ihren eigenen Eltern nicht bekommen haben. Magdalena überschüttet ihre Tochter mit Ratschlägen, wie man richtig abwäscht. Paul drängt sich regelrecht auf, um in der Wohnung seiner Tochter alle Reparaturen durchzuführen. Camilla holt jeden Dienstag – zum Ärger der Schwiegertochter – bei ihrem Sohn die Wäsche zum Waschen und Bügeln ab. Gilbert jammert immerzu über Rückenbeschwerden, Krampfadern und schlechte Leberwerte und beklagt sich, daß sein Sohn diese Woche nicht vorbeikommen will. Solche Verhaltensweisen dienen dazu, eine Beziehung zwar aufrechtzuerhalten, aber dabei echte Gefühle zu unterdrücken. Eltern werden desto unangenehmer, je stärker sie unter fehlender Intimität leiden. Sobald die Nähe wiederhergestellt ist, verschwinden die Marotten oft von selbst. »Ich hätte nie gedacht, daß sie sich so verändern kann. Das ist Wahnsinn: Seitdem wir geredet haben, ist sie nicht mehr dieselbe. Ich besuche sie jetzt richtig gern. Vorher war das für mich undenkbar«, sagt Maria über ihre Mutter. Und ihre Mutter meint dazu: »Seitdem meine Tochter mit mir geredet hat, habe ich es leichter. Ich stehe zu mir selbst und verstehe sie besser.«

Ärgerliche, gereizte Verhaltensweisen sind der verkappte Versuch, Kontakt herzustellen. Oft sind das ernste Symptome einer gestörten Beziehung. Sie sollten aber über Ihre Eltern nie mehr fatalistisch sagen: »Sie sind eben so.« Ihr nerviges Verhalten hilft ihnen, den Mangel an Nähe nicht spüren zu müssen. Wenn Sie sich nächstes Mal über einen Elternteil ärgern, schauen Sie ihn doch liebevoll an. Dann erkennen Sie, wie sehr ihm das vertraute Verhältnis zu Ihnen fehlt. Das macht Ihnen Mut, es wieder herzustellen.

Deutungen und Mißverständnisse

Andreas und Bernhard reden nicht mehr miteinander. Sie sind sauer aufeinander. Christine, Andreas' Frau und Bernhards Schwester, hört sich die Vorwürfe beider an: »Dein Bruder ist ein Drückeberger«, klagt Andreas. »Ich streiche das Wohnzimmer, repariere die Rohre im Bad, und er rührt sich nicht von der Stelle. Seitdem wir mit der Renovierung angefangen haben, kommt er jedes Wochenende vorbei. Er schaut mir zu und macht keinen Finger krumm. Macht der sich über mich lustig?«

Christine nimmt die Empörung ihres Mannes zur Kenntnis und will wissen, wie ihr Bruder die Sache sieht. »Dein Mann ist ein Blödmann«, seufzt Bernhard. »Ich komme jede Woche bei euch vorbei, und Andreas fragt mich kein einziges Mal, ob ich ihm zur Hand gehen kann! Der meint wohl, ich sei zu blöd dazu.«

Überrascht teilt Christine ihm mit, daß Andreas seine Hilfe gern in Anspruch genommen hätte. »Ach was«, antwortet Bernhard, »wenn er Hilfe gewollt hätte, hätte er es ja wohl gesagt!«

Jeder sieht die Dinge von seiner Warte aus. Um diese Wahrheit kommt man nicht herum. Wir haben verschiedene Standpunkte, weil wir verschieden sind. Wir deuten Dinge auf die jeweils eigene Art, je nach dem eigenen Blickwinkel und der eigenen Geschichte. Und die meisten Mißverständnisse entstehen wohl in der Beziehung zwischen Eltern und ihren Kindern. Wie kann ein Baby eine Handlung seiner Mutter so deuten wie sie? Es kann sich noch nicht von der unmittelbaren Erfahrung lösen und sich die Gründe für ihr Verhalten vorstellen. Es fehlt ihm die Fähigkeit, sich »in ihre Lage zu versetzen«. Auch viele Eltern können sich nicht in ihr Kind hineinversetzen, weil das mit Ängsten und Projektionen behaftete Gefühle aus ihrer eigenen Kindheit wachrufen würde.

Wenn man nicht miteinander redet, sich nicht zuhört, ist der Krieg vorprogrammiert. Miteinander reden, Dinge ansprechen bedeutet die Chance, Mißverständnisse auszuräumen.

»Ich weiß genau, was mir mein Vater dann sagen wird ...«, vertraute mir Nadia an. Sie war absolut davon überzeugt, daß ihr Vater einen Jungen hatte haben wollen, weil sie seine vierte Tochter war. Aber in Wahrheit war ihr Vater mit ihr vollkommen glücklich und hatte nie einen Buben gewollt. Während der psychotherapeutischen Arbeit konnte Nadia die Wurzeln ihrer Überzeugung freilegen. Sie hatte Vorteile darin entdeckt, ein Junge zu sein, und kleidete und frisierte sich deshalb als Junge. Und sie spielte nicht deshalb den Buben, weil ihr Vater es wollte, sondern weil diese Rolle ihr Schutz bot: Nadia wurde Papas Liebling. Weil die Mutter ihren Vater nicht begleiten wollte, nahm er sie ins Restaurant, auf seine Spaziergänge und zu anderen Aktivitäten mit. Und er behandelte sie wie seine Frau. Nadia fühlte sich von ihrem Vater zwar angezogen, lehnte diese Rolle aber ab. Bei so viel Nähe und Intimität konnte die Beziehung leicht auch einen sexuellen Charakter bekommen. Als Bub war sie davor offenbar geschützt. Die Rolle des Jungen legte zwischen sie und ihren Vater eine beruhigende Distanz. Zugleich ließ auch das Rollenverhalten der Eltern die Existenz als Mann erstrebenswerter erscheinen. Unbewußt mag Nadia die Überlegung angestellt haben: »Will ich ein Mann oder eine Frau werden? Wie Mama will ich nicht werden. Frauen sind nicht besonders glücklich. Sie bleiben wie Mama daheim und stöhnen unter der Last des Haushalts. Und sie sind wie Mama deprimiert. Männer haben dagegen ein schönes Leben. Papa ist freier als Mama. Er wirkt glücklich, geht aus, ißt im Restaurant, besucht das Theater, geht arbeiten, verwirklicht sich ...«

Wenn Nadias Vater für ihre Identifikation mitverantwortlich war, so nicht deshalb, weil er sich einen Jungen gewünscht hätte, sondern weil er in seiner Ehe an einer ungleichen Lastenverteilung festhielt. Die Mutter konnte Nadia nicht als Vorbild dienen. Freiheiten wie die des Vaters waren scheinbar nur als Junge zu erlangen. Als Bub konnte sie dem Vater nahe sein, ohne einen Inzest befürchten zu müssen, und sich für ihre Zukunft etwas Besseres vorstellen, als die Rolle ihrer Mutter zu übernehmen.

Als Nadia die wahren Ursachen für ihr männliches Rollenverhalten entdeckt hat, kam sie wieder zu sich. Sie gewann eine liebevollere Einstellung zu sich selbst und konnte ihre Weiblichkeit bejahen und genießen.

Nadias Beispiel zeigt, auf welche komplexe Weise Überzeugungen entstehen, die uns im Leben leiten. Hüten wir uns vor voreiligen Deutungen. Nadias Vater hat an seine Tochter komplizierte Botschaften ausgesandt. Nicht der Wunsch nach einem Sohn war sein Problem. Seine Tochter durfte gern ein Mädchen sein: Er ging ja mit ihr aus, als sei sie seine Frau, und machte ihr Geschenke (auch Kleider, die sie allerdings nicht anzog…). Aber die vorgelebten Rollen in seiner Ehe beinhalteten gleichzeitig die Botschaft: »Man ist doch besser ein Mann.« Und eine weitere zwiespältige Botschaft lautete: »Führe mich nicht in Versuchung.«

Mit oder ohne Worte, bewußt oder unbewußt richten Eltern alle möglichen Botschaften an ihre Kinder. Und die nehmen sie bewußt oder unbewußt auf und deuten sie je nach den verfügbaren Hinweisen aus ihrem Umfeld.

Ludger ist in die Fußstapfen seines Vaters getreten. Schon der hatte den traditionellen Beruf der Familie ergriffen. Ludger hat die Botschaft verstanden: »Auch du mußt die Familientradition fortführen.« Inzwischen hat mir Ludgers Vater anvertraut, daß er sich für seinen Sohn in Wahrheit einen anderen Weg gewünscht hätte. Er selbst habe die eigene Berufswahl als Fehler angesehen; er war aber nie auf den Gedanken gekommen, mit seinem Sohn darüber zu reden. Er ließ ihm einfach die Wahl und begnügte sich mit einem »Tu, was du willst«. Um seinen Beruf wirklich frei wählen zu können, hätte Ludger von der Verpflichtung auf die Tradition aber ausdrücklich entbunden werden müssen. Sein Vater hätte ihm etwa sagen müssen: »Mach ruhig etwas anderes, wenn du willst. Ich habe mich bei der Berufswahl geirrt. Begehe nicht den Fehler, unbedingt in meine Fußstapfen zu treten. Du bist mir als Sohn lieb, ganz egal, was du beruflich machst. Du braucht dich nicht so zu quälen wie ich.« Sprachlosigkeit kann über einen Werdegang entscheiden. Besser, man redet spät als nie. Wir haben vom Denken und den Gefühlen unserer Eltern alle möglichen Vorstellungen, ohne sie je überprüft zu haben.

In meinem Sprechzimmer weint Sonja. Auf dem Stuhl neben ihr sitzt ihre Mutter. Sie flüstert ihr zwischen zwei Schluchzern zu: »Du kannst mich nicht leiden. Ständig kritisierst du an mir herum …« Die Mutter hört mit voller Aufmerksamkeit zu. Die Gefühle ihrer Tochter gehen ihr sichtlich nahe. »Ich sehe doch, daß dir keine meiner Entscheidungen paßt.« Die Mutter fällt aus allen Wolken. Sie fragt nach, was die Tochter denn meine, und bittet um Beispiele. »Als ich meine erste Wohnung hatte, habe ich dir stolz die Einrichtung gezeigt. Du hast kein Wort gesagt. Zu den gelben Vorhängen hast du nur gemeint: ›Bei mir hätte ich die nie aufgehängt!‹« Die Mutter platzt heraus: »Aber überhaupt nicht. Ich habe dich doch nicht kritisiert, ganz im Gegenteil. Du weißt ja gar nicht, wie ich dich für deine guten Ideen immer bewundere. Diese Vorhänge waren wunderschön! Phantastisch! Sie waren so originell. Als ich gesagt habe: ›Bei mir hätte ich die nie aufgehängt‹, habe ich doch bloß gemeint, daß ich nicht so einfallsreich bin wie du. Ich hätte zu so etwas nie den Mut gehabt. Ich beneide dich um diesen Mut. Natürlich haben mir die Vorhänge gefallen! Als du sie abgehängt hast und wegwerfen wolltest, habe ich sie eigens abgeholt. Sie liegen jetzt noch bei mir im Keller.«

Mißverständnisse sind zu achtzig Prozent für die Probleme in unseren Beziehungen verantwortlich. Wenn man nicht miteinander redet, seine Erfahrungen, seine Gefühle und Deutungen nicht mitteilt, bleibt man mit seinen – manchmal schmerzhaften – Überzeugungen allein.

Kann ich die Vielschichtigkeit der menschlichen Gefühle in Worte fassen? Die Komplexität des menschlichen Lebens wiedergeben?

Sebastian hat bei den Eltern immer wieder um ein Brüderchen oder Schwesterchen gebettelt. Deswegen kam seine Reaktion, als sie ihm schließlich seinen kleinen Bruder Volker präsentierten, völlig überraschend: Sebastian geriet heftig in Zorn und zeigte rasende Eifersucht. Von diesem Augenblick an war sein Blick nie wieder derselbe. Wie kann man Sebastian verstehen? Er wollte unbedingt ein Geschwisterchen, aber eben eines, das seinen Wünschen entsprach, einen Spielkameraden, damit er in seinem Zimmer nicht mehr allein sein würde… Daß ein Säugling in die Familie kommen und die Aufmerksamkeit seiner Mama und seines gesamten Umfelds auf sich ziehen würde, das hatte er nicht erwartet. Ein kleiner Bub empfindet es als ungerecht, wenn er einen kleinen Bruder oder eine Schwester vor die Nase gesetzt bekommt. Aber Eltern sehen es als ihr Recht an, zwei oder drei Kinder zu wollen.

Ungerecht für den einen, gerecht für den anderen! Nach einem Schuldigen zu suchen ist offensichtlich müßig. »Jeder sieht die Dinge von seiner Warte aus« bedeutet zugleich, daß jeder das Recht hat, Ereignisse oder Situationen auf seine Weise zu empfinden. Die eigenen Gefühle sagen nichts über die realen Empfindungen der anderen aus. In Situationen, die unsere Eltern nach ihren Einstellungen gestaltet haben, dürfen wir wütend werden oder andere Gefühle empfinden. *Aber das Recht auf die eigene Wut bedeutet nicht, daß der andere im Unrecht ist!* Und dieser Hinweis gilt auch umgekehrt. Ich höre so oft: »Ich kann ihm nicht böse sein. Es ist doch nicht seine Schuld.«

Muß man die Vergangenheit aufrühren?

Wie könnten Eltern und Kinder angesichts der komplizierten Verhältnisse und der heftigen Gefühle lebenslang ein ungetrübtes Verhältnis unterhalten? Wir werden zwangsläufig mit Konflikten konfrontiert, die wir austragen müssen, wenn die Beziehung nicht verkümmern soll. Trotzdem versucht Verena mir weiszumachen, sie habe mit ihren Eltern keinerlei Probleme: »Ich habe sie drei Jahre nicht gesehen. Ich bin ihnen aber keineswegs böse. Ich habe einfach keine Lust, sie zu besuchen.« Warum hat sie keine Lust auf eine Begegnung, wenn die Beziehung so ungetrübt ist wie behauptet? In Wirklichkeit hat sie vor ihren Eltern Angst. Sie fürchtet, beurteilt, ja herabgesetzt zu werden. Sie gesteht ihren Eltern noch immer so viel Macht über sie zu, daß sie einer Auseinandersetzung lieber aus dem Weg geht. Verenas Angst ist weitverbreitet. Viele Erwachsene leugnen, daß die Beziehung zu ihren Eltern große Bedeutung für sie hat. Sie wiegeln ab oder übertreiben und schieben das Problem lieber beiseite. Manche unterziehen sich jahrelang einer Psychotherapie oder einer Analyse, aber mit ihren Eltern offen reden wollen sie nicht. »Muß ich mit meinen Eltern wirklich die Vergangenheit aufrühren?« Diese Frage kommt immer wieder, gequält, voller Angst und Schmerz. Dann höre ich alle möglichen Ausflüchte: »Mein Vater ist doch ein alter Mann.« – »Er hat sich geändert.« – »Er hat sich nicht geändert.« – »Meine Mutter hat Krebs.« – »Das würde ihr zu wehtun.« Wenn eine Auseinandersetzung mit den Eltern in Aussicht genommen wird, nehmen manche ihre vorher gemachten Äußerungen zurück: »Ich bin gar nicht wütend auf meine Eltern, ich habe sie gern. So ein Gespräch kann ich mir nicht vorstellen.« – »Ich brauche keine Aussöhnung, ich habe doch gar nichts gegen sie.« Andere führen ins Feld, sie hätten diese Phase bereits hinter sich: »Das ist nicht nötig: Ich habe ihnen schon verziehen.« Und manche sind rachsüchtig: »Kommt nicht in Frage. Der hat mir zu sehr wehgetan. So leicht mache ich es ihm nicht.«

Solch hohe Hürden können der Begegnung mit den Menschen, die unsere Eltern waren (und noch sind), im Weg stehen. Und dabei ist es doch selbstverständlich und normal, daß eine so lange, vielschichtige Beziehung wie die zwischen Eltern und Kindern immer wieder aufgearbeitet werden muß. Warum haben wir so große Scheu davor?

Jahrhundertelang wurde gepredigt, wir müßten Vater und Mutter achten. Bei dieser angeblichen Achtung ging es in Wahrheit darum, durch Angst Unterwerfung einzufordern. Traditionen sollten festgeschrieben, die festgefügte Ordnung aufrechterhalten und die Macht der Ahnen gesichert werden. Ist es mit Blick auf die Entwicklung der

Menschheit nicht paradox, wenn das Urteil der Eltern mehr gefürchtet wird als das der Kinder? Die Zustände auf unserem Planeten verraten, wohin so eine Einstellung führt.

Dutzende von Eltern suchten bei mir Rat, Hunderte erhielten von ihren Kindern Briefe. Die meisten brachten ihren Kindern gegenüber zum Ausdruck: »Ich konnte mir nicht vorstellen, daß du so sehr darunter leidest… Das hätte ich gern früher gewußt… Das tut mir leid, wie kann ich es wiedergutmachen?« In meinem Sprechzimmer habe ich phantastische Eltern erlebt: Sie kamen steif, ängstlich, genervt und abwesend… und gingen gerührt, aufmerksam, herzlich und liebevoll.

Die Eltern, die ihren Kindern einfach nicht zuhören wollten, die unsensibel und egozentrisch geblieben sind, kann ich an einer Hand abzählen. Es gibt sie, und ich habe sie in meiner eigenen Familie erlebt. Nicht jedes Wiedersehen endet in Harmonie, und so manche Eltern widerstehen mit sehr viel Energie unseren Versuchen, echten Kontakt zu ihnen herzustellen. Die Gründe dafür analysieren wir an späterer Stelle.

Man kann sich sprunghaft weiterentwickeln, ohne seine Eltern in Frage zu stellen, ohne zu den Emotionen des Kindes in sich vorzudringen. Man kann sein Gefühls- und sein Berufsleben bereichern, kann Selbstvertrauen entwickeln und sich in seinem sozialen Umfeld wohl fühlen. Trotzdem bleibt in uns eine Zone der Verletzlichkeit, der fehlenden Authentizität.

Wenn man mit den Eltern über seine Geschichte nicht reden kann, ist man für sie keine vollwertige Person. Man entfernt sich von ihnen körperlich oder seelisch und leidet still weiter. Wenn wir nichts sagen, begegnen uns die Eltern weiterhin mit verletzenden Verhaltensweisen.

Warum sollen wir mit unseren Eltern reden?

Zunächst einmal: *Warum sollten wir es nicht tun?*

Gründe gibt es genug: damit das gemeinsame Essen in der Familie wieder lebendig wird; damit wir zu einer erfüllten und befriedigenden Beziehung zurückfinden, damit das Leiden aufhört; damit wir wirklich erwachsen werden und uns von der Vergangenheit befreien. Den Bodensatz aufrühren steht am Anfang einer Reinigung. Es ist gefährlich, auf eine Wunde ein Pflaster zu kleben, ehe sie gesäubert und desinfiziert ist. Und je tiefer sie klafft, desto größer ist die Gefahr. Sie kann sich infizieren und eine lebensbedrohliche Blutvergiftung auslösen.

Eltern wie Kinder können nur gewinnen, wenn sie den Weg zur Versöhnung beschreiten. Echte Risiken gibt es keine, sofern wir einige Gesetze der Psychologie und Regeln des richtigen Umgangs miteinander beachten. Auf sie kommen wir noch zurück. Es kann eigentlich nicht mehr passieren, als daß sich eine Beziehung einstellt, die wieder von Liebe, Harmonie und einer größeren Solidarität zwischen den Generationen geprägt ist.

Sie wissen jetzt, »warum« man die Vergangenheit »aufrühren« soll. Wenden wir uns jetzt der Frage nach dem »Wie« zu: Ehe wir uns mit den Eltern zusammen der Vergangenheit zuwenden können, müssen wir uns mit uns selbst befassen. Blicken wir der ungeschminkten Wahrheit ins Gesicht. Schauen wir auf unsere Verletzungen, und hören wir auf die Klage des Kindes in uns.

II Unsere Geschichte: Wunden und Narben

Mit unseren Eltern über die Verletzungen, die sie uns zugefügt haben, und unser Leid als Kind zu reden ist das Schwierigste von allem. Ich führe nicht alle Probleme eines Menschen auf seine Kindheit zurück. Vielfältige Faktoren bestimmen ein Leben. Aber unbestreitbar haben die Verletzungen, die man in einer frühen Phase der Entwicklung erlitten hat, dauerhaft unsere Persönlichkeit geprägt. Ein Trauma kann in einem heranreifenden Nervensystem unauslöschliche Spuren hinterlassen.

Täglich vertrauen mir Klienten im Sprechzimmer ihre Verletzungen an. Ich habe inzwischen dreiundzwanzig Jahre Praxis hinter mir und bin doch keineswegs abgestumpft. Die Wirklichkeit übertrifft die schlimmsten Vorstellungen. Manche Geschichten, die ich höre, sind so schrecklich, daß sie jeder, würde er sie als Film sehen, für eine Fiktion halten würde. Bei der grausamen Mißhandlung von Kindern scheint der Phantasie keine Grenzen gesetzt. Manchmal träume ich davon, wie es um die Menschheit stünde, wenn all diese Energien in den Dienst von Liebe und gegenseitiger Achtung gestellt würden.

Erniedrigungen, Drohungen, Prügel, moralischer Druck, herablassende Bemerkungen, Einsperren, Essensentzug, Liebesentzug, Demütigungen und Beschimpfungen, von denen man kaum glaubt, daß Eltern sich zu ihnen hinreißen ließen – die Liste der Mißhandlungen ist lang und sie anzuprangern noch immer wichtig. Nach wie vor leiden Kinder unter ihren Eltern – trotz der Vorstellung, sie seien die »Könige«. Zwar werden sie heute seltener geschlagen und öfter angehört, aber wirkliche Achtung liegt noch in weiter Ferne.

Manche Eltern sind erschreckend gewaltbereit. Wenn man die Fälle liest, die ich weiter unten darstellen werde, könnte man sie für übertrieben halten. Und oft denkt man, daß die Klagen der Opfer tatsächlich Übertreibungen sind. Aber die Erinnerungen sind da. Und wer mit mißhandelten Kindern arbeitet, kennt ihre verzweifelten Versuche, ihre Eltern zu schützen und die Auswirkungen der erlittenen Gewalt zu bagatellisieren. Erwachsene haben viele ihrer Erlebnisse vergessen. Aber ihr Körper erinnert sich an sie. Die innere Anspannung bleibt. Im Unbewußten zeigen sich die Spuren. Schwere Mißhandlungen gibt es noch immer und häufiger, als man glauben mag. Hören wir auf, das Idealbild unserer Eltern um jeden Preis aufrechtzuerhalten. Hören wir auf, ihnen bedingungslos zu vergeben, nur weil sie unsere Eltern sind. Eltern sind auch nur Menschen wie wir alle. Daß man die eigenen Eltern nicht anklagen darf, ist eine von Eltern errichtete Norm. Aber wir müssen der Wahrheit ins Gesicht blicken, sonst können wir nicht genesen.

Nicht alle Eltern lieben ihre Kinder. Und nicht alle

geben ihr Bestes. Und viele haben ein Problem: Sie wenden Gewalt an und mißbrauchen ihre Macht. Warum die Wahrheit verschweigen? Die Eltern wirklich achten würde heißen, sie in der elterlichen Mission zu unterstützen. Wenn sich eine Gesellschaft weiterentwickeln soll, haben erwachsene Kinder die Verantwortung, ihre Aufgabe besser als ihre Eltern zu erfüllen. Die Menschheit muß mit jeder Generation einen Schritt weiterkommen. Deshalb müssen wir die Fehler sehen und gestörte Erziehungsverhältnisse erkennen und benennen.

Keine Mutter, kein Vater ist vollkommen und keine Kindheit perfekt. Ist eine ideale Jugend ohne eine Frustration, ohne Verletzung denkbar? Wie sollte man denn sonst heranwachsen, sich der Außenwelt stellen, Grenzen erfahren und seine Kräfte erproben? Jede Persönlichkeit wächst in einem vielschichtigen Prozeß heran, in den Frustration und Verletzung eingehen. Aber nicht diese und nicht die Ungerechtigkeit allein erzeugen das Trauma, sondern erst das Verbot, die Wunde als Verletzung zu sehen. So erst entsteht die Unmöglichkeit, seine Emotionen auszudrücken, weil erst die Wahrnehmung Genesung ermöglicht. Hören wir auf, Eltern, Lehrer und alle Erwachsenen, die Macht über Kinder haben, in Schutz zu nehmen. Schützen wir lieber die Kinder. *Die Rechte von Kindern werden nur geachtet, wenn die Täter mit den Folgen ihrer Handlungen konfrontiert werden.* In diesem Kapitel befassen wir uns folglich mit Dramen, die sich zwischen Eltern und Kindern abspielen. Die »Liste« ist leider unvollständig. Ich vermische darin absichtlich schwere Mißhandlungen und alltägliche Ausrutscher, um auch die Bedeutung kleiner Übergriffe hervorzuheben. Lassen Sie dieses Kapitel auf sich wirken. Fällen Sie zunächst kein Urteil, sondern versuchen Sie körperlich nachzuempfinden, wie sich ein Kind in solchen Situationen fühlen muß.

Mißbrauch elterlicher Macht

Erwachsene sind kräftiger und stärker als Kinder. Kinder sind klein, verletzlich und vor allem abhängig. Aus allen möglichen Gründen geraten Eltern in Versuchung, die ihnen gegebene Macht zu mißbrauchen. Das ist leider ganz einfach. Nur wenige Hürden schützen davor. Und es ist so schwierig, seine Emotionen zu kontrollieren und seine spontanen psychischen Reaktionen zu beherrschen.

Im autoritären Verhalten zeigt sich das Machtspiel am deutlichsten. Eltern können autoritär, ja tyrannisch und gewalttätig werden, können demütigen und dem Kind mit unverhohlener Bosheit begegnen. Sie stützen ihre Macht auf Angst. Als deren Instrumente dienen Körperstrafen und Herabsetzungen. »Du taugst zu nichts. Schau doch deine Schwester an. Die kann's …« Auch Drohungen spielen eine Rolle, so die besonders häufige und einschüchternde Prophezeiung: »Wenn du nicht lernst, bleibst du sitzen.« Noch schwerwiegender sind Sätze wie: »Wenn du nicht lernst, kriegst du keinen Arbeitsplatz.« – »Wenn du dich nicht benehmen kannst, heiratet dich keiner.« – »Du landest noch in der Gosse.« Kinder stellen die Aussagen ihrer Eltern leider nicht in Frage. Autoritäres Verhalten hält das Kind durch Angst unter Druck.

Auch widersprüchliche Botschaften wirken als ein besonders destabilisierendes Machtspiel. Sie lassen dem Kind keine Möglichkeit, die Erwartungen der Eltern zu erfüllen. Laura berichtet ihrer Mutter von einem Paradebeispiel: »Du hast oft gesagt: ›Wenn du bettelst, bekommst du gar nichts.‹ Aber wenn ich dir gesagt habe, daß ich mir etwas vergeblich gewünscht hätte, hast du nur gemeint: ›Na ja, du hast ja auch nichts gesagt!‹« Ähnliche Erfahrungen hat auch Jakob gemacht, über die er in einer Auseinandersetzung mit seinem Vater spricht: »Ich wußte nie, wie ich mich verhalten sollte. Wenn ich nachmittags von der Schule nach Hause kam, habe ich den Kopf durch den Türspalt gesteckt, um dich im Wohnzimmer zu begrüßen. Dann wolltest du nicht gestört werden. Wenn ich aber gleich nach oben schlich, hast du dich aufgeregt, weil ich grußlos an dir vorübergegangen war.« Das ohnmächtige Kind kann machen, was es will, es zieht sich stets den elterlichen Zorn zu. Oft sind die Zwangslagen des Kindes subtiler: wenn die mündlich geäußerte Botschaft den unterschwelligen Erwartungen der Eltern widerspricht. Das Kind in der Zwickmühle kann nicht anders, als beim Vater oder der Mutter bewußt oder unbewußt Mißfallen zu erregen.

Moralischer Druck ist ebenfalls ein häufig eingesetztes Mittel, mit dem Eltern ihre Macht behaupten wollen, wie dieses Beispiel deutlich macht: »Weißt du noch, wieviel Spaß es dir gemacht hat, mir die Haare zu schneiden, obwohl ich sie wachsen lassen wollte. Alle Mittel waren dir recht. Am schlimmsten war der Tag, als Mama nicht da war und du mich nett gefragt hast: ›Willst du deiner Mutter einen Gefallen tun?‹ Obwohl es sich nach einer Falle anhörte, konnte ich nicht ›nein‹ sagen. ›Ja, ich will Mama einen Gefallen tun.‹ ›Gut, dann setz dich hier hin. Ich schneide dir jetzt die Haare.‹ Du bist wirklich ein Schwein, mich so unter Druck zu setzen. Meinetwegen kannst du mir die Haare abschneiden. Aber laß meine Mutter aus dem Spiel. Ihr sind meine Haare egal.«

Moralischer Druck kann ganz offen ausgeübt werden: »Tu es mir zuliebe.« – »Du bist gar nicht nett.« Oder die Eltern geben vor, abhängig und ein Opfer zu sein: »Du machst mich noch wahnsinnig.« – »Für dich opfere ich mich auf.« – »Ich bin doch krank.« Sie schieben die Verantwortung für die Situation auf das Kind ab und wecken in ihm Schuldgefühle. Sich selbst als Opfer darzustellen ist ein subtileres Spiel, aber nicht weniger gefährlich und schon deshalb niederträchtig, weil das Kind das Spiel von Mutter oder Vater nicht durchschaut. Wie soll man ein armes Opfer anklagen?

Dann gibt es die Macht der Glucken-Mütter und -Väter: Sie geben den Kindern keinen Raum zum eigenen Handeln oder zum Erproben von Risiken, sondern erledigen alles an ihrer Stelle. Sie weichen ihnen nicht von der Seite, räumen Schwierigkeiten aus dem Weg, ebnen die Bahn und bewahren sie vor Dummheiten, befriedigen Bedürfnisse und erfüllen Wünsche, die noch nicht formuliert, ja noch nicht einmal entdeckt worden sind. Auch so kann totale Kontrolle aussehen. Wie soll man sich solch fürsorglichen und opferbereiten Eltern entziehen?

Wenn der Erwachsene über das Kind Macht ausübt, blockiert er dessen Entwicklung zu einer selbstbestimmt handelnden Person. Es bleibt Partner in einem Spiel, das die Eltern inszeniert haben, und unterwirft sich deren Bedürfnissen. Unsere Beziehungen als Kinder sind Vorbild für unsere künftigen Beziehungen. Ein Kind muß den Eltern gegenüber einen klaren Blick entwickeln, muß sagen können: »Mama ist genervt«, und nicht: »Ich bin gemein.« »Papa regt sich auf«, und nicht: »Ich bin ein Nichts.« Nur so bleibt es in seiner Identität unbeschädigt, bildet seelische Widerstandskraft aus und behält keine psychischen Schäden zurück. Wenn es dagegen nicht erkennt, daß hinter der Beziehung zu seinen Eltern auch Machtspiele stecken, wenn es ein Idealbild aufrechterhält, das kein Hinterfragen zuläßt, dann bekommt es Schuldgefühle. Es erlebt sich als Versager, als böse, als nichtswürdig.

Natürlich wollen Eltern ihre Kinder nicht bewußt und gezielt in der Entwicklung stören. Dieses Ergebnis ist gewissermaßen der Kollateralschaden in einem an anderer Front geführten Krieg. Machtkämpfe haben stets die Aufgabe, das Wiederauftauchen eigener verdrängter Gefühle zu verhindern. Dieses Motiv ist stets mit dabei, wenn auch zumeist unbewußt: die Vergangenheit zum Schweigen bringen, seine persönliche Geschichte vergessen. Aus Angst, in Frage gestellt zu werden, brauchen Eltern das Gefühl der Überlegenheit. Dazu muß das Kind unten gehalten, gebrochen werden, damit es sich nicht auflehnt und vor allem nicht selbständig wird. In Wahrheit versuchen die Eltern die eigene Vergangenheit an die Leine zu nehmen. Sie sehen in ihrem Kind (unbewußt) sich selbst wieder. Indem sie es mißhandeln und die Machtposition ihrer eigenen Eltern einnehmen, demütigen und mißhandeln sie das Kind in sich selbst.

Aus mangelndem Selbstwertgefühl und fehlender innerer Sicherheit ertragen es manche Eltern nicht, daß ihre Kinder über sie hinauswachsen. Die erschreckende Antwort einer Mutter ist mir nachhaltig im Gedächtnis geblieben: Als ihre Tochter sie fragte, ob sie später einmal glücklicher sein dürfe als sie, antwortete die Mutter: »Ich wünsche dir, daß du mindestens so glücklich wirst wie ich.« Aber glücklicher zu werden erlaubte sie ihr nicht ausdrücklich. Die Frage ihrer Tochter konfrontierte sie offenbar auch damit, daß ihr eigenes Leben nicht immer so gut verlaufen war, wie sie gern glauben gemacht hätte. Die Frage der Tochter brachte sie in Bedrängnis. Manche Eltern werden mit der eigenen Sterblichkeit nicht fertig und suchen nach irgendeiner Form des Weiterlebens: Dann sollen ihre Kinder Wege gehen, die sie ihnen vorgezeichnet haben.

Der Mißbrauch elterlicher Macht liegt nicht immer klar auf der Hand. Er reicht vom Klaps auf das Händchen des Säuglings bis zum Einreden von Schuldgefühlen (»Ich opfere mich für dich auf! Du darfst mich nicht ärgern«); von der Verurteilung (»Du bist böse«) bis zur offenen Ablehnung (»Ich mag böse Kinder nicht«); vom moralischen Druck (»Magst du deine Mama nicht mehr?« oder »Wenn du das tust, mag ich dich nicht mehr«) bis zu Entscheidungen über den Kopf des Kindes hinweg (»Schneiden Sie ihr die Haare ganz kurz«) oder zu Vorgaben zur Berufswahl (»Du wirst Ingenieur«). Mißbrauch kennt viele Formen. Oft ist der Erwachsene sich des Mißbrauchs gar nicht bewußt. Es erscheint ihm normal, mit allen Mitteln Gehorsam zu erzwingen und über das Kind zu verfügen. Er sieht nicht, daß bei diesem Erziehungsstil Freiheit verleugnet wird. Strafen, Drohungen und Herabsetzungen sind bequeme Mittel zur Unterwerfung des Kindes. Weniger bequem sind dagegen die Auseinandersetzung mit seinen Bedürfnissen und das Nachdenken darüber, wie man ihm eine richtige Entwicklung ermöglicht. Machtmißbrauch fängt da an, wo die Bedürfnisse des Kindes und seine Person nicht mehr respektiert werden. Es ist normal und nützlich, wenn Eltern ihre Macht zum Wohl und Schutz des Kindes einsetzen. Aber das Maß hört da auf, wo Kinder gedemütigt, herabgesetzt und der Gefühle beraubt werden, die ihnen als innere Orientierung dienen. Oder wenn ihnen die Möglichkeit genommen wird, ihr eigenes Urteilsvermögen walten zu lassen und Einfluß auf die eigene Lebensgestaltung zu nehmen.

Wenn Sie wissen wollen, ob Sie selbst Opfer eines (bewußten oder unbewußten) Machtmißbrauchs durch Ihre Eltern geworden sind, beobachten Sie Ihre Reaktionen. Wenn es Ihnen widerstrebt, mit Ihren Eltern offen und ehrlich zu reden, hat dies seine Ursachen im Mißbrauch. Wenn Ihre Eltern ihre Macht verantwortungsbewußt eingesetzt haben, haben Sie vor ihnen auch keine Angst. Sie offenbaren ihnen ohne Scheu Ihr Innerstes. Wenn Sie spüren, daß Sie wütend auf Ihre Eltern sind, können Sie Ihre Angst, Ihre Unterwürfigkeit und die übergroße Macht ermessen, die Ihre Eltern noch immer auf Sie ausüben.

Ein Objekt der Liebe

»Genießen Sie die Zeit. Klein ist er noch putzig, aber wenn er erst größer wird … Dann kommen Sie nicht mehr durch. Dann hat er seinen eigenen Kopf« – so oder so ähnlich äußern sich oft Frauen, wenn sie eine Mutter mit ihrem Säugling auf dem Arm treffen. Sie wissen gar nicht, wie absurd solche Äußerungen sind. Kinder sind kein Eigentum, keine Püppchen zum Schmusen.

Ein Baby liebt seine Eltern grenzenlos. Es erscheint als ein nie versiegender Quell der reinen Liebe. Dies bringt so manche Eltern in Versuchung, mehr oder weniger bewußt eigene Bedürfnisse nach Zärtlichkeit zu befriedigen. Natürlich sind Väter oder Mütter überglücklich, wenn sie von ihrem Kind gesagt bekommen: »Ich liebe dich.« Aber die Natürlichkeit hört da auf, wo Eltern das Gefühlsleben ihres Kindes einschränken, weil sie es für sich allein haben wollen.

»Ganz meines!« sagt Mariella über ihr wenige Monate altes Baby. Sie verläßt nur selten mit ihm das Haus und gibt ihm kaum Gelegenheit, mit anderen in Kontakt zu kommen.

»Er ist mein großer Teddybär. Ich bin froh, daß er bei mir ist«, sagt Hanna über ihren 26jährigen Sohn. Daß der keine Arbeit findet und aus seiner Depression nicht herauskommt, erscheint da kaum verwunderlich. Er wohnt bei seiner Mutter und kann sich ihr offenbar nur durch eine Flucht in den Drogenrausch entziehen.

Werden Sie von Ihren Eltern als Subjekt oder als Objekt gesehen? Ein Subjekt darf seine Meinung haben und anders sein, Gefühle zeigen und sein eigenes Leben leben. Ein Objekt erfüllt die Wünsche der Eltern. Beobachten Ihre Eltern Ihr Leben mit Interesse, Neugierde und Aufmerksamkeit, die Ihre persönliche Art anerkennt? Oder erwarten sie, daß Sie so funktionieren wie sie? Fragen Ihre Eltern Sie nicht nach Ihrem Alltag, Ihren Gedanken oder Ihren Erlebnissen? Beurteilen sie Sie nach ihren Maßstäben?

Sexuelle Gewalt

In einer Wochenzeitschrift lese ich eine schockierende Kurzmeldung: Ein neun Monate altes Mädchen ist von sechs Männern vergewaltigt worden, Analverkehr inbegriffen. Außerdem haben sie es mit Aids infiziert. Wie soll das Mädchen mit so einem Trauma je fertig werden? In Australien wird laut Statistik eine von drei Frauen vergewaltigt. Solche Gewalttaten gibt es auch bei uns in Europa. In meiner Praxis hatte ich mit mehreren Fällen zu tun: Ein wenige Monate alter Säugling ist vom eigenen Vater vergewaltigt worden. Eine Frau ist von ihrem Vater vom zweiten bis zum vierzehnten Lebensjahr regelmäßig mißbraucht worden. Ein Junge mit drei Jahren mußte zur Befriedigung der Gelüste seines Vaters herhalten. In den Industrieländern wird nach einem UNICEF-Bericht eine von sechs bis sieben Frauen im Verlauf ihres Lebens mindestens einmal vergewaltigt, außerdem einer von zehn Jungen. Die Zahlen sind so erschreckend, daß man sie nicht wahrhaben will. Der überwiegende Großteil dieser Übergriffe findet im häuslichen Bereich, im familiären Rahmen statt; ein Onkel, ein Schwiegervater, ein Großvater, ein enger Freund der Familie oder der eigene Vater… Oft begnügt sich der Täter nicht nur mit einem Übergriff, sondern terrorisiert sein Opfer über Monate oder sogar Jahre hinweg.

Geralds Vater hat Freunde und Nachbarn eingeladen. Je nach Lust und Laune durften sie sich für Kleingeld im Nebenzimmer mit dem Jungen vergnügen. Oder der Vater nahm ihn sich vor den Gästen selber vor. Alle haben herzlich gelacht. Wo war die Mutter? Gerald erinnert sich nicht. Sie hat die Männer bewirtet. Ist sie dann einfach verschwunden? Beschützt hat sie ihn jedenfalls nicht.

Lisa erstarrte jeden Abend in ihrem Bett. Sie betete, daß ihr Vater sie endlich in Ruhe lassen würde. Vom sechsten bis zum dreizehnten Lebensjahr mußte sie sich seine Übergriffe gefallen lassen. Kaum war seine Frau schlafen gegangen, kam er zu ihr ins Zimmer. Lisa weinte, bettelte. Sie jammerte wegen der Schmerzen im Unterleib, aber es nützte nichts. Er nahm sie sich immer wieder vor. Lisa hat mit ihrer Mutter nie darüber geredet. Wußte die etwas? Der Alptraum endete, als ihre erste Regel einsetzte. Darauf wandte sich der Vater der jüngeren Schwester zu.

Ein terrorisiertes Kind wagt nicht, sich seiner Mutter zu offenbaren. Und wenn es doch redet, hört die Mutter ihm oft nicht zu, glaubt ihm nicht oder macht ihm sogar Vorwürfe: Es soll keinen Ärger machen, womöglich habe es den Vergewaltiger doch provoziert und sei selbst schuld. Manche Mütter wollen lieber nichts wissen. Sie schauen über den stumpfen Blick, das Bedrückte im Wesen ihres Sohnes oder ihrer Tochter hinweg. Viele haben als Kind dasselbe durchgemacht und wollen nicht daran erinnert werden. Sie gehen den Fragen, die zur Wahrheit führen, aus dem Weg. Manche wissen um die Vorgänge, spielen die Not ihrer Kinder aber herunter. Aus Bequemlichkeit verschließen sie vor den Übergriffen des Täters und vor den Verletzungen des Kindes die Augen. Andere Mütter sind auf die mißbrauchte Tochter eifersüchtig und beschimpfen sie. Ihrem Mann machen sie keinen Vorwurf. Und wiederum andere sind an den Vergewaltigungen aktiv beteiligt. Yvonnes Mutter wußte alles. Sie selbst schleppte ihre Tochter zu ihrem Mann und beschimpfte sie als Schlampe und Hure. Als die Mutter der 14jährigen Alexandra entdeckte, daß ihre Tochter vom eigenen Vater schwanger war, ließ sie sie mit ihm nie wieder allein. Sie organisierte die Abtreibung. Damit hörte der Inzest auf. Von jetzt an schützte sie Alexandra, stellte ihr aber nie Fragen und redete mit ihr nicht über das, was passiert war. Sie verhinderte schweigend weitere Mißbräuche, hatte aber kein Wort des Trostes übrig, um ihrem Kind bei der Verarbeitung des Traumas zu helfen.

Es wird behauptet, Therapien würden falsche Erinnerungen beschwören. Tatsächlich arbeitet das Gedächtnis mit Rekonstruktionen, bei denen Realität und Phantasie mitunter verschwimmen. Es kann vorkommen, daß Szenarien rekonstruiert werden, die in Wahrheit so nicht stattgefunden haben. Aber die Psyche lügt nicht und zeigt die Spuren ihrer Verletzungen auch im Körper. Ganz allgemein führen solche Erinnerungen beim Opfer eher zu Selbstzweifeln. Die Erkenntnis »Mein Vater hat mich vergewaltigt« oder »Ich bin Opfer eines Inzests geworden« löst eine solche Welle an Emotionen aus, daß die Mißbrauchten die Wahrheit meist verdrängen.

Eine junge Frau um die Dreißig erinnerte sich vage, daß sie mit vierzehn Jahren in England in einem Krankenhaus gelegen hat. Sie erhielt Einblick in ihre Krankenakte im Archiv der Klinik und erfuhr, daß sie aufgenommen worden war, um ein Kind von ihrem Vater abtreiben zu lassen. Wie wird man mit so etwas fertig? Um heranwachsen und das Leben eines jungen Mädchens leben zu können, hatte sie jede Erinnerung an diese Vorgänge aus dem Gedächtnis gestrichen.

Der Mißbrauch kann auch scheinbar harmlosere Formen annehmen. Ein junges Mädchen mußte sich jeden Samstagabend von ihrem Vater zwischen den Schenkeln waschen lassen, während die Mutter ihre gespreizten Beine festhielt. Es erübrigt sich zu sagen, daß sie ihre Beine heute nicht einmal mehr für ihren Ehemann öffnet.

Sophies Vater bewahrte unter seinem Bett, gut sichtbar für die Kinder, Pornohefte auf. Als er sie dabei überraschte, wie sie die Hefte durchblätterten, sagte er nichts.

Neben dem Fernseher lagen Pornokassetten. Als die Kinder eines Tages eine in das Videogerät eingelegt hatten, kam der Vater vorbei, sagte aber nichts und ließ sie gewähren. Kinder in Kontakt mit pornographischen Bildern zu bringen kann heute juristisch verfolgt werden. Es stellt eine Verletzung ihrer Intimsphäre dar. Väter gehen nicht immer gleich bis zum Geschlechtsakt. Angeblich um sie aufzuklären, streicheln sie die Brüste ihrer Töchter, zeigen ihnen ihren Penis oder fordern sie auf, ihnen ein Präservativ überzustreifen.

Auch Mütter sind gegen ähnliche Regungen nicht gefeit. Manche waschen ihrem Buben noch immer den Penis, obwohl er längst selbst dazu in der Lage ist. Andere befriedigen ihn mit der Hand »zur Beruhigung und damit er einschlafen kann«. Mancher Vater interessiert sich für das Geschlecht seines Sohnes und manche Mütter für den Intimbereich ihrer Tochter.

Sigmund Freud wurde mit grausamen sexuellen Mißhandlungen an Kindern konfrontiert. Während eines Studienaufenthaltes bei Jean Martin Charcot assistierte er in der Leichenhalle bei zahlreichen Autopsien. Er sah verstümmelte kleine Körper mit grausamen Verletzungen an der Vagina oder dem Anus, Leichen von Säuglingen, die geschunden und vergewaltigt worden waren. Auf diese bestürzende Realität gründete er seine Theorie über den Ursprung der Hysterie. Leider war die Gesellschaft für solche Offenbarungen noch nicht reif. Unter vielfachem Druck zog Freud seine Lehre schließlich selbst in Zweifel. Seine neue Theorie beschäftigte sich dann nicht mehr mit den perversen Begierden des Erwachsenen, sondern mit den angeblichen Phantasien des Kindes, das mit seinen Eltern schlafen will. Wenn Jungen ihre Mütter oder Mädchen ihre

Väter heiraten wollen, verbirgt sich dahinter in Wahrheit allerdings meist das Trauma eines Übergriffs durch einen Elternteil und eben nicht der Wunsch des Kindes.

Welche Einstellung hatten Ihre Eltern in sexueller Hinsicht? Welches Bild haben sie Ihnen vermittelt? Haben sie Ihre Intimsphäre respektiert?

Beleidigungen, Negativurteile und Abwertungen

Marina konfrontiert ihren Vater mit einer Erinnerung: »Da fällt mir noch etwas ein, das ich dir sagen möchte. In meiner Zeit in der Vorschule hast du am Tag der Kirmes unsere Aufführung besucht. Ich war stolz darauf, daß du mich tanzen sehen wolltest. Hinterher hast du gesagt: ›Ja, das war schön. Schade, daß du den anderen Kindern hinterhergetanzt hast.‹ Sie waren gut gewesen, ich aber nicht. Ich hatte die Aufführung verpatzt! An dem Tag ist mir der Spaß am Tanzen vergangen. Du hast mir das Selbstvertrauen genommen.«

Marina tanzte wohl nicht ganz synchron mit den anderen, aber war das wichtig? So eine scheinbar objektive Bemerkung eines Vaters kann als Vernichtungsurteil ankommen. Marina hatte Lob, Anteilnahme an ihrer Begeisterung, Unterstützung und vielleicht Bewunderung erwartet. Statt dessen kam der Hinweis auf ihre Patzer. Ein einziges Wort kann ein Kind tief verletzen und seine Beziehung zum Vater oder zur Mutter nachhaltig beeinträchtigen. Viele Eltern lassen sich dazu hinreißen, ihre Kinder zu beleidigen. Folgende Zeilen stammen aus einem Brief Albrechts an seinen Vater:

»Meine Meinung hat überhaupt nicht gezählt. Wenn ich anderer Ansicht war als Du, hast Du mir erst gar nicht zugehört und nur wieder gesagt: ›Du gehst uns auf den Wekker!‹ Sehr oft hast Du mir gesagt, ich würde zu nichts taugen, und hast mich ständig kritisiert. Für Dich war ich ein ›kleiner Blödkopf‹. Dauernd bekam ich zu hören: ›Bist du blöd, was für ein Blödkopf. Du redest nichts als Blödsinn.‹«

Was würden Sie empfinden, wenn Ihr Vater oder Ihre Mutter sie als Null, als Wurm, als Hure oder als Nichtsnutz beschimpfte? So etwas tut weh, sehr sogar. Eltern sind sich über die Folgen von Beleidigungen, die sie in Augenblikken der Unbeherrschtheit ausstoßen, oft nicht im klaren. Aber in der Psyche des Kindes oder Jugendlichen können sie tiefe Verletzungen hinterlassen.

»Du bist nicht schön, nicht reich und nicht intelligent. Dich heiratet nie einer.« Solche Beleidigungen bekam Luzie von ihrer Mutter Gertrud regelmäßig zu hören. Ein verletzender Satz, demütigend, erniedrigend und herabsetzend. Luzie haben diese Worte sehr wehgetan. Sie hat trotzdem geheiratet, aber erst sehr spät, und sie hat sehr lange tatsächlich geglaubt, sie sei häßlich und unintelligent. Luzie hat die Beleidigungen ihrer Mutter für bare Münze genommen und sie auf sich persönlich bezogen. Eine Art Prophezeiung ihrer Mutter hätte sie aber stutzig machen können, ob tatsächlich sie gemeint war: »Schaff dir bloß nie Kinder an. Die landen dann doch nur auf dem Friedhof!« Dieser Satz tönt ihr noch immer in den Ohren. Luzie hatte bei jeder Geburt schreckliche Angst, die Prophezeiung ihrer Mutter könne sich erfüllen. Hinter jeder Beschimpfung, jeder Verurteilung stecken eigene Verletzungen oder zu kurz gekommene Bedürfnisse. *Die meisten Beschimpfungen sind Projektionen.* Als junges Mädchen konnte Luzie das jedoch nicht wissen. Aber wenn sie mit mir über die Zeit ihrer Jugend spricht, ist ihr das Leiden ihrer Mutter jetzt unübersehbar. Gertrud meinte mit ihren schlimmen Äußerungen in Wahrheit nicht ihre Tochter, sondern sich selbst. Sie hatte erst spät und nicht aus Liebe geheiratet – eine vom Notar arrangierte Ehe. Ihre eigene Mutter war eine grausame und rücksichtslose Frau gewesen, die sie ständig herabsetzte. Gertrud bekam ein erbärmliches Bild von sich selbst vermittelt. Häßlich? Wie soll man sich schön finden, wenn man keine Liebe erfährt und unglücklich ist? Nicht reich? Gertrud war zwar nicht arm, aber in ihrer Familie und später in ihrer Ehe herrschten enge finanzielle Verhältnisse. Unintelligent? Sie war eher ungebildet und konnte ihre Fähigkeiten nur in der Küche, an Begonien oder am Stickrahmen entfalten. Der Haushalt bot wenig geistige Ausdrucksmöglichkeiten. Gertrud konnte offensichtlich die Jugend, Freiheit, Schönheit, Intelligenz und vor allem die Unabhängigkeit ihrer Tochter schlecht ertragen. Luzie sollte unter dem gleichen Joch leiden wie sie, sollte verheiratet werden und bei ihr im großen Haus der Familie wohnen. Und mindestens eines ihrer Kinder sollte sterben. Tatsächlich war in ihrer Familie in jeder der drei letzten Generationen ein Kind an einer Lungenkrankheit gestorben oder erstickt. Gertruds Sohn hatte Tuberkulose gehabt. Jahrelang stand sie jeden Sonntag mit der kleinen Luzie andächtig an seinem Grab.

»Schaff dir bloß nie Kinder an, die landen doch nur auf dem Friedhof!« Dies war ihre Erfahrung, ihre Geschichte. Sie selbst fühlte sich für den Tod ihres Kindes mitverantwortlich, weil ihre Mutter ihr immer wieder vorgeworfen hatte: »Wenn du ihn nicht eingeschult hättest, wäre das nicht passiert. Hättest du bloß auf mich gehört.« Um ihre eigene Verletzung nicht spüren zu müssen, projizierte Gertrud ihre Probleme auf ihre Tochter. Und statt den Schmerz ihrer Mutter zu erkennen, meinte Luzie, sie spreche ihr die Fähigkeit ab, Kinder großzuziehen. Erst vor dem Hintergrund dieser Geschichte offenbaren die kränkenden Worte der Mutter ihre volle Bedeutung. *Hinter einer Beschimpfung steckt immer eine Verletzung, ein Mangel oder eine erschütternde Erfahrung.* Mit der Herabsetzung ihrer Tochter versuchte Gertrud die eigene Verzweiflung von sich fernzuhalten. Sie nahm Einfluß auf das Leben ihrer Tochter, weil sie selbst nicht Herrin über ihr eigenes Leben war. Luzie gelang es mit persönlichem Einsatz, in ihrer Mutter erneut Gefühle zu wecken, und konnte sich innerlich von dem vernichtenden Urteil lösen. Heute sind ihre Kinder groß. Und sie leben!

Julius hat in der Schule versagt. Seine Mutter gerät wegen der miserablen Noten aus der Fassung und brüllt ihn an: »Du bist nicht imstande, etwas zu lernen.« Das Urteil trifft Julius bis ins Mark. Er kennt seine Schwierigkeiten, aber seine Mutter versetzt ihm einen vernichtenden Schlag. Wie er sie versteht, will sie ihm sagen: »Du kannst dich anstrengen, wie du willst. Du schaffst es doch nicht.« Eine solche Gewißheit erstickt jede Motivation im Keim. Was treibt eine Mutter dazu, ihren Sohn mit einem derart vernichtenden Urteil vollends zu entmutigen? Sie liebt ihn doch von ganzem Herzen und hängt an ihm. Vielleicht aber eben zu sehr… Julius fährt mit seinen sechzehn Jahren noch immer nicht selbständig Bus. Das Urteil seiner Mutter geht ihm schon deshalb nach, weil er sich den Anforderungen des Lebens nicht gewachsen fühlt. Dabei steckt hinter dem Vorwurf ein heimlicher Wunsch. Wenn ihr Sohn nicht lernt, nicht erwachsen wird, keinen Erfolg hat, dann bleibt er zu Hause bei ihr.

Die folgenden Zeilen aus einem Brief von Virginia an ihren Vater zeigen, wie folgenreich sein Urteil sein kann:

»Wenn ich etwas sage oder tue, habe ich oft den Eindruck, daß Du alles analysierst und meine Worte zerpflückst. Wenn ich ein Gespräch führen, eine Bemerkung machen oder irgend etwas tun will, befällt mich sofort ein lähmendes Gefühl. Ich spüre Verurteilung, Kritik. Du bist immer gegen 18 Uhr nach Hause gekommen. Wenn ich von der Schule zurück war, fürchtete ich mich vor Deiner Rückkehr und fühlte mich unwohl. Ich überlegte mir, was ich zu Dir sagen könnte, was Du denken würdest… Kaum hörte ich das Drehen des Schlüssels im Schloß, krampfte sich mir der Magen zusammen. Ich stand auf, begrüßte Dich mit einem Kuß, sagte etwas Belangloses und lief in die Küche. Ich kochte Essen, damit ich nichts mehr sagen mußte. Ich erinnere mich nicht, daß ich auf Dich je spontan zugegangen wäre. Ich habe immer versucht, Dir das zu sagen, was Du von mir erwartet hast, nämlich Belanglosigkeiten. Ich konnte das Schweigen in Deiner Gegenwart nicht ertragen. Es war mir peinlich, nichts zu sagen, aber ich wußte auch nicht, was ich sagen sollte. Wie oft hast Du mich am Tisch angefahren: ›Virginia redet nicht! Sag doch etwas! Sei nicht stumm! Du hast nichts zu sagen. Glaubst du, es macht Spaß, mit jemandem zu essen, der nie etwas sagt?‹ Ich wußte nicht mehr ein noch aus. Ich war verstört und schämte mich.«

Virginias Vater hatte aller Wahrscheinlichkeit nach nicht die geringste Ahnung, wie sehr er seine Tochter terrorisierte. Er konnte sich nicht in ihre Lage versetzen. Immer mußte er recht behalten, ohne zu erkennen, daß er die Persönlichkeit seiner Tochter und seine Beziehung zu ihr zerstörte. Unter dem Druck, den Ansprüchen ihres Vaters unter allen Umständen genügen zu müssen, konnte Virginia keinen klaren Gedanken mehr fassen. Und wie zum Hohn und zu ihrer Verzweiflung warf der Vater ihr auch noch vor, daß sie schwieg und sich nicht ungezwungen verhalten konnte!

Haben Ihre Eltern Sie beschimpft? Welches waren ihre beliebtesten Schimpfwörter und Herabsetzungen?
Sind Sie in Ihren Erwartungen nach Ermutigung, Unterstützung und Lob oft enttäuscht worden?
Wie haben Ihre Eltern Sie beurteilt? Denken Sie nach: Wenn Sie sich die Lebensgeschichte Ihrer Eltern vor Augen führen, was können Sie aus ihren Beschimpfungen und Urteilen herauslesen?

»Grundlose« Verletzungen

Katzen waren in Paulines Familie nicht gern gesehen. Ihre Eltern brachten sie um. Sie hätten es heimlich tun können, töteten sie aber vor den Augen des Kindes. Auf ihrem Bauernhof streunten viele herum und warfen auch regelmäßig Junge. Pauline wünschte sich nichts so sehnlich wie ein Kuscheltier. Eines Tages stibitzte sie eines dieser warmen, flauschigen Fellknäuel. Das Kätzchen wuchs heran und streifte bald durch die umliegenden Wälder. Und es kam nur auf ihren Ruf hin, als habe es begriffen, daß es sich in acht nehmen mußte. Dann kam Pauline ins Internat. Während ihrer Abwesenheit wurde die Katze getötet. »Jetzt haben sie sie doch gekriegt«, dachte Pauline und fühlte sich einsamer denn je. Das einzige Wesen, dem sie sich anvertraut und von dem sie Zärtlichkeit bekommen hatte, war ihr genommen worden. Rückhalt und Zärtlichkeit waren ihr einfach nicht erlaubt. Das war ihr endgültig verboten.

Katharina mußte als kleines Mädchen ihren Vater auf die Jagd begleiten. Sie streifte gern durch die Natur, konnte aber keine Tiere leiden sehen. Angeblich zur seelischen Abhärtung, in Wahrheit aber um seine Macht auszukosten, zwang sie der Vater, verletzte Fasane oder Hasen zu töten. Sie mußte sie gegen ihren Stiefel schlagen! Katharina hat gelernt, sich zu verleugnen, zu unterwerfen und Gefühle zu unterdrücken.

Mit Tränen in den Augen redet Marc über ein schreckliches Weihnachten. Er war zwischen fünf und sieben Jahre alt, genau weiß er es nicht mehr. Aber die Szene sieht er noch mit schrecklicher Klarheit vor sich. Seine Eltern drohten ihm, alles dem Weihnachtsmann zu sagen. »Du bist ein böser Bub«, trichterten sie ihm ein. Trotzdem rechnete er nicht damit, daß er leer ausgehen würde. Als seine Eltern am Morgen die Wohnzimmertür öffneten, stand im Zimmer kein buntes Geschenkpaket – obwohl er seine Schuhe ordentlich nebeneinander vor den Kamin gestellt hatte. Auf dem Sims lag nur eine Rute! Marc war am Boden zerstört. War es ein übler Scherz? Nein, es sollte wirklich eine Strafe sein. Was hatte er getan, daß der Weihnachtsmann ihm nur eine Rute brachte? Marc wußte es nicht mehr. Wenigstens hatte der Großvater seinem Liebling einige Geschenke gekauft, und die Eltern konnten sie ihm nicht einfach wegnehmen. Aber sie hatten sie in einem anderen Zimmer versteckt. Marc entdeckte sie – noch eine Demütigung – unter dem Schreibtisch seines Vaters! Können Sie sich vorstellen, was der kleine Marc durchgemacht hat?

Kann man seine Eltern, wenn sie sich so grausam zeigen, noch lieben? Bei Marc blieb ein mangelndes Selbstwertgefühl zurück; als er erwachsen war, versuchte er das mit Einkaufstouren zu kompensieren. Geschenke an sich selbst…

Solche Demütigungen prägen die Psyche nachhaltig. Sie zerstören die Selbstachtung und das Vertrauen in die Umwelt. Welche Beziehung baut man zu Mitmenschen auf, wenn man so behandelt wird? Woran kann man sich festhalten, wenn man solche Willkür erfährt? Wenn schon die eigenen Eltern so grausam sind, wie soll man dann Sicherheit finden?

Es gibt Eltern, die ihren Kindern Geschichten erzählen, um ihnen Angst einzujagen, sie zu demütigen oder ihnen die Hoffnung zu nehmen. Ludmillas Vater machte ihr weis, daß Eis giftig sei. Entsetzt sah sie Kameradinnen Eis kaufen und versuchte sie davon abzubringen, sich zu vergiften. Sehr spät erst begriff sie, daß ihr Vater sie belogen hatte. Knecht Ruprecht, der große böse Wolf, der Schwarze Mann, der einen holen kommt, der Polizist, der einen mitnimmt… Mit solchen Erfindungen haben Erwachsene Millionen von Kindern erfolgreich Angst eingeflößt. Eltern wissen nicht, welche Folgen solche Drohungen haben können. Kinder nehmen sie durchaus ernst. Und wenn der Wolf mit den großen Zähnen durch ihre Alpträume spukt, dann finden Eltern es lächerlich: Sie spötteln und klären auf, daß im Zimmer doch kein Wolf sein kann, und erinnern sich nicht mehr an ihre scherzhafte Drohung: »Wenn Kinder nicht brav sind, kommt der Wolf und frißt sie …«

»Lutsche nicht am Daumen mehr, denn der Schneider mit der Scher kommt sonst ganz geschwind daher« – »Vor mir kannst du nichts verbergen, mein kleiner Finger verrät mir alles.« – »Wenn du lügst, wächst dir eine lange Nase.« Die Phantasie von Kindern ist mit Gespenstern bevölkert. Wenn man diesen Reichtum dazu benutzt, um Gehorsam zu erzwingen, tut man ihnen Gewalt an. Dagegen ist es Aufgabe der Erwachsenen, Kindern bei der Unterscheidung zwischen Phantasie und Realität zu helfen.

Allzuoft wollen Erziehungsberechtigte mit »harmlosen« Schwindeleien oder Drohungen Kinder zähmen und sich das Leben erleichtern. Ich weiß nicht, welche Mutter als erste behauptet hat, daß man vom Kuchenteig Bauchweh bekomme. Wahrscheinlich ging es darum, daß sich das Kind den Appetit nicht verderben sollte, aber ganze Generationen haben die Mär geglaubt, als sei es eine erwiesene Tatsache. Leider glauben Kinder den Eltern aufs Wort. Beim Kuchenteig hat das kaum negative Folgen, außer daß sie falsche Vorstellungen von Lebensmitteln bekommen. Aber in anderen Fällen sind die Auswirkungen für das Kind dramatisch. Irenes erinnert sich in einem Brief an die Eltern:

»Mir fallen alle schmerzhaften und demütigenden Erlebnisse aus meiner Kindheit ein … Warum wolltet Ihr mir weismachen, ich sei ein adoptiertes Kind, ›von der Kirchentreppe aufgelesen‹, oder noch schlimmer: die Tochter dieses Typen, der für Euch der Inbegriff des Abschaums war, eine verkommene Existenz zwischen Alkoholiker und Drückeberger. Für mich wart ihr meine Eltern, und ich wollte nur in Sicherheit bei Euch leben, inmitten von Geborgenheit und Liebe. Statt dessen hatte ich bei Euch nicht einmal den Status eines Menschen. Für Monate, ja Jahre war ich für Euch ›ein Schimpanse oder Hund‹, so Euer Ausdruck. Warum durften mich meine Brüder dauernd ärgern und mit mir wie mit einem Hund umspringen? Erinnerst Du Dich noch, Mama, an das einzige Geschenk, das mir Papa je gemacht hat: ein Bär mit blauem Fell, den er mir vom Rummelplatz mitgebracht hat? Warum hast Du ihn ›Gift‹ genannt? Ich habe mich über das Geschenk sehr gefreut. Warum mußtest Du mir den Spaß und die Freude daran verderben?«

Haben Ihre Eltern Sie manchmal angelogen, damit Sie tun, was sie wollten? Haben sie Sie grausam behandelt? Wie? Mit Taten, mit Worten?

Prügel

Peters Vater benutzte die Peitsche. Eines Tages schlossen sich die Kinder zusammen und schnitten an dem Folterwerkzeug die Riemen ab. Als ihr Peiniger die Tat entdeckte, griff er zu seinem Gürtel. Er konnte völlig die Beherrschung verlieren; seine Wutausbrüche waren fürchterlich. Und man wußte nie, wann er zuschlagen würde. Peter horchte ständig auf das leiseste Geräusch, das die Gegenwart seines Vaters und dessen Launen verriet, auf die Art und Schwere seiner Schritte, auf den Tonfall seiner Stimme und den Rhythmus seiner Atmung… Der Junge lebte in dauernder Anspannung.

Gisela wurde in der Familie als einzige geprügelt. Warum die Geschwister verschont blieben, hat sie nie erfahren. Sie fühlte sich wertlos. Vor allem erinnert sie sich an die eiskalten, haßerfüllten Augen ihres Vaters. Sie jagten ihr furchtbare Angst ein. Bei diesem Blick hätte sie sich jedesmal am liebsten im Erdboden verkrochen. Für ihren Vater mußte sie perfekt sein. Die kleinste Unzulänglichkeit beschwor seinen Zorn herauf. Seine metallische Stimme verriet, daß sie wieder in Ungnade gefallen war. Sie konnte ihm nicht entkommen. Er kostete seine Macht über sie aus, ließ sich Zeit, ehe er zuschlug. Er begann mit gezielten und genau abgemessenen Schlägen. Mitunter traktierte er sie noch mit den Füßen, wenn sie verkrümmt am Boden lag.

Lauras Mutter prügelte ihre Tochter täglich. Sie packte sie an den Schultern und stieß sie mit dem Kopf gegen die Wand. Sie zwickte ihr ins Fleisch, drehte ihr die Arme um und brachte ihr Brandwunden bei. Laura flehte ihren Vater an, er solle sie nicht mit ihrer Mutter alleinlassen. Von dieser Frau war außer Schlägen und Demütigungen nichts zu erwarten, jedenfalls keine Liebe. Lauras Vater war dagegen sehr sanftmütig. Er drückte sie an sich und ließ sie auf seinem Schoß sitzen. Aber Laura konnte ihm einfach nicht sagen, was sich abspielte, sobald er zur Arbeit gegangen war.

Noch immer ziehen viele Eltern an den Ohren, teilen Backpfeifen aus und versohlen Hintern. »Das hat noch keinem geschadet.« – »Daran ist noch niemand gestorben«, meinen die Verfechter dieser Erziehungsmethoden, ohne sie als Gewaltakte zu erkennen. Sie täuschen sich sehr! Heftiges Schütteln und Prügel haben schon so manches Kind umgebracht. Starke Erschütterungen können in einem zarten Kinderhirn Nervenschäden verursachen und die geistige Entwicklung behindern. »Meine Eltern haben mich nie geprügelt.« – »Ich bin nicht mißhandelt worden.« Wie oft habe ich diese Sätze schon gehört, gefolgt von: »Oh, Ohrfeigen habe ich natürlich schon mal gekriegt.« Oder: »Von Zeit zu Zeit ein paar Klapse auf den Hintern setzt einem den Kopf zurecht.« Oder einige Sitzungen später kommen wir auf einen Kinderstreich zu sprechen, und ich erfahre: »An dem Tag hat sie mir eine geklebt.« Schläge sind noch immer so verbreitet, daß sie bagatellisiert und erst gar nicht als häusliche Gewalt wahrgenommen werden. Wieviel Prügel hat man einstecken müssen, ehe man sich als ein Opfer von Mißhandlungen sieht?

Mariella hat dreizehn Jahre Psychoanalyse hinter sich. Mir vertraute sie an: »Ja, ich bin von meinem Vater geschlagen und gedemütigt worden und habe nie mit jemandem darüber geredet. Ist das nicht unglaublich? Seit drei Tagen kommen mir jedesmal die Tränen, sobald ich daran denke.« Das Verbot, die Handlungen ihres Vaters als Gewaltakte anzusehen, bildete für Mariella eine so hohe Hürde, daß sie trotz ihrer dreizehn Jahre Psychoanalyse nicht darüber reden konnte. Allerdings hat sie auch nie eine Aufforderung erhalten, sich mit dem aggressiven Verhalten ihres Vater auseinanderzusetzen. Die Therapeutin hakte nie nach, wenn sie beiläufig erwähnte, daß ihr Vater ihr eine Ohrfeige verpaßt hatte. Sie wurde von ihrem Vater brutal geprügelt, und zwar so oft, daß sie es mit der Zeit als völlig normal ansah.

Brutale Erziehungsmethoden werden gewöhnlich nicht als solche angesehen. Eltern wollen nicht wahrhaben, daß sie gewalttätig sind. Sie spielen die Sache herunter: »Ich habe dich ein bißchen durchgeschüttelt.« Sie stellen diese Formen der Gewalt als völlig normal dar: »Du warst ja nicht das einzige Kind, das Ohrfeigen bekommen hat.« –

»Ab und zu den Hintern versohlen schadet nicht.« – »Du bist doch nicht mißhandelt worden.« Und sie rechtfertigen sich: »Du warst ein kleiner Teufel.« – »Die Erziehungsmethoden waren damals eben so.« Oder sie streiten einfach alles ab: »Ich habe dich nie geschlagen.« Eltern vermitteln die Botschaft: »Wenn ich dich schlage, ist das nicht Gewalt, sondern Erziehung. Wenn ich dich verprügle, sind das nicht Schläge, sondern gerechte Strafen.«

Dazu ein Auszug aus Albrechts Brief an seinen Vater:

»Soweit ich zurückdenken kann, hast Du mich zur Strafe geschlagen. Du hast mir Backpfeifen verpaßt, mich an den Haaren gezogen und manchmal sogar meinen Kopf gegen die Wand gestoßen. Wenn ich geweint habe, hast Du gesagt: ›Hör auf zu heulen, sonst kleb' ich dir noch eine.‹ All das im Namen Deiner Erziehungsgrundsätze! Beim auswendig Aufsagen hagelte es Backpfeifen. Ich zitterte beim Gedanken, daß Du in mein Zimmer kommen und die Hausaufgaben kontrollieren könntest. Sogar wenn ich Dir sagte, daß ich es einfach nicht konnte, setzte es eine Tracht Prügel.«

Schläge demütigen, lösen Ängste aus, schüren Rachegelüste und steigern die Gewaltbereitschaft. Aber damit nicht genug: Sie stören die Persönlichkeitsentwicklung des Kindes. Auch wenn sie keine sichtbaren körperlichen Spuren hinterlassen, so prägen sie sich tief in die Psyche ein und verankern unterwürfige oder aggressive Verhaltensmuster.

Gewalt ist keine Methode der Konfliktlösung. Sie verletzt mehr, als man sich vorstellen kann. Ein Bericht der Weltgesundheitsorganisation WHO vom November 2002 zeigt, daß Schwierigkeiten in der Schule, Kriminalität, Gewaltakte, Depressionen, Alkoholismus, Drogenmißbrauch, verschiedene Erkrankungen und sogar Unfälle ihre Ursachen häufig in der – *auch »maßvoll« verabreichten* – Gewalt in der Kindheit haben. Gewalt im Elternhaus muß angeprangert werden. Sie ist gesetzlich verboten. Kinder sind vollwertige Menschen, auch wenn wir das manchmal vergessen. Das geprügelte Kind erfährt sich selbst als Objekt und büßt mit jedem Schlag einen Teil seiner Selbstbestimmung als Subjekt ein. Ohrfeigen schmerzen nicht nur auf der Wange, sie verwunden als Demütigung auch die Seele. Eine Mutter, die einem Kleinkind einen Klaps auf die Hände gibt, damit es die Finger von einem Gegenstand läßt, setzt auf den bedingten Reflex, statt sich an das kindliche Verständnis zu wenden. Damit setzt sie ihr Kind herab. Schläge schmerzen nicht nur am Hintern. Sie stellen einen Machtmißbrauch, einen Angriff auf den Körper des Kindes dar. Mit Schlägen wollen Eltern den Kindern etwas ins Gedächtnis einbleuen. Aber als Erwachsene erinnern sich die Kinder nur noch an die Schläge, doch nicht mehr an das, was ihnen hätte beigebracht werden sollen.

Nach einer Umfrage des Meinungsforschungsinstituts SOFRES verabreichten im Januar 1999 beispielsweise in Frankreich noch immer 80 Prozent der Eltern ihren Kindern Ohrfeigen und Schläge auf den Hintern. Manche schlugen sogar mit der Peitsche oder dem Gürtel zu. In elf Ländern, auch in der Bundesrepublik Deutschland, ist die Gewalt gegen Kinder einschließlich Schlägen auf den Hintern, Ohrfeigen und anderen Schlägen inzwischen gesetzlich verboten. Andere Länder haben noch nicht mitgezogen. Wer sein Kind schlägt, ist in der Kindheit häufig selbst geschlagen worden. Aber dieser Satz ist nicht zwangsläufig umkehrbar. Nicht jeder, der geschlagen worden ist, schlägt später selbst zu. Entgegen der landläufigen Meinung kann man auch dann gewaltfrei erziehen, wenn man selbst eine Erziehung mit Gewaltmaßnahmen »genossen« hat. Um erlittene Gewalt verarbeiten zu können, muß man sie zunächst als Unrecht erkennen. Gewalt ist in der Erziehung unwirksam und kontraproduktiv. Sie ist auch mit den gröbsten Verfehlungen eines Kindes nicht zu rechtfertigen.

Haben Sie Schläge bekommen – sei es unter der Bezeichnung Ohrfeigen, Schnipser auf die Wange, Kopfnüsse, Maulschellen, Watschen, Haue, Backpfeifen, ein paar hinter die Löffel, den Arsch voll, Senge, Keile, Backenstreiche, eine Tracht Prügel oder Dresche ...?
Sind Sie durchgeschüttelt, gekniffen, gestoßen, gezerrt oder auf andere Art grob angefaßt worden?

Verbote und Anweisungen

»Laß die Finger von der Steckdose weg.« – »Steig zu keinem Unbekannten ins Auto.« – »Schlag deinen Bruder nicht.« – »Bleib vom U-Bahn-Gleis weg.« Bestimmte Verbote sind notwendig. Andere sind deutlich weniger gerechtfertigt und dienen nur zur Beruhigung der Eltern. »Ich höre noch heute dieses ›Nimm die Ellenbogen vom Tisch‹«, beklagt sich Christoph, »dieses ›Sitz gerade‹ usf. Es setzte sofort eine Ohrfeige, wenn ich nicht ›Folge geleistet‹ habe, wie Du es wörtlich nanntest.« Ein Übermaß an Verboten und Anweisungen wie »Tu dies nicht, tu das nicht, iß deinen Teller leer, räume dein Zimmer auf, decke den Tisch…« schränkt die innere Bewegungsfreiheit des Kindes ein. Die Menge der Anweisungen, die täglich auf ein Kind niederprasselt, ist geradezu phänomenal. Erwachsene verlangen von den Kindern die Zauberwörtchen »bitte« und »danke«, lassen sie aber selbst oft weg: Sie gehen davon aus, daß das Kind ihnen Gehorsam schulde. So selbstverständlich Forderungen an Kinder sind, so wichtig ist deren richtige Formulierung. Jeder Befehlston schafft Distanz, drückt ein Machtverhältnis aus und fordert Unterwerfung ein, statt zu einer verantwortungsvollen Mitwirkung am Familienleben aufzurufen. Und Anweisungen können um so mehr verletzen, wenn nicht genug Worte der Zuneigung und Zärtlichkeit, Zeichen des Vertrauens und der Wertschätzung folgen.

Kleinkinder müssen krabbeln und alles in ihrer Reichweite Liegende anfassen dürfen. Es ist Aufgabe der Eltern, Räume so herzurichten, daß die Kinderhände weder an zerbrechliche noch gefährliche Gegenstände gelangen. Wenn Kinder in diesem zarten Alter mit mehr Verboten als Angeboten konfrontiert werden, können sie ihre natürliche Neugierde nicht ausleben und ziehen sich in ihr Schneckenhaus zurück.

Es ist verboten, bei Tisch zu sprechen, vom Tisch aufzustehen, den Nachtisch vor dem Fleisch zu essen, auf den Schemel zu steigen, den Schrank zu öffnen und zwischen den Mahlzeiten zu essen. Nach heutigen medizinischen Erkenntnissen ist es für Kinder ohnehin gut, alle zwei Stunden eine Kleinigkeit zu essen, was auch moderne Kinderärzte empfehlen. In manchen Familien sind sogar noch die natürlichsten Regungen strengen Regeln unterworfen. Pipi und Kacka werden genau kontrolliert und müssen zu bestimmten Zeiten verrichtet werden. So viele Verbote,

Anweisungen und Kontrollen schränken die Enwickungsmöglichkeiten des Kindes ein.

Dennoch braucht ein Kind von seinen Eltern klare Informationen über die Regeln des Zusammenlebens und die Folgen seiner Handlungen. Theos Eltern wollten keine Verbote aussprechen und ließen ihn alles tun, was er wollte. Mit sieben Jahren sprang er auf den Sofas herum und störte dauernd das Gespräch der Erwachsenen. Er setzte sich erst an den Tisch, wenn die Eltern schon gegessen hatten, oder aß mit den Fingern unter dem Tisch. Eine zu laxe Erziehung hat nichts mit Freiheit zu tun. Theo konnte seine Eltern, ohne Zorn auszulösen, stören und unbehelligt in ihre persönliche Sphäre eindringen. Ein Übermaß an Macht über die Eltern destabilisiert ein Kind und nimmt ihm die Möglichkeit, Selbstbeherrschung zu lernen. Kindern gefällt es natürlich, wenn sie über ihre Eltern verfügen können, und sie reagieren wütend, wenn sie an Grenzen stoßen. Aber Kinder müssen mit anderen Personen, mit Erwachsenen umgehen lernen, die ebenfalls Bedürfnisse haben und ihnen Geltung verschaffen.

Schon mit zwei Jahren braucht ein Kind bestimmte Wahlmöglichkeiten, damit es Selbstvertrauen aufbaut, Grenzen erfährt und ein Gefühl für die eigene Individualität entwickelt. Manche Eltern schreiben ihrem Kind noch lange die Kleidung vor. Kleider sind aber ein Ausdruck der Identität. Wenn sie täglich von Mutter oder Vater ausgewählt werden, lernt das Kind nicht, einen eigenen Geschmack zu entwickeln. Manche Mütter schneiden ihren Töchtern gegen deren Willen die Haare ab, damit sie Arbeit sparen. Solches Handeln ist ein Angriff auf die Persönlichkeit des Kindes und vermittelt die Botschaft: »Du gehörst mir.«

Ein Kind, das »alles ißt«, das »nicht schwierig« ist, stellt seine Eltern gewiß zufrieden. Aber für seine Zukunft verheißt dieses Verhalten nicht unbedingt Gutes. Das Kind kann sich einfügen und anpassen, aber kann es sich auch durchsetzen? Kann es seinem Geschmack und seinen Bedürfnissen Geltung verschaffen?

Jugendliche gestalten ihre Zimmer und hängen Zeichnungen, Fotos und Poster an die Wände. Sie sind mehr als nur Schmuck. Sie sind Ausdruck des persönlichen Gestaltungswillens, der Freiräume braucht, wenn ein Kind Selbstvertrauen entwickeln soll. Mathilde durfte keine Reißnägel in die Wand drücken. Ihrer Mutter war die Tapete wichtiger als die Entfaltung von Mathildes Persönlichkeit. Wußte sie über die Bedürfnisse ihrer Tochter wirklich so wenig? Sie selbst war in einem kulturellen Ödland aufgewachsen und hatte auf eine eigene Persönlichkeit keinen Anspruch erheben dürfen. Wie sollte sie also die Bedürfnisse ihrer Tochter erkennen? Mathilde hat darunter gelitten und konnte in der heiklen Entwicklungsphase ihrer Jugend kaum ihre Identität entdecken. Noch heute, mit zweiundvierzig Jahren, hat sie Mühe, eigene Wünsche, Vorlieben und Abneigungen zu erkennen. Sie ist sich ihrer eigenen Bedürfnisse nicht bewußt und handelt eher aus Pflichtgefühl als aus Lebenslust. Sie weiß nicht, wer sie ist und was ihr Spaß macht.

Geeigneter als Verbote, die angeblich das Kind und andere schützen, sind Angebote, die seine harmonische Entwicklung fördern. Kinder müssen sich bewegen, sich spüren und anklammern dürfen: Sie müssen Nähe fühlen, sie selbst sein dürfen, Emotionen zeigen, sich eigene Gedanken machen und Dinge erkunden dürfen. Sie müssen Spaß haben, Kinder sein, groß werden und Erfolg haben dürfen. Angebote unterstützen diesen Prozeß des Heranwachsens besser als Verbote.

- **Welche dieser Entfaltungsmöglichkeiten standen Ihnen zur Verfügung?**
- **Welche Verbote schränken Sie noch heute ein?**

Alkoholismus, psychische Störungen, Eltern, die verstörend für Kinder sind

»Morgens ging ich ziemlich ruhig zur Schule, weil ich wußte, daß Du bei der Arbeit warst. Mittags hoffte ich jedesmal, daß Du zum Essen nicht nach Hause kommen würdest. Wenn wir wußten, daß dies der Fall war, herrschte bei uns auf dem Nachhauseweg jedesmal Feierstimmung, ganz egal, was es zu essen geben würde. Du warst nicht da, welch ein Fest! Wir durften Hunger haben, lächeln, lachen. Und nach der Schule machte sich dann jedesmal die Angst vor dem Abend breit. Ich spähte im Eßzimmer hinter den Vorhängen nach Dir, wenn ich Dein Auto kommen sah. Ich warnte alle, und dann breitete sich Panikstimmung aus. Wir wußten nicht, was wir tun sollten, vor allem ich nicht. Denn was ich auch tat, es war in diesem Augenblick immer das Falsche. Am liebsten wäre ich jeden Abend verschwunden. Wenn Du früher nach Hause kamst, war das schrecklich für mich, denn dann begann mein Martyrium schon früher. Wenn die Stunden vergingen und Du immer noch nicht da warst, krampfte sich mir vor Angst der Magen zusammen. Denn je später Du kamst, desto besoffener und gewalttätiger warst Du. Nach den schrecklichsten Szenen, in denen ich fürchten mußte, Du würdest Mama umbringen, ging es manchmal abends, wenn ich schon im Bett lag, noch weiter. Ich zitterte, weinte, biß mir in die Hände, stand auf und zog mich an. Plötzlich einige Minuten Stille. Ich legte mich wieder hin, dann wieder Schreie, Deine Faust auf dem Tisch und knallende Türen. Wenn Du Dich nach diesen grauenhaften Stunden schließlich beruhigt hattest und schlafen legtest, saß ich oft voll angezogen auf meinem Bett und spitzte die Ohren. Ich wollte auf keinen Fall einschlafen. Ich hatte Angst, daß Du Mama umbringen würdest, während ich schlief.«

Dieses Zeugnis spricht für sich selbst. Man spürt den alltäglichen Terror, dem manche Kinder ausgesetzt sind.

Unter dem Einfluß von Alkohol oder Drogen oder durch eine geistige Störung verliert ein Elternteil die Gewalt über sich selbst. Er wird unberechenbar, handelt unzusammenhängend und willkürlich.

»Ich erinnere mich an die irren Augen meiner Mutter. Sie plapperte vor sich hin, redete schnell und lachte laut auf. Sie konnte mich an sich ziehen, um mich zu umarmen, und in der nächsten Sekunde konnte sie mir einen Fußtritt verpassen. Ich wußte nie, woran ich bei ihr war. Andere Male sackte sie am Küchentisch zusammen und schlief ein.«

Das Kind ist solchen Stimmungsschwankungen ohnmächtig ausgeliefert. Das Verhalten des Vaters oder der Mutter ist undurchschaubar. Das Kind kann sich keinen Reim darauf machen. Meist sucht es bei sich selbst die Schuld. Wenn es sich für das Verhalten des Vaters oder der Mutter verantwortlich macht, gewinnt es scheinbar wieder Kontrolle über die Vorgänge im Elternhaus.

So schreibt Judith an ihren Vater:

»Ich hatte Angst, als mitten in der Nacht der Krankenwagen kam, als die Pfleger Dich mit Gewalt abholten. Ich schämte mich vor den Nachbarn. Und ich schämte mich, als Du aus dem Fenster gebrüllt hast. Ich schämte mich für Deinen Aufzug mit den bis zu den Knien heruntergelassenen Hosen.«

Kinder in solchen familiären Verhältnissen sind nicht nur täglich Angst und Unsicherheit ausgeliefert. Sie schämen sich, und die Scham stört ihre sozialen Beziehungen. Dabei ist die Scham nicht direkt mit den Problemen des Vaters oder der Mutter verbunden. Hinter ihr steckt vielmehr ein Mangel an Kommunikation. Wenn ein Kind nicht versteht, was vor sich geht, wenn nicht darüber gesprochen und nichts erklärt wird, fühlt es sich verantwortlich und schuldig und schämt sich dafür. Man kann sich für seinen Reichtum oder seine Armut schämen. Aber ein Kind schämt sich nicht für sein Glück oder für seine herzlichen und liebevollen Eltern. *Scham ist immer mit mangelnder Zuneigung verbunden.*

Waren Ihr Vater oder Ihre Mutter Trinker? Nahmen er oder sie Beruhigungs- oder Schlafmittel, die seine oder ihre Stimmungen oder Verhaltensweisen verändert haben?
War einer Ihrer Eltern in psychiatrischer Behandlung?
Schämen Sie sich für Ihre Eltern? Aus welchen Gründen?
Wie hätte es sein müssen, damit Sie sich weniger geschämt hätten?

»Die Geburt meiner Kinder hat in meinem Leben nichts verändert«, behauptet Nathalie stolz. Sie arbeitet viel und geht immer noch gleich oft aus. Sie sieht ihre Kleinen nur selten. Qualität vor Quantität beim Kontakt mit den Kindern, lautet ihre Devise. Ein Kindermädchen übernimmt sämtliche undankbaren Aufgaben oder das, was Nathalie dafür hält: Baden, Anziehen, Füttern. Nathalie kann sich ganz dem Schmusen, Lachen und Spielen widmen. Sie macht es wie viele Papas. Sie ist keine Mama, der man Sorgen anvertraut. Mit einer Person, mit der man den Alltag teilt, redet man anders als mit einer, die man nur zum Vergnügen sieht. Nathalies Töchter Flora und Julia haben schon gemerkt, daß ihre Mutter sie liebt, wenn sie keine Probleme machen und glücklich sind. Sie tragen deshalb eine Maske und zeigen ihrer Mutter nie ihr wahres Gesicht.

Eltern müssen ein ausreichendes Gefühl der Geborgenheit vermitteln, damit Kinder ihnen alle Aspekte von sich anvertrauen. Damit sie sagen können: »Das geht nicht.« Oder: »Ich brauche dies oder jenes.« Sie müssen ihr Leid anvertrauen, sich über ihre Schwierigkeiten beklagen können. Nathalie glaubt, sie habe ein gutes Verhältnis zu ihren Kindern, aber sie kennt ihre Bedürfnisse nicht.

Iwan und Helen gehen anders als Nathalie niemals aus. Sie schlagen jede Einladung aus und wollen auch keinen Besuch. Alles wegen des Babys. Ihr Nachwuchs ist inzwischen zwar schon zwei Jahre alt, aber sie wollen seinen Rhythmus nicht stören. Er muß um 18 Uhr essen und um 19 Uhr zu Bett gehen. Auf den ersten Blick sorgen sich seine Eltern intensiv um sein Wohlergehen. Ihr Leben dreht sich um ihr Kind und richtet sich ganz nach ihm. Aber ihr Kind ist kein Säugling mehr! Jedes in der Entwicklung begriffene Wesen braucht neue Rhythmen und Herausforderungen. Mit ihrem Verhalten ignorieren Iwan und Helen bestimmte Bedürfnisse ihres Sohnes.

»Mama, ich wäre so gern von Dir in den Arm genommen worden.« Das Bedürfnis nach Liebe und Zärtlichkeit ist eines der ersten, das wir als Menschen äußern. Dazu der Auszug aus einem Brief von Fatima:

»Ich erinnere mich noch an diese endlosen Jahre, in denen Du jeden Abend zu meiner kleinen Schwester ins Nebenzimmer gegangen bist und sie in die Arme genommen hast. Und ich wartete jeden Abend darauf, daß Du mich ausnahmsweise auch einmal umarmen würdest… Ich wartete und wartete vergebens… Jeden Abend gingst Du wieder hinunter, ohne daß Du auch nur durch einen Türspalt zu mir hereingeblickt hättest. Ich drückte mich verzweifelt in meine Bettdecke und weinte in mich hinein, bis der Schlaf mich von meinem Leid erlöste. Wie viele Nächte weinte ich so, und dabei hätte ich mich schon mit einer einzigen Liebkosung zufriedengegeben. Und ich habe Dir Zettelchen geschrieben, parfümierte oder mit Blumen bemalte Briefe oder Karten mit Liebeserklärungen. Aber ich hatte nicht den Mut, sie Dir zu schenken, denn ich wußte von vornherein, wie schroff Du mich zurückweisen würdest! Hättest Du mir nur zuhören, mich anblicken können! Aber nein, ich zählte einfach nicht für Dich.«

Wieviel Verzweiflung spricht aus diesem Brief! Wie hat es diese Mutter nur jahrelang fertiggebracht, die Bedürfnisse ihrer Tochter zu ignorieren. Sie hat nie erfahren, wie verzweifelt ihre Tochter sie trotz der Zurückweisung geliebt hat. Wer die Gefühle anderer unterdrückt, ist sich im allgemeinen sicher, daß er verabscheut wird. Und diese Erwartung steigert seinen Haß. Man verabscheut, wem man Schmerzen zufügt. Je mehr diese Mutter ihre Tochter ignorierte, desto mehr haßte sie sie auch für das Leid, das sie ihr zufügte.

»Schämst du dich nicht? Alle schauen auf dich.« Die Großmutter schüttelt den Enkel. »Hör jetzt auf zu heulen! Hörst du auf!« Der kleine Junge war vielleicht drei Jahre alt. Ich weiß nicht, warum er weinte und warum seine Großmutter so wütend war, aber es gibt keine Rechtfertigung dafür, einem Kind Scham einzureden, schon gar nicht in der Öffentlichkeit. Sehr wahrscheinlich hat sich die Großmutter selbst geschämt. Sie fürchtete nicht den Blick auf den Enkel, sondern auf sich selbst. Tränen drükken ein Bedürfnis aus, dem nicht nachgegeben wurde. Ein Kind leidet doppelt, wenn es nicht weinen darf und gedemütigt wird. Bei so einer Erziehung wird es seine Tränen vielleicht unterdrücken, aber es wird auch die Großmutter dafür hassen, daß sie kein offenes Ohr für ihn hatte.

»Weine nicht, schrei nicht, hab keine Angst ...« – »Rufen Sie ihn während der Woche im Ferienlager nicht an und schreiben Sie ihm nicht, sonst gibt es Tränen.« Erwachsene setzen sich mit den Gefühlen von Kindern nur ungern auseinander.

Jedes Kind hat aber das Bedürfnis, akzeptiert, anerkannt, angehört, geliebt, respektiert und geschätzt zu werden. Es muß sich ausdrücken dürfen und angehört werden. »Bitte nicht, das ist unhöflich.« – »Wenn du bettelst, bekommst du gar nichts!« – »Je mehr du willst, desto weniger kriegst du.« Das Kind, das gelernt hat, seine Erwartungen beiseitezuschieben, kann als Erwachsener nur schwer eigene Bedürfnisse erkennen und Wünsche formulieren.

Haben sich Ihre Eltern um Ihre Bedürfnisse gekümmert? Wie sind sie mit ihnen umgegangen? Durften Sie Wünsche anmelden? Wie haben Ihre Eltern reagiert, wenn Sie Gefühle äußerten? Haben Sie zugehört oder Ihre Emotionen zum Schweigen zu bringen versucht?

Geheimnisse und Verschwiegenes

In früheren Zeiten wußte man noch nicht, daß Babys sehr früh schon vieles mitbekommen, daß der Fötus in der Fruchtblase sogar Gedanken der Schwangeren wahrnimmt und daß schon Säuglinge auf die Emotionen ihrer Eltern reagieren. Das Baby wurde vor allem auf seine organischen Funktionen reduziert. Es mußte gefüttert, gegebenenfalls dressiert und seine »Unschuld« bewahrt werden.

Mit Kindern wurde nur wenig geredet. Sie erfuhren es nicht, wenn der Vater die Arbeit verloren oder die Mutter eine Fehlgeburt erlitten hatte. Sei es der Selbstmord von Onkel Markus, die Krebserkrankung von Tante Marie, der Einbruch ins Ferienhaus, der Brand in Großvaters Fabrik, die Krankheit und der Tod des kleinen Bruders, die psychiatrische Betreuung der Urgroßmutter im Pflegeheim, die Nazi-Vergangenheit des Großvaters, der Geliebte der Großmutter oder Geldprobleme – über alles wurde der Mantel des Schweigens gebreitet. Kinder wurden auf einen bevorstehenden Umzug nicht vorbereitet. Sie fanden sich plötzlich anderswo wieder. Überall gab es alle möglichen Geheimnisse!

Der Alltag wurde mit den Kindern nicht besprochen. Sie wurden zur Großmutter verfrachtet, ohne daß sie erfuhren, wieviele Stunden sie dort bleiben oder ob sie die Mutter je wieder abholen würde. Bei einer netten Großmutter geht das ja noch. Wenn der Vierjährige bei der Tante bleiben sollte, wartete man, bis er einem den Rücken zuwandte und ging, ohne ihm den Tag der Rückkehr zu verraten. Zurück blieb ein orientierungsloses Kind, das auf sein Leben keinen Einfluß hatte und hoffnungslos verstört auf die Vorstellung reagierte, es sei verlassen worden.

Manche Dinge werden nicht gesagt, weil Erwachsene ihre Erwähnung für überflüssig halten. Weil sie meinen, solche Informationen hätten für Kinder keine Bedeutung oder würden sowieso nicht verstanden. Andere Dinge werden dagegen bewußt geheimgehalten. Während fehlende Informationen Kindern die Möglichkeit nehmen, ihre Gefühle in Worte zu fassen, lassen Geheimnisse sie mit der eigenen Phantasie allein. Geheimnisse sind meist überflüssig und ihre Folgen verheerend. Sie schützen Kinder nicht, sondern sorgen im Gegenteil für Verunsicherung. Kinder spüren die Emotionen von Erwachsenen und merken, wenn sie ihnen etwas verschweigen. Und sie sagen sich, daß es etwas ganz Furchtbares sein muß, wenn man es ihnen nicht sagen kann. In der Phantasie malen sie sich Dinge aus, die weitaus schrecklicher sind als die Wirklichkeit.

Man darf ein Kind mit der Wahrheit nicht überfallen. Zunächst gilt es herauszuhören, was es bereits weiß, was es vermutet und sich vorstellt. Wenn man ein Geheimnis ganz unvorbereitet lüftet, wird es vom Kind nicht verstanden oder man bringt sein Seelenleben durcheinander. Das

Kind hat sich seine Wahrheit geschaffen. Um etwas anderes zu begreifen, muß es seine Überzeugungen »reinigen«. Es ist die Aufgabe der Erwachsenen, der Eltern oder des Kinderpsychologen, ihm dabei zu helfen, sich selbst Fragen zu stellen und die Fragen an die Eltern zu finden, die für es selbst Sinn machen. Dann können die Eltern mit ihrer Antwort das Geheimnis lüften. Das Kind ist zur Annahme der Wahrheit bereit.

Auf ein Geheimnis in der Lebensgeschichte deutet dann etwas hin, wenn ein Symptom auf herkömmliche Weise nicht erklärt werden kann. Mit Symptom meine ich einen Wiederholungszwang oder ein Zwangsverhalten oder eine abrupte gewaltsame Handlung ohne ersichtlichen Grund. Julius ist zwei Monate alt, als seine Mutter ihn zu Boden fallen läßt. Helena ist tief erschüttert. Sie versucht zu verstehen, wie das passieren konnte. Wie alle Mütter hat sie ihrem kleinen Buben gegenüber zuweilen zwiespältige Gefühle. Aber ihn fallenlassen – nein! Gemeinsam suchen wir nach einer möglichen Ursache. Sie erzählt mir von ihrem Traum in der Nacht: Sie verliert eine Handtasche. Mir kommt eine Idee: Sollte sie als Fötus im Mutterleib einen Zwilling an ihrer Seite gehabt haben? Auf Nachfrage stellt sich heraus, daß Helenas Mutter darüber nichts weiß. Aber wie sie erzählt, hat sie im zweiten Monat der Schwangerschaft starke Blutungen gehabt und eine Fehlgeburt vermutet. Die Hypothese eines Zwillings war also recht naheliegend. Und vor allem Helena konnte viel mit ihr anfangen. Mit ihr erhielten viele ihrer Gefühle Bedeutung. Dieser Zwilling, der sang- und klanglos verschwunden war, wollte Anerkennung. Mit Julius' Sturz kehrte er auf einer symbolischen Ebene wieder in Helenas Leben zurück.

Grazia trifft sich nur mit verheirateten Männern. Als sie den Mut hat, zwei und zwei zusammenzuzählen, geht ihr schließlich auf, daß ihr Vater regelmäßig ihre Mutter betrogen hat. Die Geliebten hatten es deutlich besser als die gedemütigte, herabgewürdigte Ehefrau. Die Botschaft an Grazias Unbewußtes war überdeutlich: »Besser Geliebte als Ehefrau.« Als Grazia ihren Vater darauf ansprach, erzählte er ihr ganz offen von seinen Liebesabenteuern und der Geschichte seiner Ehe. Sie erlebte eine Aufrichtigkeit, Vertrautheit und gegenseitige Achtung, die sie bei ihm nie gekannt hatte. Sie erfuhr mehr über seine Geschichte und gewann Abstand. Und ihr Vater verstand ihre Gefühle. Einen Monat nach der offenen Aussprache schloß Grazia Bekanntschaft mit einem Mann, der noch zu haben war.

Mit sechsundzwanzig Jahren entdeckte Iris, daß ihr Vater homosexuell war. Die Offenbarung war sehr schmerzhaft, aber nur deshalb, weil sie erst jetzt begriff, wie fremd ihr dieser Mann während ihrer Kindheit und Jugend geblieben war. Sie war ihrem Vater und ihrer Mutter schrecklich böse, weil sie nie etwas gesagt hatten. Sie hatte ein Ehepaar vor Augen gehabt, das es in Wahrheit nicht gegeben hatte. Von den vier Kindern hatte keiner etwas gewußt. Und keiner hat es später geschafft, eine Familie zu gründen.

Niemand sagte der vierjährigen Juliana, daß ihre Großmutter gestorben war. Sie hatte sie ja auch nur so selten gesehen. Aber Juliana hatte nach der Beerdigung schreckliche Alpträume. Jede Nacht wachte sie auf und konnte erst wieder richtig schlafen, als sie alles wußte.

Irene hatte von Geburt an Schuldgefühle und schämte sich schrecklich. Nach langen Nachforschungen kam sie dem Geheimnis auf die Spur. Sie war die Frucht eines Inzestverhältnisses, das ihr Großvater mit ihrer Mutter eingegangen war. Die furchtbare Nachricht brachte ihr aber auch Erleichterung. Jetzt hatte sie für viele Dinge, die ihr unverständlich geblieben waren, eine Erklärung: warum der Großvater sie wie seine Tochter behandelte, warum ihre Großmutter sie nicht leiden konnte, warum ihre Mutter ihre Schwester mehr liebte, warum sie dem Mann, zu dem sie Papa gesagt hatte, so unähnlich war und warum er so streng mit ihr umging ... Und sie wußte jetzt auch, warum sie im Gegensatz zu ihrer kleinen Schwester nicht getauft worden war.

Geheimnisse werden oft streng gehütet. Wenn Sie in Ihrer Familie ein Geheimnis vermuten, sprechen Sie mehrere Angehörige darauf an: »Ich habe das Gefühl, daß in unserer Familie etwas verheimlicht wird. Was meinst du?« Wenn Sie nicht gleich auf Offenheit stoßen, fügen Sie hinzu: »Wenn dem so wäre, würdest du es mir sagen?« Wenn Sie vermuten, daß Ihre Eltern die Sache aus Scham geheimhalten, nehmen Sie eine Fernsehsendung oder ein Buch zum Anlaß, um über das Tabuthema zu reden. Sprechen Sie es offen an. Machen Sie Ihren Eltern die Wichtigkeit von Offenheit klar, und erklären Sie ihnen, warum Sie Aufklärung brauchen. Die meisten Menschen verheimlichen solche Dinge aus Scham oder weil sie sich nicht vorstellen können, daß sie anderen sehr wichtig sind. Viele befürchten, mit Offenheit Dinge durcheinanderzubringen. Aber ein Geheimnis zu lüften bringt immer auch Erleichterung.

Geheimnisse in der Familie entstehen um die Geburt von (adoptierten, verlassenen, unehelichen oder aus Seitensprüngen hervorgegangenen) Kindern, um die Ehe (Scheidung, erste enttäuschte Liebe, Seitensprünge ...), um eine ausländische Abstammung, ein gesellschaftliches Tabu, eine Geisteskrankheit, eine Alkoholabhängigkeit, um einen Selbstmord oder einen Gefängnisaufenthalt usw. Wenn wir die Leiden unserer Eltern, Großeltern oder Vorfahren nicht kennen, laufen wir Gefahr, sie unbewußt auf uns zu nehmen. Wie Martina zu ihrer Urgroßmutter väterlicherseits so treffend sagte: »Ich habe den Eindruck, daß keiner ihren Schmerz erkannt, keiner sich in ihre Lage versetzt hat. Heute stehe ich an ihrer Stelle, ich durchlebe ihre Symptome.«

Vermuten Sie Geheimnisse in Ihrer Lebensgeschichte? Gibt es in Ihrer Familiengeschichte Lücken oder Ungereimtheiten? Gibt es einen Zweig in Ihrer Familie, über den nicht gesprochen wird? Kennen Sie Ihre Urgroßeltern und alle Onkel und Tanten?
Wird in Ihrer Familie manches unter den Teppich gekehrt? Wie wird über Konflikte, Unfälle und persönliche Probleme geredet?

Komplizenschaften

Wir haben einen Vater und eine Mutter. Beide sind für unser Leben und Wohlergehen gleichermaßen verantwortlich. Aber in Therapien rückt ein Elternteil oft in den Vordergrund. Er hat uns am meisten verletzt, war am strengsten oder hat uns am häufigsten allein gelassen. Die Verantwortung des zweiten blenden wir aus oder sehen auch ihn als Opfer. Der Schmerz, daß wir vor dem Peiniger nicht beschützt worden sind, ist dennoch groß. Und oft werden Kinder von zerstrittenen Eltern als Schiedsrichter benutzt oder geraten zwischen die Fronten. »Fordere von deinem Vater den Scheck für den Unterhalt ein.«

Matthias' Vater war Alkoholiker. Täglich, wenn er getrunken hatte, hallten seine Schreie durchs Haus, und auf die Kinder prasselten Schläge nieder. Seine bloße Gegenwart versetzte Matthias in Angst und Schrecken. Trotzdem schickte seine Mutter ihn oder seine Geschwister immer wieder in die Kneipe, um ihn nach Hause zu holen. Matthias suchte ihn, bat ihn mitzukommen, brachte ihn heim ... und wurde verprügelt. Welches Spiel spielte diese Mutter? Wie kann man einem Kind so etwas zumuten? Nicht nur, daß sie ihren Mann nicht verließ und zu den Prügeln schwieg – manchmal sagte sie weinend: »Du bringst sie noch um« –, sie zwang sie auch noch dazu, ihren Peiniger nach Hause zu holen.

Aus Nadines Brief an ihre Mutter spricht die Verzweiflung eines Kindes, das von seiner Mutter im Stich gelassen wird:

»Ich habe die Beschimpfungen Deines Mannes (›Vater‹ kann ich ihn nicht nennen) lange Zeit hingenommen. Erst vor ein paar Jahren hat er zugegeben, daß er mich deshalb beleidigt hat, weil er sich mit Dir nicht verstand. Ich diente also als Schutzschild für Dich. Er hat mich beschimpft: ›So schnell wächst bloß Unkraut.‹ – ›Große Kuh!‹ – ›Du bist verdorben.‹ – ›Du bist doch irre!‹ – ›Du bist fett!‹ ... Unter diesen häufigen Beleidigungen habe ich gelitten. Sie waren ungerecht, und Du hast mich kein einziges Mal in Schutz genommen! Nie hattest Du den Mut zu sagen: ›Hör auf damit. Das alles stimmt nicht. Sie ist weder verdorben noch eine fette Kuh oder irre. Du hast kein Recht, sie so zu behandeln. Das hat sie nicht verdient.‹ Wenn Du etwas für mich übrig gehabt hättest, hättest Du mich ganz selbstverständlich in Schutz genommen. Statt dessen hast Du zugeschaut, wie ich als kleines Mädchen und später als Jugendliche so oft beschimpft worden bin. Jeder und vor allem jedes Kind verdient Respekt. Ich habe unter diesen häufigen Beleidigungen gewaltig gelitten, und nie hat jemand etwas gesagt, vor allem Du, meine Mutter, nicht! Noch heute weine und schreie ich vor Wut darüber.«

Ähnlich auch der Auszug aus einem Brief von Sabine an ihre Mutter:

»Wenn mein Vater im ›Scherz‹ von seinem Traumauto mit ›vier PS, vier Türen und vier Plätzen‹ schwärmte, fühlte ich mich wieder einmal übel. Wir waren fünf, und ich war die Fünfte. Für mich war im Auto kein Platz mehr. Wegen mir war es ›unpraktisch, in Urlaub zu fahren‹. Und Du hast trotz meiner gewaltigen Traurigkeit, meiner Wut und meinem Gefühl, das fünfte Rad am Wagen zu sein, wieder geschwiegen. Du hast ihn reden lassen. Warst Du seiner Meinung? Du hast bei diesen ›Scherzen‹ nicht ein einziges Mal gesagt: ›Wir sind fünf. Wir haben drei Kinder. Ein Wagen mit vier Sitzplätzen kommt für uns nicht in Frage.‹«

Das Kind ist auf das korrigierende Eingreifen des anderen Elternteils dringend angewiesen. Oft hört man von Eltern das Argument, sie müßten vor den Kindern Geschlossenheit demonstrieren, um sie nicht durcheinanderzubringen. Ein Elternteil, der eingreift, wenn der andere gewalttätig wird, bekommt von ihm oft vorgeworfen, er stelle ihn bloß, seinetwegen habe er das Gesicht verloren. Obwohl solche Argumente absurd sind, fallen sie auf fruchtbaren Boden.

Vor kurzem hat mich mein siebenjähriger Sohn so auf die Palme gebracht, daß ich ihm für einen ganzen Monat Computerverbot erteilt habe. Er war sehr unglücklich. Sein Vater hat eingegriffen:

»Deine Mutter war sehr zornig. Deshalb hat sie dir für einen Monat Computerspiele verboten. Weißt du, wie wütend sie war?«

»Ja, ich habe Wasser auf den Computer geschüttet, aber nicht mit Absicht. Und ich habe es aufgewischt, aber nicht alles Wasser.«

»Verstehst du, daß sie deswegen sehr wütend geworden ist?«

»Ja.«

»OK. Heute darfst du nicht mehr spielen, erst morgen wieder.«

Ein Computerverbot für so lange Zeit hätte keinen Sinn gemacht und wäre ungerecht gewesen. Ich hatte überreagiert. Mein Sohn Adrien hatte eingesehen, warum ich wütend geworden war, und das stellte mich zufrieden. Ich war froh, daß mein Partner, ohne mich bloßzustellen, eingegriffen und eine angemessenere Strafe ausgesprochen hatte.

Es ist sehr wichtig, daß der andere Partner bei einer Ungerechtigkeit eingreift und sich für das Kind einsetzt, vor allem wenn Gewalt im Spiel ist. Dazu der Auszug aus einem Brief von Agathe:

»Du hast doch gewußt, Papa, wie sehr mich meine Mutter geschlagen hat. Nur ein einziges Mal, ich war damals zwei Jahre alt, hast Du mich zu einer Nachbarin gebracht. An diesem Tag hattest Du Angst, daß sie mich umbringen würde. Aber all die anderen Tage? Du hast die blauen Flekken auf meinem Körper, meinen flehenden Blick doch gesehen. Warum hast Du mich nicht beschützt? Du warst der einzige, der mich auf den Schoß genommen hat, der mich lieb gehabt hat. Zu Dir hatte ich grenzenloses Vertrauen. Und trotzdem hast Du mich jeden Tag mit ihr allein gelassen. Ich konnte Dir deswegen nie böse sein. Du warst meine einzige Hoffnung. Ich hatte solche Angst, Dich zu verlieren.«

Der Elternteil, der selbst nicht zuschlägt, stellt sich zuweilen selbst als Opfer dar und stellt sich auf eine Ebene mit dem Kind.

Kevin verabscheut seinen Vater. Sein Vater hat getrunken, geschrien, ihn geschlagen und stunden- oder tagelang kein einziges Wort gesprochen. Seine Mutter dagegen war sanftmütig. Kevin sah auch sie immer als das Opfer seines Vaters. Er versuchte sie sogar zu beschützen. Wenn sie sich beklagte, wurde er zu ihrem Vertrauten, ja innerlich zu ihrem Beschützer. Seine Mutter hat sich gegen diese Umkehrung von Verantwortung nie aufgelehnt. Viele ihrer Sätze begannen mit: »Ohne deinen Vater…«, und doch blieb sie ihr ganzes Leben bei ihm. Noch jetzt mit siebzig sagt sie immer: »Würde er bloß sterben. Ich kann nicht mehr.« Und gleichzeitig gibt sie zu: »Auch wenn ich die Möglichkeit hätte, ich könnte ihn nicht verlassen.« Sie hängt weitaus mehr an ihrem Mann, als sie sich eingesteht. Und sie war all die Jahre seine Komplizin. Wenn er zuschlug, sagte sie nichts, ja tröstete ihren Sohn nicht einmal. Sie verstärkte sogar seine Macht, indem sie zu ihren Kindern sagte: »Psst, seid bloß still. Regt euren Vater nicht auf.« Die Kinder waren also selbst schuld, wenn ihr Vater gewalttätig auf sie losging.

Frauen mögen in vielen Ländern nahezu rechtlos sein und sich von ihren Männern nur unter großen Nachteilen trennen können. In europäischen Ländern ist das anders. Kevins Mutter war im Käfig ihrer eigenen Psyche gefangen. Während Kevins Vater Gefangener seiner eigenen Gewalttätigkeit war, konnte sich seine Mutter nicht aus ihrer Unterwürfigkeit befreien. Was beide ihrem Sohn vorgelebt haben, war ein Gefühl tiefer Ohnmacht. Nachdem er sich des Terrors, unter dem er schon als Säugling gelitten hatte, bewußt geworden war, hatte er das Bedürfnis, Abscheu vor der Haltung seiner Mutter zum Ausdruck zu bringen. Allerdings tat er sich anfangs noch schwer damit, diese Emotion überhaupt zuzulassen. Um mit den eigenen Gefühlsregungen nicht konfrontiert zu werden, stellte er seine Besuche bei der Mutter ein. Nach einer psychotherapeutischen Sitzung, in der er seiner Empörung Luft gemacht und den seelischen Druck vermindert hatte, konnte er sie wiedersehen und lieben. Dies zeigt einmal mehr, daß *Emotionen, auch die heftigsten, Spannungen abbauen und eine Beziehung qualitativ verbessern können, wenn sie geäußert werden.*

Oft ist es leichter, seine ganze Wut auf denjenigen Elternteil zu projizieren, der Gewalt ausgeübt, die Scheidung eingereicht oder den anderen betrogen hat. So nimmt es Lukas seiner Mutter sehr übel, daß sie ihn im Stich gelassen hat. Als er sechs Jahre alt war, hat sie ohne ein Wort des Abschieds das Haus verlassen. Sein Zorn ist gerechtfertigt, aber Lukas benutzt ihn auch, um die Wut auf seinen Vater zu unterdrücken. Sein Vater hat mit ihm und seiner Schwester seine Verzweiflung und sexuelle Frustration verdeckt. Er hat sie besonders streng erzogen, war von ihnen abhängig und hat äußerste Loyalität verlangt. Aber er hat sich all die Jahre um sie gekümmert, sie ernährt und ihnen ein Zuhause gegeben. Dagegen hatte die Mutter sie einfach im Stich gelassen. Solange Lukas nur die »Schuld« der Mutter sieht und keinen Versuch unternimmt, die komplizierte Beziehung seiner Eltern nachzuvollziehen, wird er sich von der Vergangenheit nicht befreien können.

Die Verantwortung für das Kind wird von beiden Elternteilen getragen. Ein Vater schlägt seine Tochter? Das geht nur mit dem aktiven oder passiven Einvernehmen der Mutter. Man kann nicht dem einen die gesamte Verantwortung auf die Schultern laden. Der eine mag gewalttätiger, liebloser in Erscheinung getreten sein. Aber welche Rolle spielte der andere? Mit der Opferrolle kann man ebensoviel Macht ausüben. Und manchmal provoziert auf sublime, indirekte Weise der eine Elternteil das Verhalten des anderen.

Hat einer Ihrer Eltern eingegriffen, wenn der andere überreagiert hat? Hat ein Elternteil Sie vor den körperlichen oder verbalen Attacken des anderen beschützt?
Haben Ihre Eltern versucht, Ihnen gegenüber als »Einheitsfront« aufzutreten, oder hatten sie auch den Mut, ihre Differenzen zu zeigen?
Haben Sie den Eindruck, daß ein Elternteil Ihnen mehr wehgetan hat als der andere? Welche Verantwortung hatten beide Teile jeweils?

Eine weitere Besonderheit der Eltern-Kind-Beziehung besteht darin, daß die beiden zu dritt sind. Ein Kind steckt mit seinen beiden Eltern in einer Dreiecksbeziehung. Meist lebt es mit beiden zusammen. Selbst wenn ein Teil nach der Empfängnis oder Geburt nicht mehr da ist, gibt es ihn als Elternteil noch immer. Er nimmt in der Psyche des Kindes sogar einen noch größeren Raum ein. Papa ist ohne Mama nur schwerlich vorstellbar, und auch die Mutter kann sich ihr Kind ohne Vater kaum vorstellen. Ganz zu schweigen von den Geschwistern.

Jede Mutter hat ihr Kind von einem Mann empfangen. Sie sieht in ihrem Kind auch das Kind dieses Mannes. So kommt es vor, daß sie mehr oder weniger bewußt positive wie negative Aspekte ihrer Beziehung zu diesem Mann in das Kind hineinprojiziert. Ebenso sieht der Vater im Kind zwangsläufig auch dessen Mutter und neigt ebenfalls dazu, Aspekte seiner Beziehung zur Mutter in das Kind hineinzulegen. Dies bestimmt auf eine merkwürdige Art die Beziehung mit.

Von diesen Projektionen abgesehen, beeinflußt auch das Verhalten des einen das des anderen. Eine Mutter kann als Reaktion auf das Fehlen des Vaters besonders besitzergreifend und penetrant werden. Ein Mann kann seiner unselbständigen Frau gegenüber einen übertriebenen Beschützerinstinkt entwickeln. Eine Familie ist ein System, das sich *im* oder *aus* dem Gleichgewicht befindet. Das Kind paßt seine Reaktionen an dieses familiäre Gleichgewicht an. Es kann beispielsweise eine Erkrankung entwickeln, um den Eltern in der Pflege die Gelegenheit zu geben, sich selbst »gesund«, nützlich und stark zu fühlen. In Familien mit mehreren Kindern hat innerhalb dieses eingespielten Beziehungssystems jeder seine besondere Stellung. Und die kann manchmal die Entwicklung der Persönlichkeit beeinträchtigen.

Sehen Sie sich mit den Augen Ihres Vaters? Sieht er in Ihnen Ihre Mutter?
Nehmen Sie jetzt den Blickwinkel Ihrer Mutter ein. Was sehen Sie?
Wem ähneln Sie nach den Aussagen Ihrer Umgebung angeblich mehr? Weshalb?
Wirkt sich das Verhältnis Ihrer Eltern zueinander auf deren Haltung Ihnen gegenüber aus?

Die Fallstricke des Unbewußten

»Ich ertrage dieses Verhalten bei Magali nicht.« –»Martin treibt mich zur Raserei.« Das Kind ahnt nicht, welchen Zorn sein Verhalten auslöst. Es weiß nicht, daß es bei seinem Vater oder seiner Mutter verdrängte Emotionen aus der fernen Vergangenheit wachruft. Die Eltern entdecken in ihrem Nachwuchs unweigerlich ihre eigene Kindheit und ihre oft schwierige Beziehung zu ihren Eltern wieder. Angesichts bestimmter Handlungen, Worte oder Einstellungen ihrer Kinder tauchen sie in die eigene Vergangenheit ein, sehen sich selbst wieder und erinnern sich an die Reaktionen ihrer Eltern. Gefühle von einst werden wach, allerdings nur für den Bruchteil einer Sekunde und deshalb oftmals unbewußt. Das Gehirn stellt eine Verbindung zur Vergangenheit her, und daraufhin steigt im Vater oder in der Mutter eine Emotion auf, ohne daß sie so richtig begreifen, was in ihnen vorgeht: Sie verlieren plötzlich die Beherrschung, schreien, toben, schlagen zu…, so wie sie sich gern gegen ihre Eltern zur Wehr gesetzt hätten oder wie sie ihre Eltern erlebt haben. Ein solcher heftiger Ausbruch verhindert, eine einstmals erlebte Demütigung oder Verletzung nochmals zu spüren. Auf eine solche Überreaktion reagiert das Kind mit Verstörung. Wenn es sie als übertrieben und als Antrieb aus der Vergangenheit erkennt, kann es mit ihr fertig werden. Aber wenn ihm weisgemacht wird, sie sei eine angemessene Antwort auf eine Verfehlung (Suppe nicht gegessen, schlechte Zensur bekommen, Glas umgeworfen etc.), dann mutmaßt das Kind tiefergehende Vorwürfe und entwickelt das Gefühl der persönlichen Unzulänglichkeit.

Noch komplizierter wird die Situation dadurch, daß Eltern, die wegen einer Verfehlung »ausrasten«, ihrem Kind häufig gleichzeitig und unbewußt die Erlaubnis (die vom Kind als Aufforderung verstanden wird) zu dem getadelten Verhalten erteilen. Franziska schildert ihre Schwierigkeiten mit Anton: »Mein Sohn hatte immer öfter Wutanfälle und ließ den Zorn an Sachen und an unserer Katze aus. Daß er Dinge zerstörte und um sich schlug, versetzte mich in Rage. Ich schlug zu, dann schlug er wieder zu, dann wieder ich… Ich wollte ihn um jeden Preis gefügig machen, ihn beugen. Mit aller Gewalt. Ich krieg' dich schon klein, habe ich ihm gesagt. Als meine Wut schließlich verraucht war, fühlte ich mich richtig unglücklich, weil ich meinen kleinen Buben so behandelt hatte. Und im Grund war ich stolz auf ihn, daß er sich nicht hatte unterbuttern lassen.« Die Mutter bringt einen inneren Zwiespalt zum Ausdruck. Erstaunlicherweise ist sie sich ihrer inneren Abläufe sogar bewußt. Gerade dieser Zwiespalt erklärt Antons Verhalten: Seine heftigen Wutausbrüche sind die Anpassung an eine unbewußte Erwartung seiner Mutter. Auf einer bewußten Ebene mißbilligt Franziska zwar sein Verhalten, aber unbewußt heißt sie seine Reaktionen gut, weil er sich selbst auf eine Art behauptet, zu der sie in ihrer Kindheit niemals fähig gewesen wäre. Antons Verhalten ist eine »Entschädigung« für die Kindheit seiner Mutter. Mit seinem Verhalten kommt er also mehr den emotionalen Bedürfnissen seiner Mutter nach als seinen eigenen – der »Erdenschein auf dem Mond«, wie der große Psychotherapeut Alain Crespelle diese Projektion von Eltern auf ihr Kind treffend genannt hat. Ein bedeutender Teil unseres »Charakters« und viele unserer überzogenen emotionalen Reaktionen stammen nicht aus uns selbst. Sie spiegeln die unbewältigten Konflikte unserer Eltern wider.

Eltern projizieren ihre inneren Konflikte in ihre Kinder hinein, die dann (unbewußt) deren unerfüllte affektive Bedürfnisse befriedigen. Sie versuchen die bewußten Erwartungen, aber auch die unterschwelligen Wünsche ihrer Eltern zu erfüllen – und geraten dabei nicht selten in Schwierigkeiten. »Ich muß zugeben, wenn Thomas weint, wenn er nicht im Kinderhort bleiben will und sich an mir festklammert, dann gefällt mir das auch irgendwie … Ich bin für ihn wichtig.« Der arme kleine Thomas hat kaum eine andere Wahl. Um seiner Mutter zu gefallen, um ihre Erwartungen zu erfüllen, muß er in ihren Armen weinen. Er hat nicht wirklich die Freiheit, freudig in die Arme der Erzieherin zu laufen.

Gabriel stört im Gymnasium dauernd den Unterricht und gibt freche Antworten. Auf eine Beschwerde des Rektors hin erhält er von seinem Vater Herbert eine Rüge und wird streng bestraft. Schließlich droht sogar ein Verweis vom Gymnasium. Ratlos kommen die Eltern zu mir, um nach einer Lösung zu suchen. Ich höre ihnen zunächst zusammen zu und bitte dann die Eltern, mich mit Gabriel allein zu lassen. Er rechtfertigt sich zunächst mit Gegenvorwürfen, vertraut mir dann aber an: »Ich weiß selbst nicht, warum ich das mache. Ich kann einfach nicht anders. Ich will kein Waschlappen sein.« Gabriel geht ins Wartezimmer zurück, und ich rede mit dem Vater. Der Vater räumt ein: »Ich brülle ihn an und bin wegen seines Verhaltens wirklich wütend, aber im Grunde bin ich auch stolz auf ihn. Der läßt nicht alles mit sich machen. Er setzt sich zur Wehr. Das bewundere ich. Es mag hart klingen, aber es ist die Wahrheit: Wenn er brav wäre, würde ich ihn verachten.« Herbert bestraft seinen Sohn schon deshalb so streng, weil er ihm seine heimliche Bewunderung nicht zeigen will. Aber Kinder verstehen unbewußte Botschaften als Aufforderungen. Der unglückliche Gabriel ist in einer Zwickmühle. Er zieht sich lieber den Zorn seines Vaters zu, als von ihm verachtet zu werden. Er zeigt ihm, daß er kein Waschlappen ist. Alle Kinder wissen (unbewußt): Es ist besser, gegen die bewußten als gegen die unbewußten Erwartungen der Eltern zu verstoßen!

Wie kann das Verhältnis zwischen Eltern und Kind unter solchen Umständen einfach und harmonisch sein? Solange sich nicht alle Beteiligten im klaren darüber sind, welches unbewußte Potential sie in sich tragen, prägen Mißverständnisse, unterdrückte Wut und Unverständnis ihre Beziehung.

Das Unbewußte ist auch eine Zuflucht verdrängter Affekte aus einer längst vergessenen Vergangenheit. In ihm schwelen die ungelösten Konflikte voriger Generationen. Unsere komplizierte Beziehung zu unseren Eltern wird zudem belastet von einem nach und nach entstandenen Vermächtnis, dem der unbewußten Elemente, die von einer Generation zur nächsten weitergegeben werden. In Luzies Familie stirbt seit drei Generationen der Älteste an einer Lungenkrankheit oder einem Problem der Atmung. Seit fünf Generationen brechen oder verletzen sich die Buben in Lukas' Familie ungefähr im fünften Lebensjahr einen Daumen. Jede Generation ist mit den Geheimnissen oder Dramen der vorigen Generationen belastet. In unserer Eltern-Kind-Beziehung können die Gespenster von unbekannten Onkeln, Tanten, Groß- und Urgroßeltern herumspuken. Sie sitzen mit am Wohnzimmertisch …

Erinnern Sie sich an Überreaktionen Ihrer Eltern? Was hat sie ausgelöst?
Kennen Sie die Geschichte Ihrer Eltern einigermaßen genau? Wie haben deren eigene Eltern unter den gleichen Umständen reagiert? Welche Rechte und Freiräume hatten Ihre Eltern? Was war ihnen verboten?
Können Sie manche Ihrer Verhaltensweisen mit Ihrer Vergangenheit in Verbindung bringen?
Können Sie einige Ihrer eigenen Charakterzüge als Reaktionen auf die unbewußten Wünsche von einem Ihrer Eltern ausmachen?
Was wissen Sie über Ihren Stammbaum?
Was wissen Sie über die Geschichte Ihrer Vorfahren?

Ich erlaube mir, dieses Kapitel mit dem Gedicht einer Klientin an ihre Mutter zu beenden, das ich sehr gelungen und erhellend finde:

Mama

Alles schlummert im gut versperrten Haus,
das Kind in seiner goldenen Wiege,
die Katze im roten Schein der Herdstelle
und die Bücher in den Regalen …

Zwei Bettchen, das eine rosa, das andere blau
und das große mittendrin,
und im dunklen Zimmer,
das voller Schatten ist,
herrscht vollkommene Stille.

Ich rufe: »Mama, bist du da?«
Doch du antwortest nicht.
Ich rufe nochmals,
doch nichts, alles ist wie tot.

Plötzlich habe ich das Gefühl,
daß keiner mehr da ist,
und spüre in mir die Aufregung
und die Angst aufsteigen.
Diesen Ort verlassen, fort,
nur nicht bleiben
an diesem Ort, der leer und verlassen ist.

Nein, du bist nicht mehr da,
die Angst steigt auf, und schon
klettere ich aus meinem Bett
und taste mich durch die Nacht.

Ich schlüpfe in die Schuhe,
binde sie nicht zu
und gehe eiligen Schrittes
ins Zimmer nebenan.

Die Stille ist überall,
sie drängt mich zur Flucht,
wie gelange ich zum Fenster hinauf?
Und wie geht es auf?

Ich rücke einen Stuhl heran
und klettere auf den Tisch.
Tastend suche
und finde ich den Schalter.

Und endlich sehe ich
den wahren Umriß der Dinge
im verschlossenen Zimmer,
das plötzlich hellerleuchtet ist.

Dann öffne ich das Fenster,
draußen herrscht klare Nacht
und ich ziehe den Stuhl hoch
und werfe ihn hinaus.

Und ich setze,
mich festklammernd,
ganz sacht beide Füße
auf den hinabgestürzten Stuhl.

Endlich berühre ich den Boden,
und ohne weiter zu überlegen
gehe ich einen Schritt geradeaus
mit dem einzigen Ziel: nur fort.

Fort, weit weg von diesem Ort,
wo alles Stille ist,
wo kein Leben herrscht
und wo ich ganz allein bin.

In den stillen Straßen
gehe ich auf leisen Sohlen vorwärts
und suche mit dem Blick
eine vertraute Gestalt.

Wohin bist du gegangen?
Wo finde ich dich wieder?
Warum hast du mich verlassen?
Ich habe Angst und zittere.
Warum verläßt du mich?
Was wird denn jetzt geschehen?
Was soll nun aus mir werden?

Kleine weiße Gestalt
in finsterer Nacht,
die dich der Schmerz vorantreibt
und die du die Mauern streifst.

Wohin gehst du
so halb entblößt?
Während du fragend
in unbekannte Gesichter blickst.

Plötzlich Stimmen und Gelächter
und ein Auflauf.
Wer ist dieses wilde Kind?
Und dann tönt deine Stimme
»Sie ist's, meine Tochter.«

Du hebst mich hoch vom Boden,
schließt mich in deine Arme,
nennst mich »verrückt«,
drückst mich an dich.

Und setzt mich ab
auf den Boden, und gemeinsam
gehen wir den Weg zurück.
Du hältst mich an der Hand,
ich klammere mich an deiner fest,
will nicht mehr von ihr lassen,
denn ich habe Angst, dich wieder zu verlieren,
dich nimmer wiederzufinden.

Ich hatte solche Angst, Mama,
und ich sage nichts mehr,
klammere mich an deiner Hand fest,
doch du scheinst wütend
und wirst nicht erfahren,
wie ich gefroren habe,
allein, ganz allein, und ohne dich.

Und wenn ich dich auch all die Nächte
so oft gerufen habe:
»Mama, bist du da, Mama?«
Dafür darfst du mir nicht böse sein,
ich bin doch so verzweifelt
und weiß nicht, was ich glauben soll.

Ich war für dich ein Klotz am Bein,
du hast mich nicht gewollt,
und dennoch war ich da.

Ich war ein trauriges Kind,
ein lebender Vorwurf,
eine Verantwortung,
die man auf sich nehmen mußte.

Vielleicht hast du mich
schließlich doch noch lieben gelernt,
aber zum damaligen Zeitpunkt
warst du weit weg,
und ich hatte das Gefühl,
ich sei für dich eine Strafe.

Nicole Toupet

III Die Seite der Eltern

Ich bin Mutter und zugleich Tochter … Oder vielleicht sollte ich es in umgekehrter Reihenfolge sagen. Echte Aussöhnung erfordert ein Anhören und Verstehen beider Standpunkte: von dem der Eltern und dem des Kindes. *Es geht nicht um »Schuld«. Es geht nur um Verletzungen, Versäumnisse, Irrtümer, Unwissenheit und Leiden.* Alle Mütter und Väter, die ich kennengelernt habe, wollten ihre Kinder glücklich machen, auch wenn ihnen dies nicht gelungen ist. Vielen war bewußt, daß sie ihre Kinder mißhandelten, und sie wollten ihre gewalttätigen und zerstörerischen Antriebe mit einer Psychotherapie unter Kontrolle bekommen. Keiner und keine verhielt sich absichtlich destruktiv oder boshaft. Allerdings waren sie ja auch zu mir gekommen! Ich glaube nicht an das natürliche Gute im Menschen und auch nicht an das Böse, an einen angeborenen Trieb zur Gewalt oder zur Grausamkeit, der durch Erziehung überwunden werden müsse. Ich sehe starke seelische Mechanismen am Werk, die das menschliche Verhalten beherrschen, solange sie nicht bewußt gemacht worden sind.

Freuden und Ängste, Schuldgefühle und Stolz, das Staunen über das selbst gezeugte Leben und die Furcht vor Überforderung – Elterngefühle sind vielschichtig und oft auch zwiespältig. Erschöpfung, psychische Labilität und Unkenntnis der psychischen Prozesse machen zusätzlich die Beziehung zu ihrem Nachwuchs schwierig.

Die Dinge sind für unsere Eltern nicht leichter als für uns selbst. Auch sie haben seit unserer Empfängnis viele Emotionen verdrängt, und dies wirkt sich zwangsläufig auch auf unser heutiges Verhältnis zueinander aus. Projektionen und nicht artikulierbare Aggressionen, die Vergangenheit prägt unsere Beziehung.

Viele Eltern werden von zerstörerischen Impulsen beherrscht: Sie fordern Macht über ihre Kinder und lassen sich zu fürchterlichen Äußerungen hinreißen: »Ich bringe dich um.« – »Du elende Kakerlake.« – »Du bist nicht mehr mein Kind.« – »Mir wäre es lieber, du wärst tot, wenn du nicht gehorchst!« – »Du bist doch eine Hure!« – »Du kriegst nie einen Mann!« – »Du landest noch in der Gosse.« – »Dich hätte ich abtreiben sollen.« Diese Sätze sind nicht erfunden. Eltern haben sie zu ihren Kindern wirklich gesagt. Solcher Haß taucht vornehmlich in einem bestimmten Alter des Kindes und in besonderen Konfliktsituationen auf. Wenn es auch keine echte Wiedergutmachung bedeutet, so kommen daneben auch Augenblicke der Zärtlichkeit, des echten Interesses und sogar der Liebe vor. Manchmal dominiert allerdings der Haß die ganze Beziehung. Dann hat das Kind von Vater oder Mutter keinerlei Rückhalt zu erwarten. Und der Haß der Eltern richtet sich dabei eigentlich gar nicht gegen das Kind selbst. Der Peiniger oder die Peinigerin sind ihrerseits Gefangene eigener verdrängter Emotionen aus der Kindheit und können nicht anders, als ihre Aggressionen auf ihr Kind zu projizieren.

Andere Eltern haben jede Erinnerung an die eigene Kindheit verdrängt und können gar nicht nachvollziehen, was ihr

Kind empfindet. Sie sind früh abgestumpft und gegen die ihnen zugefügten Schmerzen unempfindlich geworden. Die Empfindungen ihres Sohnes oder ihrer Tochter zu ignorieren erspart es ihnen, sich mit der eigenen Leidensgeschichte auseinandersetzen zu müssen. Dann wiederholen sie das, was ihnen in der Kindheit angetan worden ist. Sie strafen, beschimpfen, demütigen, schlagen und vergewaltigen, ohne daß ihnen bewußt wird, welche Verletzungen sie dem Kind damit zufügen. Denn sie sind selbst bestraft, beschimpft, gedemütigt, geschlagen oder vergewaltigt worden. Und ihnen ist nicht einmal das Recht zugestanden worden, diese Übergriffe als Verletzungen wahrzunehmen, sich zu beklagen oder gar zu genesen.

»Er hat genau gemerkt, daß er mir wehgetan hat. Er war sich voll bewußt, was er mir angetan hat. Er hat es mit Absicht gemacht«, bemerkt Gregor. Ja und nein. Gregor hat recht: Sein Vater hat ihm die Leiden absichtlich zugefügt, um ihn zu verletzen, zu unterwerfen und ihm wehzutun. Aber Gregor hat auch unrecht. Ich glaube, daß sein Vater gar nicht richtig erfaßt hat, was er ihm eigentlich angetan hat. Selbst besonders gewalttätige Menschen, die anderen anscheinend wehtun wollen, können das Leiden ihres Opfers oft nicht nachempfinden. Sie sind zu jeder Art Mitleid unfähig. Sie fügen dem anderen Schmerzen zu, um den eigenen Schmerz nicht spüren zu müssen. Der Genuß, den sie daraus ziehen, knüpft sich an ein Gefühl der Macht. Und diese Macht entschädigt sie für die als Kind gespürte Ohnmacht.

Manche Eltern, die Gefangene ihrer gewalttätigen Antriebe sind, mißhandeln unterschiedslos alle ihre Kinder, andere nur die Kinder, die das gleiche Geschlecht haben wie sie, und wieder andere nur das Kind, das unter den Geschwistern an der gleichen Stelle steht wie einst sie selbst. So verprügelte Hanne, die zweite Tochter ihrer Eltern, ihre zweite Tochter, während ihre drei anderen Kinder verschont blieben. In ihrer Familie war sie als einzige geschlagen worden.

Aber auch Eltern mißhandeln, die selbst nicht mißhandelt wurden, aber Mißhandlungen miterlebt haben. Michael ist sich bewußt, daß er mit seinem ältesten Sohn härter umspringt als mit den anderen. Er selbst war der zweite. Er hatte hilflos die Schreie seines geprügelten älteren Bruders mitanhören müssen – für ihn eine quälende Situation. Aus einem rätselhaften Grund vergriff sein Vater sich aber niemals an ihm. Michael hatte jedoch trotzdem Angst. Und er wagte nicht, seine Wut gegen den Vater zu richten, sondern projizierte sie auf den Bruder, weil der ja den »Ärger anzog«. Gleichzeitig hatte er wegen dieser Einstellung auch ein schlechtes Gewissen. Als er sich bewußt wurde, daß er seine Haltung gegenüber dem älteren Bruder auf seinen Sohn übertragen hatte, konnte er Wut auf seinen Vater ausdrücken, Mitleid für den Bruder empfinden und sich wieder in den kleinen Michael einfühlen, der er einst gewesen war. Erst jetzt war er in der Lage, die übertrieben strenge Erziehung seines Sohnes zu korrigieren. Andere Eltern wollen sich keine Fragen stellen. Sie lassen ihr Unbewußtes ihr Leben regieren. Sie reichen so die Last der unbeantworteten Fragen und der nicht verheilten Verletzungen, die eine Erbschaft aus vorigen Generationen sind, an ihre Kinder weiter.

Es gibt durchaus auch Eltern, die ihre Kinder nicht lieben. In ihrer Vergangenheit gefangen, sind sie dazu nicht in der Lage. Und es gibt Eltern, die bewußt zu lieben versuchen, ihre Sprößlinge aber dennoch seelisch verletzen.

Sie sagen und tun das Gegenteil von dem, was sie eigentlich wollen. So fühlt sich beispielsweise Judith im Umgang mit ihrer Tochter hilflos. Sie hat das dringende Bedürfnis, sie zu lieben und ihr dies zu sagen. Sie kommt voller Liebe und mit der Absicht, liebevoll mit ihr umzugehen, nach Hause, aber kaum hat sie die Wohnung betreten, brüllt sie das Mädchen wegen irgendeiner Nichtigkeit an. Judith ist sich bewußt, daß sie ungerecht ist und völlig übertrieben reagiert. Trotzdem kann sie sich nicht beherrschen. Sie kann nicht liebevoll sein. Sie hat selbst nie Zärtlichkeit empfangen. In ihrer Familie spielte die Wut eine wichtige Rolle. Zärtlichkeit war etwas für Schwache. Kann man sagen, daß Judith ihre Kinder nicht liebt? Sie geht mit ihnen nicht liebevoll um, hat für sie also keine Liebe übrig. Trotzdem hat sie den aufrichtigen Wunsch, sie zu lieben, und ist völlig verzweifelt, daß sie ihnen das nicht zeigen kann.

Wenn wir uns bewußt machen, was unsere Eltern erlebt haben, geht es nicht darum, ihr mißbräuchliches Verhalten zu entschuldigen oder gar unsere Wut auf sie auszulöschen: Im Gegenteil, es soll möglich werden, echte Wut zu artikulieren und darüber zu einer Wiedergutmachung und einer Aussöhnung zu gelangen. Wenn man das Erleben der Eltern versteht, kann man sich von belastenden Schuldgefühlen leichter befreien. Kinder neigen dazu, sich für alles, was ihnen widerfährt, selbst verantwortlich zu fühlen, und viele Eltern leisten solchen Fehlinterpretationen Vorschub, um sich von ihrem eigenen Fehlverhalten reinzuwaschen. Ein Kind glaubt leicht, es sei böse gewesen oder habe eine Dummheit angestellt, wenn es vom Vater geschlagen wird, oder es könne nicht allein zurechtkommen, wenn seine Mutter es allzusehr behütet. Eine Tochter mag glauben, sie habe die sexuellen Übergriffe ihres Vaters provoziert, weil sie zu hübsch und attraktiv sei. Ein Sohn fühlt sich wegen der Depressionen seiner Mutter schuldig, weil er in der Schule schlechte Noten bekommen, beim Spielen zuviel Lärm gemacht oder den kleinen Bruder verprügelt hat. Ein anderes Kind hält sich für wertlos, weil sein Vater ihm keine Beachtung schenkt. Und doch ist das alles falsch. Die Wahrheit sieht anders aus: Die Mama liebt mich nicht, weil ihre Lebensgeschichte ihre Fähigkeit zu lieben zerstört hat. Papa mißbraucht mich, weil er mit einer unabhängigen Frau seines Alters keine sexuelle Erfüllung findet und verdrängt hat, daß er als Junge selbst mißbraucht worden ist. Mama ohrfeigt mich, weil sie sich an den Schmerz der Ohrfeigen, die ihre Mutter ihr verpaßt hat, nicht erinnern will. Papa sagt mir, ich sei eine Null, weil er selbst am Ende des Studiums gescheitert ist... Wenn wir diese Realitäten sehen, brauchen wir uns nicht mehr für das Verhalten unserer Eltern uns gegenüber verantwortlich zu fühlen. Es hilft uns dabei, uns von negativen Meinungen über uns selbst freizumachen.

Im übrigen hilft es uns dabei zu erkennen, welche Bedeutung frühere Generationen für unser Leben haben. Hinter unseren Eltern stehen die Großeltern und deren Geschichte. Alle nicht erkannten und nicht verheilten Wunden in früheren Generationen können in unserem Leben oder dem unserer Kinder erneut zum Vorschein kommen. Will man sich von ihnen befreien, muß man sich ihnen stellen. Das Leben der Eltern mit in Betracht zu ziehen ist so gesehen auch eine Art, sich mit sich selbst zu befassen.

Für sie sei es etwa so selbstverständlich, Mutter zu sein wie Astronautin, meint Harriet Lerner in ihrem Buch *Der Tanz ums Kind – wie Muttersein unser Leben verändert*. Seit einigen Jahren bröckelt der Mythos, der seit der Romantik um das Wunder der Mutterschaft gewoben wurde und das Ideal der vollkommenen Mutter beschwört. Der Mutterinstinkt steht in Frage. Der englische Kinderarzt und Psychoanalytiker Donald Winnicott hat die Forderung nach der »guten Mutter« auf die nach der *»hinlänglich* guten Mutter« zurechtgestutzt. Die französische Kindertherapeutin Françoise Dolto hat die These vertreten: Ganz gleich, was wir tun, irgendwann erleben uns unsere Kinder doch als eine ungerechte Mutter. Dies sei sogar Teil einer notwendigen Entwicklung, einer strukturierenden Abgrenzung zur Identitätsfindung und ein unverzichtbarer Schritt zu echter Selbstbestimmung. Trotzdem bewerten sich zahlreiche Mütter selbst noch immer nach dem Trugbild dessen, was eine »gute Mutter« angeblich ausmacht. Dabei belasten sie sich mit starken Schuldgefühlen. Und gerade diese Schuldgefühle neutralisieren ihre Aufmerksamkeit gegenüber ihren Kindern. Um sich selbst kreisend und zu sehr bemüht, ein bestimmtes Bild von sich aufrechtzuerhalten, verliert die Mutter die Fähigkeit, die Gefühle ihrer Kinder wahrzunehmen und zu verstehen. Sie handelt eher nach dem Kriterium: »Wie verhält sich eine gute Mutter?«, statt sich zu fragen: »Was braucht mein Kind?« Man muß nur sehen, wie verzweifelt Mütter im Supermarkt oder auf der Straße mit einem schreienden Kind kämpfen, um zu begreifen, wie schrecklich wichtig der Blick anderer für eine Mutter sein kann. Der Blick auf das Kind ist dabei leider von untergeordneter Bedeutung. Erwachsene schämen sich vor anderen (in denen sie ihre Eltern sehen), nicht aber vor dem Kind, das sie schlecht behandeln.

Die Mutterschaft ist eine komplizierte Erfahrung. Das vollkommene und dauerhafte Glück ist eine Illusion. Die Erfahrung des Mutterseins schließt sämtliche Arten des Zweifels, der Angst und der Frustration mit ein. Man kann seine Engelchen vergöttern und sie doch für Momente zum Teufel wünschen. Natürlich sind sie wunderbar, aber sie sorgen auch für Streß, Erschöpfung und Spannungen. Sie bringen nicht nur den Haushalt, sondern auch die Ehe, das Berufsleben und die Freundschaften durcheinander. Wenn ein Kind kommt, steht alles Kopf. Auch wenn diese Veränderung voller Glück verlaufen kann, löst sie doch auch ein Wechselbad der Gefühle aus.

Ein Kleinkind ist keineswegs ein brillanter Alleinunterhalter. Wer einen spannenden Beruf aufgibt, dem erscheint der Tag mit einem Säugling möglicherweise fad und leer. Und Müttern, die Schwierigkeiten mit Nähe haben, mag dieses intime Tête-à-tête sogar Angst machen. Aber darüber können sie (oder auch die Väter) kaum reden, so groß sind die Schuldgefühle, die das Bild von der guten Mutter erzeugt. Und oft können Mütter sich ihre Schwierigkeiten nicht einmal eingestehen.

Eine Mutter hat mir einmal gesagt: »Ich hatte mit meinen Kindern nie Probleme.« Diese Behauptung leugnet und verdrängt die komplizierten und zwiespältigen Gefühle, die eine Mutter in dieser Zeit zwangsläufig durchlebt. Schwierigkeiten sind schon deshalb normal, weil ein Kind eine Persönlichkeit ist und sich zudem in der Entwicklung befindet. Reibereien sind unvermeidlich *und* konstruktiv. Wenn man auf keine Schwierigkeiten stößt, keine Konflikte austragen muß, so bedeutet dies, daß man einen Hauptakteur von der Bühne verbannt hat.

Was tun mit seinen Ängsten? Mit seiner Wut angesichts der Frustration? Wenn Eltern kein offenes Ohr finden, beginnen sie zu verdrängen. Papa flüchtet in die Arbeit, Mama in die postpartale Depression… Die Geburt eines Kindes bringt gewaltige körperliche, physiologische, psychische, affektive, materielle, finanzielle, berufliche, spirituelle Veränderungen mit sich. Auf die erforderliche Umstellung sind nur wenige vorbereitet. Nach einer Geburt oder einer Adoption sind Eltern nicht mehr dieselben. Während heutzutage »werdende Eltern« jedoch Gehör und Unterstützung genießen, hat unseren eigenen Eltern beides meist gefehlt.

Manche können die Veränderungen infolge der Geburt ihres Babys nicht akzeptieren und kämpfen darum, daß in ihrem Sozial- wie Ehe- und Berufsleben alles beim alten bleibt. Schon einige Tage nach der Niederkunft fahren sie zur Erholung in die Berge und lassen das Kind bei der Oma oder verkünden stolz, daß sie mit oder ohne Baby »wie vorher« jeden Abend ausgehen. Die Bedürfnisse des Kindes kommen dabei freilich zu kurz.

Andere nehmen die Veränderung hin, ohne sie wirklich zu akzeptieren. Sie haben das Gefühl, daß sie ihren Nachkommen einen Teil ihrer Jugend, Karriere oder Freiheit opfern. Ihre Frustration prägt unweigerlich die Beziehung zu ihren Kindern.

Nicht alle Kinder sind Wunschkinder. Obwohl Eltern heute dank der Verhütungsmethoden die Empfängnis steuern können, stellt sich der Nachwuchs doch nicht immer zum rechten Zeitpunkt ein. Und selbst wenn der stimmt, gibt es genug andere Überraschungsmomente: ob Bub oder Mädchen, brünett oder blond, behindert oder gesund; Eltern können die Eigenschaften ihres Kindes nicht festlegen. Wenn sie ein Kind in die Welt setzen, beginnen sie einen Menschen zu begleiten, den sie noch nicht kennen. Und damit lassen sie sich auf eine lebenslange Verantwortung ein.

Diese Last der Verantwortung ruft ganz selbstverständlich Ängste und Besorgnisse hervor. Ein Kind durchs Leben zu bringen ist eine wunderbare Aufgabe, aber alles andere als erholsam, weder körperlich noch auf der Ebene der Gefühle. Wie oft stoßen Eltern an ihre Grenzen! Wie oft fühlen sie sich angesichts der Reaktionen des Kindes überfordert! Und schon der kleinste Mißerfolg oder »Fehler« des Kindes weckt die überall lauernden Schuldgefühle. Wie soll man da nie zwiespältige Gefühle bekommen?

Das Leben mit einem oder mehreren Kindern bringt viel Spaß in den Alltag. Aber es bedeutet auch Streß, weil man ständig gefordert ist. Ein Kind weckt Emotionen, die verarbeitet werden müssen, um den Streß wieder abzubauen, damit er die Beziehung zum Kind nicht belastet. Auch hier spielt die Fähigkeit, Gefühle zulassen und ausleben zu können, eine Schlüsselrolle und ermöglicht Harmonie in der Beziehung.

Wer Vater oder Mutter wird, macht zwangsläufig einen gewaltigen Wandel durch. Paare sind auf die Intensität des elterlichen Erlebens zunächst überhaupt nicht vorbereitet. Um den eigenen intensiven Gefühlen aus dem Weg zu gehen, streiten manche mit dem Partner, flüchten sich in die Arbeit oder lassen ihre Aggressionen am Kind aus. Manchen Eltern fehlt für das Abenteuer der Elternschaft die innere Bereitschaft.

Eltern werden nicht nur mit der Wiederkehr der eigenen

Geschichte konfrontiert, sondern unablässig auch mit Fragen, auf die sie keine Antwort finden. Babys schlafen nicht immer so, wie es in den Büchern steht. Eltern begleitet in den ersten Monaten der Schlafentzug, und viele Kinder finden erst im Alter von zwei Jahren zu einem geregelten Schlaf. Eine nicht stillende Mutter kann unter Erschöpfungszuständen leiden. Wenn eine Mutter ihr Kind stillt, wird in ihrem Organismus ein Hormon ausgeschüttet, das sich auf ihr Schlafverhalten auswirkt und ihren Körper dem Rhythmus ihres Säuglings anpaßt. Gleichwohl gibt es auch stillende Mütter, die sich leer und entkräftet fühlen. Schließlich treiben viele Säuglinge ihre hilflosen Eltern mit ununterbrochenem Geschrei zur Verzweiflung.

Wenn die Kinder etwas größer sind, gibt es unablässig neue Schwierigkeiten. Sie zahnen, haben Alpträume und weigern sich auch bei minus 5 Grad, einen Mantel zu tragen. Sie geben das Schäufelchen nicht her, raufen mit ihrem Bruder oder denken gar nicht daran, ins Bett zu gehen. In ihrem Zimmer sieht es aus, als sei dort eine Bombe explodiert. Sie wollen nicht zur Schule gehen und keine Hausaufgaben machen. In der Pause sondern sie sich ab, prügeln andere oder müssen Schläge einstecken. Sie schießen in die Höhe oder bleiben im Wachstum zurück. Wer denkt schon an das gekränkte Ego von Eltern, deren Kinder später als die anderen laufen oder sprechen oder in der Schule nicht so gut mitkommen?

Kinder stellen in jedem Alter Fragen, bereiten Sorgen und bringen ihre Eltern in Bedrängnis. Und es gibt immer weniger Patentrezepte, mit denen man Kinder dazu bringt, daß sie ordentlich, höflich und gehorsam sind, ihr Zimmer aufräumen und in der Schule aufpassen. Man trennt sich also besser von dem Wunsch, eine gute Mutter oder ein guter Vater zu sein, und läßt sich ganz auf das ein, was man bei Kindern eben durchmachen muß.

Außerdem ist zu bedenken, daß ja die anderen Probleme unseres Lebens bei der Geburt eines Kindes weiter bestehen bleiben.

Die Schuldgefühle der Mütter

Die Mutterschaft ist keine Erholungsphase. Obwohl man nur wenige Dinge beherrscht, fühlt man sich leicht wegen allem möglichen schuldig. Die einzigen Mütter, die Schuldgefühle nicht kennen, sind die um sich selbst kreisenden, die ihre Kinder schlecht behandeln und für das kindliche Erleben unsensibel (geworden) sind. Ein gesundes Schuldgefühl speist sich aus der Aufmerksamkeit gegenüber dem Empfinden des anderen und bildet die Grundlage für Verantwortung und für das Bewußtsein der Bindung. Während Schuldgefühle normal sind, wenn mit ihnen richtig umgegangen wird, können sie rasch einen unverhältnismäßig großen Raum einnehmen. Sobald sie nicht mehr der Beziehung zum Kind dienen, werden sie zu deren Feind. Wenn Schuldgefühle die Mutter beherrschen, verändert dies spürbar das Verhältnis zu ihrem Nachwuchs. Übertriebene Schuldgefühle haben dabei mehrere Gründe.

Wenn das Kind krank wird, ins Bett macht oder sich nicht durchsetzen kann, sucht die Mutter im eigenen Verhalten nach Gründen für dieses »Desaster«. Sie steht im Zentrum der Welt des Kindes, also liegt der Gedanke nahe, daß sie dafür verantwortlich ist. Wenn die Mutter allerdings wirklich das Bedürfnis hat, im Zentrum der Welt ihres Kindes zu stehen und sich wichtig zu fühlen, weil ihr in der Vergangenheit Anerkennung gefehlt hat, werden ihre Schuldgefühle zwangsläufig größer.

Sie erwachsen auch aus der vollständigen Abhängigkeit des Kindes. Es wird um so intensiver gespürt, je kleiner das Kind ist, je weniger sich der Vater um es kümmert und je stärker die Last auf der Mutter ruht. Obwohl sich Väter an der Gestaltung des Familienalltags immer stärker beteiligen, wird im allgemeinen bei allem, was dem Kind widerfährt, die Mutter zur Verantwortung gezogen.

Die Mutter, die sich ihrer Bedeutung für das Leben ihres Kindes allzu bewußt ist, macht sich auch leicht Vorwürfe, etwa wenn sie ihr Kind nicht gewollt hat.

Nora ist verzweifelt. Sie ist schwanger und sagt sich rational, daß jetzt der falsche Zeitpunkt ist. Hat sie Lust auf dieses Kind? »Ich brauche es«, antwortet sie mir. »Ich schäme mich. Ich weiß, es ist nicht gut, wenn man sein Kind braucht.«

Frauen, die in der Kindheit durch Eltern, Umgebung oder Gesellschaft, etwa in sozial schwachen Familien oder Randgruppen, Vorwürfen und Demütigungen ausgesetzt gewesen sind, neigen besonders stark dazu, die Schuld zuerst bei sich zu suchen. So auch bei einer Frau, die sich als kleines Mädchen ständig im Weg gefühlt hat, dem die Eltern vorgeworfen haben, es sei für alles und jedes und für sein Unglück verantwortlich.

Eine andere Quelle für übermäßige Schuldgefühle ist die Tabuisierung der eigenen Wut. Schuldgefühle sind die Umkehrung einer Wut, die man nicht nach außen, sondern gegen sich selbst richtet. Mütter dürfen nicht frustriert oder gekränkt sein, sie dürfen sich nicht ungerecht behandelt fühlen und über ihre Situation als Mutter keinen Zorn empfinden. Den Erwartungen nach müssen sie in Seligkeit schwelgen und »wunderbar glücklich« sein. Diese Moral läßt Müttern für ihre Emotionen keine Abfuhr. Sie richten sie folglich gegen sich selbst, entwerten sich und fühlen sich schuldig.

»Ich bin eine schlechte Mutter«, sagen sie sich. »Ich habe ein schwieriges Kind zur Welt gebracht.« Sie sagen nicht: »Ich bin wütend auf mein Schicksal. Es ist nicht fair, daß gerade ich mich um ein schwieriges Kind kümmern muß.«

Ähnlich der Selbstvorwurf: »Ich kann das nicht. Das schaffe ich nie. Ich bin für Matthias keine gute Mutter.« Statt der Einsicht: »Es macht mich wütend, daß ich Matthias so früh bekommen habe. Das ist einfach nicht der richtige Zeitpunkt. Ich hasse den Gedanken, mein Studium aufzugeben …«

Ehrlich, was würden Sie denken, wenn Sie so etwas von einer Mutter hörten? Würden Sie ihre Wut, Verzweiflung und Frustration verstehen? Oder würden Sie sie verurteilen? Solange wir nicht begreifen, daß Wut befreit, die Beziehung klärt und tiefere Zuneigung ermöglicht, haben wir es schwer, die normale Wut der anderen zu akzeptieren.

Welche Folgen können übertriebene Schuldgefühle einer Mutter für das Kind haben?

- Dic Mutter kreist um sich selbst und um ihr Selbstbild und versteht nicht mehr die Realität ihres Kindes.
- Sie tut immer weniger aus eigenem Antrieb, denn sie ist überzeugt, daß sie keine »gute« Mutter ist. Statt dessen richtet sie sich nach den Urteilen oder vermeintlichen Erwartungen der anderen.

- Da sie sich für das Verhalten, die Schulnoten, den Erfolg, die Einstellungen etc. ihrer Kinder für verantwortlich hält, neigt sie dazu, sie zu beherrschen oder wütend zu werden, wenn sie nicht ihre idealen Erwartungen erfüllen.
- Da die Mutter jedesmal in einen schmerzhaften Konflikt mit sich selbst gerät, wenn sie sich in das Leiden ihres Kindes einfühlt, wird sie gegenüber seinen Verletzungen unempfindlich. Vielleicht spielt sie sogar ernsthafte Probleme des Kindes herunter: »Das ist doch nicht so schlimm. Das wird schon wieder werden.«
- Da sie überzeugt ist, daß sie für das Leid ihres Kindes die Schuld trägt, will sie dieses Leid erst gar nicht sehen. Die Maßregelungen zur Unterdrückung von Tränen reichen von einem: »Jetzt weine doch nicht« bis zu einem: »Du kriegst gleich eine Tracht Prügel, dann hast du wenigstens Grund zum Heulen!«
- Die Mutter neigt zur Überbehütung. Sie räumt ihren Kindern jede Schwierigkeit aus dem Weg, löst all ihre Probleme und nimmt damit eine übermächtige Stellung ein.
- Sie reagiert überempfindlich und unterdrückt in den Kindern aus Furcht, in Frage gestellt zu werden, jedes eigenständige Denken. Frei erzogene Kinder konfrontieren uns ständig mit uns selbst, unseren Widersprüchen und unserer Geschichte. »Warum schnallst du dich im Auto nicht an, Papa? Warum rauchst du? Mama, du hast doch gesagt, man soll nicht hauen. Warum haust du meinen Bruder?«
- Wird das Schuldgefühl übermächtig, verdrängt es die Mutter möglicherweise und verliert gegenüber dem Kind jedes Einfühlungsvermögen.

- Sie entwickelt womöglich Aggressionen gegen ihr Kind, weil es unangenehme Gefühle weckt. Vielleicht beginnt sie es zu hassen und schlägt es.

Wenn die Liebe fehlt

Hat eine Mutter das Recht, ihr Kind nicht zu lieben? Diese Frage hat mir eines Tages eine Mutter im Fernsehstudio gestellt. Der Moderator hat mich nicht antworten lassen, obwohl diese Frage viele Frauen beschäftigt.

Es gibt Frauen, die meinen und sagen, sie würden ihre Kinder lieben, obwohl sie sie nicht lieben können. Sie haben selbst nie Liebe erfahren und wissen gar nicht, was dieses Wort bedeutet. Viele Frauen sind sich bewußt, daß sie eines oder mehrere ihrer Kinder nicht lieben können. Alle, denen ich in meinem Sprechzimmer oder anderswo begegnet bin, haben sich deshalb Vorwürfe gemacht: Sie sahen ihre Liebe zu ihren Kindern als ihre Pflicht an. Und dabei gibt es ernste Gründe, warum ihnen das Lieben nicht gelingt.

Frauen, die sich die Frage stellen, ob sie das Recht haben, ihre Kinder nicht zu lieben, geht es in Wahrheit im Gegenteil gerade um ihr gutes Recht, ihre Kinder lieben zu können. Sie wollen auf dem Weg zur Liebe begleitet werden. Nicht lieben zu können bedeutet für den, der unfähig ist, eine große Verletzung, die von sehr viel älteren, noch nicht verheilten Wunden zeugt.

Der Ursprung fehlender Liebe einer Mutter zu ihrem Kind liegt in unausgesprochenen, nicht zum Ausdruck gebrachten und nicht aufgearbeiteten Emotionen. Was die Mutter in Wirklichkeit nicht liebt, ist nicht ihr Baby, sondern ein Teil von sich selbst. Diesen Teil von sich projiziert sie in die Person des Kindes, um ihr Selbstbild zu schützen. Wenn ihr Kind negativ besetzt ist, kann sie sich selbst weiterhin als positiv erleben. Mehrere Gründe im Verbund können eine Mutter von ihrem Kind entfernen. Dabei lassen sich vier Hauptgründe unterscheiden: das ungewollte Kind, ein Trauma bei der Geburt, schmerzhafte Erlebnisse in der eigenen Kindheit und ein Konflikt mit dem Vater des Kindes oder mit der Familie. Eine Frau kann ein Kind zu einem bestimmten Augenblick im Leben ablehnen, weil sie sich zu jung, zu alt, zu unerfahren, zu arm, zu beschäftigt, zu antriebslos, zu einsam, zu wenig begleitet usw. fühlt – es gibt viele Gründe für ihre Ablehnung.

Eine Frau hat das Recht, ein Kind nicht zu wollen. Sie hat das Recht, sich eine Empfängnis nicht gewünscht zu haben. Und das Kind hat das Recht, Wut darüber zu empfinden, daß es kein Wunschkind gewesen ist.

Ein Kinderwunsch ist immer etwas Kompliziertes. Es gibt keinen »reinen« Wunsch nach einem Kind. Zeugt man es um seinetwillen oder für sich selbst? Ein wenig von beidem. Eine Frau kann sich ein Kind wünschen, um eine große Leere in ihrem Leben auszufüllen, weil sie Angst hat, ins Arbeitsleben einzutreten, um einen Mann an sich zu binden, um Ersatz für einen Toten zu schaffen, um ihre große Schwester zu übertreffen, um aus der Einsamkeit herauszukommen, um ihre Erbanlagen weiterzugeben, um sich fortzupflanzen, um ihrer Mutter einen großen Wunsch zu erfüllen, um dem Bild einer idealen Familie zu entsprechen. Bei all diesen Gründen für den Wunsch nach einem Kind steht man selbst und nicht das Kind im Zentrum. Auf diffuse Weise spielen normalerweise wohl beide Aspekte eine Rolle. Problematisch wird die Sache, wenn diese persönlichen Gründe der Mutter zu weit in den Vordergrund rücken, wenn sie vorrangig und existentiell werden; das Kind ist dann nur noch Objekt.

Dieses Kapitel richtet sich auch an Väter. Es ist symptomatisch, daß diese Frage auf Männer bezogen weniger heikel ist: Väter dürfen ihr Kind schon eher ablehnen. Es wird erwartet, daß sie Alimente zahlen, aber nicht unbedingt, daß sie es auch lieben. (Zum Glück ändert sich dies schrittweise: Väter beginnen ihr Recht einzufordern, ihre Kinder zu lieben und sich um sie zu kümmern.)

Kurzum, jedes Kind hat ein Recht, erwünscht zu sein, und alle Eltern haben das Recht, ein Kind nicht zu wünschen. Eltern haben nicht die Aufgabe, sich zu Gefühlen zu zwingen, die sie nicht empfinden. Und noch weniger müssen sie sich wegen fehlender Gefühle schuldig fühlen. Ihre Aufgabe ist es, sich über sich selbst Klarheit zu verschaffen und den gerechten Zorn ihres Kindes zu verstehen. Wie Andreas in einem Brief an seine Mutter hervorhebt: »Es wäre mir sehr wichtig gewesen, daß Du mir das sagst. Du hättest mir sagen sollen, daß Du Dir einen anderen Verlauf der Dinge gewünscht hättest. Und Du hättest Dich in mich hineinversetzen sollen.«

Ein Kind kann erwünscht oder unerwünscht sein, akzeptiert werden oder nicht. Manche ungewollten Babys werden mit großer Liebe aufgenommen, während andere, die erwünscht waren, auf Distanz und Kälte stoßen. Manche Eltern sind vom ersten Augenblick an ganz in ihren Sprößling vernarrt. Andere sind irgendwie enttäuscht, wenn es so gar nicht dem Traumbaby gleicht, das sie sich vorgestellt haben: Es ist häßlich und verschrumpelt, zu mager oder zu pummelig. Vielleicht tut das Stillen weh, oder das Baby will nicht trinken. Manche Kinder kommen krank oder behindert zur Welt oder sind alles andere als das heißersehnte Engelchen. Diese Eltern müssen begleitet und unterstützt werden, damit sie verstehen, was sich in ihnen abspielt. Und sie müssen ihre Verletzungen artikulieren. Geschieht dies nicht, belasten sie und die unterdrückten Emotionen ihre Beziehung zum Kind. Ein Kind, das so unangenehme Gefühle auslöst, wird vom Vater oder der Mutter verabscheut. Wenn sie versuchen, ihre Emotionen auch vor sich selbst zu verbergen, werden sie dem Kind um so hartherziger, liebloser, intoleranter, kälter und reizbarer begegnen.

Maria konsultiert mich wegen ihrer Tochter und wegen ihrer Beziehung zu ihr. Wenn die kleine Daphne sich an sie kuscheln will, zieht sie sich zurück. Sie kann sie nicht lieben, gesteht sie mir schluchzend. Daphne ist heute ungefähr zehn Jahre alt. Sie beklagt sich, daß sie anders behandelt wird als ihr Bruder. Maria hat den Mut, mit mir über ihre Probleme zu reden. Ihr ist bewußt, daß sie ihre Tochter wegen jeder Nichtigkeit anschreit, daß sie ungerecht und vor allem unfähig ist, auf Daphnes Bedürfnisse nach Zärtlichkeit einzugehen. Ihr zweites Kind, einen Sohn, hat sie von Geburt an vergöttert. Bei ihm entdeckte sie Emotionen und Gefühle, die sie für ihre Tochter niemals übrig hatte. Ich bitte Maria, mir Daphnes Geschichte zu erzählen.

Maria bringt vor zehn Jahren ein kleines Mädchen zur Welt. Seine schmalen Augen sehen irgendwie mongolisch aus. Sie macht sich Sorgen, hat aber nicht den Mut, den Arzt zu fragen. Am Tag nach der Geburt verkündet der ihr, er werde ihre Tochter vorsorglich auf eine Erbkrankheit hin testen. Es handelt sich wahrscheinlich um den Guthrie-Test, der ohnehin routinemäßig an Säuglingen durchgeführt wird, um eine Phenylketonurie auszuschließen. Aber

Maria glaubt fest an ein Diagnoseverfahren zur Feststellung von Mongolismus. Sie wagt nicht, den Arzt um das Testergebnis zu bitten. Er teilt es ihr nicht von sich aus mit. Weil Informationen fehlen, wird ihr Zweifel allmählich fast zur Gewißheit. Um sich nicht zu sehr zu quälen, geht Maria seelisch auf Distanz zu ihrem Baby. Sie betrachtet es mit einer Angst, in die sich auch Wut mischt. Sie ist ihm böse, ihr so etwas anzutun. Natürlich macht sie sich wegen ihrer Gefühle auch Vorwürfe – und dadurch entfernt sie sich von Daphne noch weiter. Erst zwei Monate später, als sie sich ihrem Hausarzt anvertraut, räumt der ihre Zweifel aus: Ihr Kind ist völlig normal! Aber die beiden Monate haben in der Beziehung zwischen Mutter und Tochter tiefe Spuren hinterlassen.

Schuldgefühle, die mit einem emotionalen Rückzug vom Baby einhergehen, haben zwischen Maria und ihrem Kind ein Hindernis geschaffen. Aufgerissen ist dieser Graben wegen eines Mangels an Kommunikation und wegen der Tabuisierung von Emotionen. Maria hätte ihre Enttäuschung und ihre Befürchtungen zum Ausdruck bringen müssen. Sie hätte, was die Gesundheit ihres Kindes und vor allem ihre Fähigkeit angeht, es durchs Leben zu begleiten, beruhigt werden müssen.

Maria ist mit Daphne in mein Sprechzimmer gekommen. Sie konnten sich aussprechen. Daphne hat von ihrer Verzweiflung und ihrer Hoffnung geredet. Maria hat der Tochter ihr Bedürfnis mitgeteilt, sie liebzuhaben, und von dem Gefühl der Hilflosigkeit gesprochen, als ihr klar wurde, daß sie sie nicht lieben konnte. »Ich habe dich bis heute nicht liebhaben können. Ich möchte diese innere Hemmung loswerden, dich zu umarmen und dir die ganze Zärtlichkeit zu geben, die du verdienst. Wenn ich mit dir ohne wichtigen Anlaß schimpfe, mußt du unbedingt wissen, daß du in Wahrheit für meine rasende Wut gar nichts kannst. Ich bin hart zu dir, weil ich in meiner Vergangenheit gefangen bin. Ich würde das so gern wiedergutmachen …«

Es kommt oft vor, daß sich ein Elternteil einem Kind näher fühlt als den anderen. Er versteht es besser und akzeptiert es leichter, weil es ihm ähnlicher ist oder, im Gegenteil, weniger ähnelt. Hinter dieser Anziehungskraft steht oft seine eigene Lebensgeschichte. Wer mit seiner eigenen Kindheit auf Kriegsfuß steht, kann ein Kind, das ihm zu ähnlich ist, vielleicht nur schwer ertragen. Die Vergangenheit von Mutter oder Vater bildet die Hürde, die der Liebe im Weg steht. Dies muß dem Kind klargemacht werden, um zu verhindern, daß es sich über sich selbst eine negative Meinung bildet. Auch wenn Eltern im Verhalten oder den Einstellungen des Kindes die Rechtfertigung dafür finden, es weniger zu lieben oder sich von ihm abgestoßen zu fühlen, so wird in Wahrheit die trennende Barriere zwischen beiden vom eigenen Unbewußten aufgerichtet. Es ist ungerecht, einem Kind weiszumachen, es werde deswegen weniger geliebt, weil es lebhafter, verschlossener, brünett oder blond ist, weil es ungern liest oder Fußball nicht ausstehen kann. Die Anziehung geht vom Elternteil, nicht vom Kind aus. Das Kind reagiert allerdings auf die Signale und arbeitet daran mit, daß der Graben nicht zugeschüttet wird. Es neigt dazu, noch stärker diejenigen Verhaltensweisen zu zeigen, die dem Vater oder der Mutter mißfallen, um so die These zu bestätigen, daß es bei einem anderen Verhalten durchaus geliebt werden könnte. Es schützt sich selbst vor der quälenden Ablehnung. Die unbewußte Überlegung lautet: »Wenn ich Fußball spielte, würde der Papa mich mögen. Aber das lasse ich besser sein, sonst muß ich vielleicht erkennen, daß mich mein Papa dann immer noch nicht mag. Und dann gibt es gar keine Hoffnung mehr.«

Die Rolle des Unbewußten

Ungeachtet aller materiellen und seelischen Schwierigkeiten, auf die Eltern bei ihrem Kind stoßen können, sind die Nachwirkungen ihrer eigenen Lebensgeschichte besonders bedeutsam. Erwähnt wurden bereits die Schwierigkeiten einer Frau (oder eines Mannes), ein Kind zu lieben, das unter den Geschwistern in der Familie die gleiche Stellung hatte wie sie oder er. Eltern werden während der gesamten Entwicklung ihrer Kinder mit ihrer eigenen Geschichte konfrontiert.

Die Wunden der Vergangenheit bilden den Ursprung von allen möglichen Erwartungen und Projektionen. Erwachsenen fällt es nicht immer leicht, kindliche Verhaltensweisen zu tolerieren, die ihnen selbst als Kind verboten waren. Nicht aus einer bewußten Mißgunst gegenüber den Kindern, sondern um nicht in Kontakt mit den eigenen kindlichen Bedürfnissen zu kommen. Denn dies würde unweigerlich verdrängte Emotionen wachrufen.

Wenn Ihre Eltern zu einer bestimmten Zeit Ihrer Kindheit oder Jugend strenger, distanzierter oder härter mit Ihnen umgegangen sind, dann fragen Sie sich oder Ihre Eltern, was sie in diesem Alter erlebt haben. Wahrscheinlich war ihre Haltung das Symptom einer nicht verheilten Wunde. Zuweilen kehrt die Erinnerung zurück. Die am leichtesten abrufbaren Erinnerungen sind die an Verbote und an das, was erlaubt war. »Das durfte ich, und das durfte ich nicht.« Eltern erinnern sich leicht an die Grenzen, die ihnen gesetzt worden sind.

Auch erinnern sich Eltern zuweilen an Ereignisse, die ihre Geschichte geprägt haben: »Als ich so alt war wie du, hat mein Vater uns verlassen.« – »In deinem Alter sind wir umgezogen.« Die seelischen Zustände, die Emotionen und Empfindungen, die sie damals erlebt haben, kommen im allgemeinen nicht so leicht wieder hoch: »Ich habe mich sehr unwohl in meiner Haut gefühlt.« – »Ich habe unter der strengen Erziehung meiner Eltern gelitten.« Diese inneren Zustände, nicht verarbeitete Gefühle, werden von Generation zu Generation weitergegeben und sorgen mitunter dafür, daß sich bestimmte Ereignisse in einer Familie wiederholen. Eine offene Wunde verlangt nach Heilung. Sie schwärt so lange unter den Nachkommen weiter, bis sie entdeckt, diagnostiziert, verstanden und behandelt worden ist. Erst dann kann sie richtig vernarben. So kann es vorkommen, daß eines unserer Kinder im gleichen Alter wie wir vom Fahrrad stürzt, am Blinddarm operiert wird und die gleiche panische Angst durchlebt wie wir. Manche werden im gleichen Alter mißbraucht, in dem uns das widerfahren ist. Unsere Unfälle und Krankheiten sind nicht immer reiner Zufall. Wir werden durch die Verletzungen der vorhergehenden Generationen mitgeprägt. Immer wieder schneidet sich in einer Familie der jeweils Älteste in den rechten Zeigefinger oder verstaucht sich der jeweils Jüngste das linke Bein. Deswegen tauchen auf der Haut unserer Kinder häufig die gleichen Narben auf wie auf unserer. Sie machen auf drastische Weise deutlich, daß die körperliche Wunde zwar verheilt ist, die seelische aber nach wie vor blutet.

Die Geschlechterrollen sind heute flexibler, und Väter zeigen, daß sie an ihren Kindern ebensosehr hängen wie die Mütter. Vatersein ist nicht mehr und nicht weniger kompliziert und zwiespältig wie die Mutterschaft. In meine Praxis kommen alle möglichen Väter, von den engagiertesten bis hin zu solchen mit großer Distanz. Manche sind mütterlicher als ihre Frauen. Sanftmütig, liebevoll und voller Einfühlungsvermögen waschen und füttern sie ihre Kleinsten. Sie stehen in der Nacht auf, tragen sie stundenlang auf dem Arm herum, wiegen sie, blicken sie an und streicheln sie. Wahrscheinlich gab es schon immer Männer, die mütterlicher als ihre Frauen waren. Nur daß ihnen das strenge Rollenverständnis von früher nicht die Freiheit ließ, diese Zärtlichkeit auszuleben.

Andere hängen weniger an ihren Kindern. Sie sehen die Erziehung und die gesamten materiellen Aufgaben als Sache der Mutter an. Sie setzen ihre Kinder morgens gern an der Schule ab, vermissen sie aber nicht, wenn sie sie zwei Wochen lang nicht sehen. Ein solcher Vater ist Ruben. Er ist verheiratet und hat drei Kinder. Er kommt spätabends nach Hause und fährt an den Wochenenden zum Skifahren, Segeln oder Ausspannen fort. Mit seinen Kindern hat er noch nie ein Gesellschaftsspiel gespielt und sehr selten die Gelegenheit genutzt, mit ihnen zu reden. Im übrigen langweilt ihn ihre Gesellschaft schnell, auch wenn er das nicht zugeben will. Er weiß nicht, was sie in der Schule durchnehmen, und kennt weder ihre Freunde noch ihre Lehrer oder ihren Kinderarzt. Nicht er kauft ihre Weihnachtsgeschenke, denn er hat nicht die geringste Ahnung, woran sie Spaß haben. Und doch behauptet er, er liebe seine Kinder. Aber wen eigentlich? Er kennt sie doch gar nicht! Er meint, er habe sie sich gewünscht. In Wahrheit hat er sich ein Bild von sich selbst als Vater gemacht, der mit Stolz auf seine hübschen Jungen und Mädchen verweisen kann. Was er nicht wollte, war der innige Kontakt mit kleinen abhängigen Wesen, die sehr viel Zuwendung brauchen.

Ruben ruht nicht in sich selbst. Sein eigener Vater hat sich nie um ihn gekümmert. Im Verlauf seiner Therapie ist ihm bewußt geworden, daß er seine Kinder so behandelt, wie er das Kind in sich behandelt, also mit Distanz und Herablassung. Nachdem er wieder Kontakt zu sich selbst gefunden und den Mut aufgebracht hat, sich mit der gewaltigen Leere zu konfrontieren, die die väterliche Vernachlässigung in ihm hinterlassen hat, konnte er sich stärker seinen Kindern zuwenden.

Es gibt jede Art Väter zwischen diesen beiden Extremen. Das gesellschaftlich vermittelte Bild vom Vater birgt ein großes Handikap. So sagte mir ein frischgebackener Vater: »Seitdem ich Vater bin, empfinde ich eine Aufgabe. Ich fühle mich wie ein Jäger, ein Nahrungsbeschaffer. Ich muß für den Schutz meiner Frau und meines Kindes sorgen.« Seine Funktion als Vater war ihm wichtiger als seine Gefühle als Vater. Natürlich ist die Vaterschaft eine Aufgabe. Aber wenn man sie in einem starren Rollenverständnis erfüllt, geht man an seinen Gefühlen vorbei.

Immer noch zu wenige Väter nehmen sich das Recht, mit ihren Kindern in eine innige Beziehung einzutreten. »Ich wickle ihn nicht. Ich bin doch keine Frau.« – »Reden ist für die Frauen.« – »Um die Erziehung kümmert sich meine Frau.« Als Konsequenz dieser Haltung gibt es heute viele Erwachsene, die ohne Vater aufgewachsen sind. Sie hatten bestenfalls einen Papa, der mit ihnen gespielt hat.

Sie sind in die Luft gesprungen, haben gerangelt und alle möglichen männlichen Kapriolen vollführt. Aber Zärtlichkeiten? Die gab es höchstens für die Tochter, immerhin bis zur Einschulung. Sich seinen Jungen auf die Knie zu setzen kam nicht in Frage, allenfalls noch auf die Schultern. Ein Vater mußte schon Großvater werden, ehe er bereit ist, einen kleinen Buben auf seinem Schoß zu liebkosen, ohne »Hoppe, hoppe, Reiter« zu spielen.

Körperkontakt ist aber für eine innige Beziehung notwendig. Ringkämpfe mit dem Papa sind Augenblicke eines intensiven und grundlegenden Zusammengehörigkeitsgefühls. In die Luft oder ins Planschbecken geworfen zu werden ist (wenn das Kind es mag) einfach super. Väter haben aber auch das Recht, ihren Buben wie ihren Mädchen ihre Zärtlichkeit zu zeigen.

IV Von der Verletzung zum Symptom

Jedes Kind wird irgendwann einmal verletzt, frustriert und ungerecht behandelt. Und es leidet darunter. Jedes Kind durchlebt Phasen der Wut, der Rage und der Angst. Es empfindet Schrecken, Abscheu und Schmerzen. Auch die besten Eltern können es nicht davor schützen. Und wenn sie es könnten, würde das sogar schaden. Um unsere Existenz zu spüren, müssen wir an unsere Grenzen stoßen. Dies gibt uns die Möglichkeit, unsere äußere Hülle zu erfahren und uns von der Illusion der eigenen Allmacht zu trennen. Einem Kind, das nie Verletzungen erlitten und weder Mangel noch Ungerechtigkeit erfahren hat, fällt es schwer, ein Bild seiner Identität zu gewinnen. Es kann sich nicht unabhängig von seiner Umgebung wahrnehmen und ein »Ich-Gefühl« entwickeln.

Unsere Psyche wie unser Körper sind ausgestattet mit Werkzeugen der Heilung, die es uns ermöglichen, mit den großen und kleinen Wunden des Lebens fertigzuwerden und an Prüfungen zu wachsen. Als solche Werkzeuge fungieren unsere Emotionen und die seelische Verarbeitung. Nicht das Ereignis als solches, der Zorn des Papas oder die Tat der Mama, hinterläßt in der kindlichen Psyche tiefe Spuren, sondern die Unfähigkeit, mit Verletzungen fertigzuwerden. Betrachten wir in diesem Kapitel, wie eine Verletzung zum Trauma wird, wie der seelische Heilungsprozeß im Individuum beeinträchtigt werden kann.

Die Natur hat uns mit dem Reparaturmechanismus der Wut ausgestattet. Diese Emotion »vernäht« die Wunde und hilft bei der Wiederherstellung unserer seelischen Unversehrtheit. Ehe wir uns eingehend mit der Wut befassen, sind einige Definitionen hilfreich, weil die Begriffe Emotion und Gefühl häufig verwechselt werden. Eine Emotion ist eine physiologische Reaktion des Organismus auf einen Reiz. Dagegen ist ein Gefühl eine seelische Erscheinung, die eine innere Verarbeitung voraussetzt. Alle Emotionen haben eine bestimmte Funktion. Die Wut übernimmt dabei eine reparierende Aufgabe.

Wie geschieht diese »Reparatur«? Hier benutze ich gern das Bild vom Automechaniker. Ein Fahrzeug rammt Ihr Auto. Sie steigen aus und begutachten die Schäden an der Karosserie. Sie hat eine Delle abbekommen. Der Schaden an Ihrem Wagen wird nicht dadurch behoben, daß Sie den Verursacher verprügeln. Also klären Sie die Schuldfrage, nehmen die entstandenen Schäden in Augenschein und fahren den Wagen in die Werkstatt. Der Mechaniker nimmt die fälligen Reparaturen auf und beult die Karosserie wieder aus. Dieses Bild entspricht ganz den Abläufen, wenn gesunde Wut geäußert wird, auch wenn sich das im Bruchteil einer Sekunde vollzieht. Den Schaden begleicht die Versicherung des Verursachers. Sie bezahlt die Rechnung der Werkstatt.

Veranschaulichen wir diesen Vorgang mit drei Skizzen:

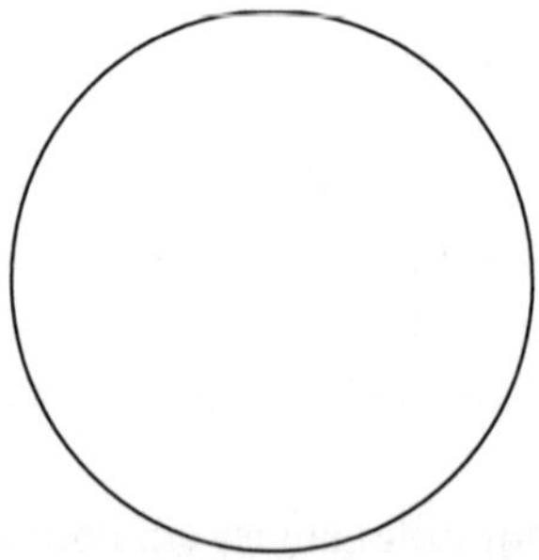

Ein Kind in seelischer Unversehrtheit.

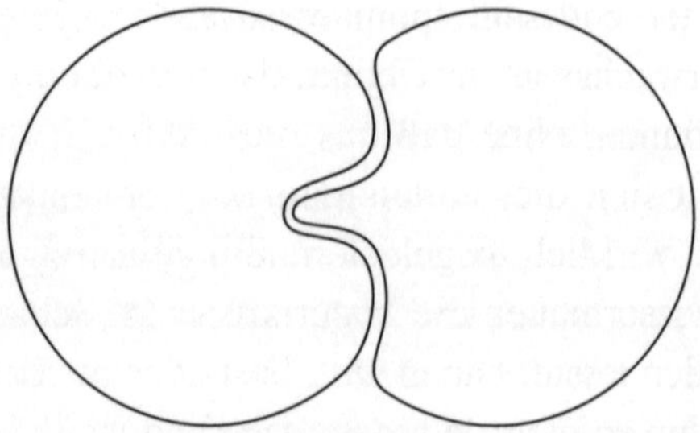

Ein Kind, das von einer Person verletzt wird.

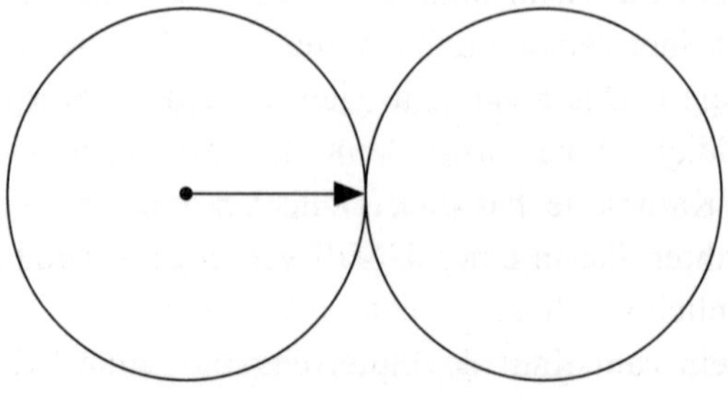

**Die Wut geht vom Zentrum des Ich aus.
Sie drängt die Person nach draußen und stellt das Gefühl
von Identität und Unversehrtheit wieder her.**

Dabei wird deutlich, daß jemand, der »außer sich« ist, seine Wut nicht artikulieren kann. Er steckt im Würgegriff der eigenen Aggression. Außer sich, spürt er nicht die innere gesunde Wut, die er empfinden würde, wenn er ganz bei sich wäre. Bei der Emotion (nicht dem Gefühl) der Wut ist man ganz bei sich und auf sich selbst konzentriert.

Untersuchen wir miteinander eine Situation der Frustration:

Ein zweijähriges Kind erblickt im Schaufenster einen roten Laster und sagt spontan: »Haben!« Ein Laster ist für uns Erwachsene ein Objekt, das wir kaufen oder nicht kaufen können, ohne daß uns dies Abbruch tut. Für das Kind stellt sich dies anders dar. Der rote Laster hat von ihm keine wirklich losgelöste und unabhängige Existenz. Er ist gewissermaßen die Materialisierung seines Willens. Wenn es den Laster haben will, besitzt es ihn bereits, sieht sich mit ihm spielen. Je jünger das Kind ist, desto fließender sind seine Grenzen zur Außenwelt. Der Laster ist ein Teil von ihm. »Ich spiele Laster« ist ein Ganzes. Dem Erwachsenen ist nicht immer bewußt, daß er dem Kind ein Stück seiner Person nimmt, wenn er den Kauf des Lasters verweigert. Das Kind fühlt sich in seiner Unversehrtheit beschädigt. Ohne Laster fehlt ihm ein Stück von sich. Seine Karosserie hat eine Delle bekommen. Wie viele Autofahrer, die in einen Unfall verwickelt werden – und die ähnlich kindliche Verhaltensweisen zeigen –, erlebt es das Nein zum Kauf des Spielzeugs wie eine Verletzung seines Körpers, auf die es mit Wut reagiert.

Wenn der Erwachsene diese Wut anzunehmen vermag, kann die Verletzung des Kindes heilen. Dabei lernt es etwas über sich sowie über seine Beziehung zu anderen und zur Außenwelt. Es darf sich Dinge wünschen, bekommt sie aber nicht unbedingt. Seine Identität und seine Macht haben Grenzen, aber ein Mangel bringt es nicht um. Es braucht den Laster nicht zum Existieren.

Akzeptiert dagegen der Erwachsene seine Wut nicht, faßt das Kind dies so auf, als dürfe die Wunde, die ihm diese Vorenthaltung geschlagen hat, nicht geheilt werden. Da es den eigentlichen Grund für die Weigerung der Eltern, den Laster zu kaufen, nicht verstehen kann, schließt es leicht auf eine geheime Ursache, die mit ihm zusammenhängt: Die Eltern kaufen ihm den Laster deshalb nicht, weil es nicht lieb, nicht liebenswert ist. Die seelische Delle bleibt jetzt bestehen: Ihm fehlt ein Stück von sich selbst. Das Kind betrachtet sich als unvollständig. Jemand, dem etwas fehlt, ist schlechter als andere. Und wenn seine Eltern seine Wut nicht hören wollen, sehen sie es offenbar als richtig an, daß ihm etwas fehlt. Eine Ohrfeige, ein Vorwurf, eine Ungerechtigkeit, eine Demütigung usw. prägen die Identität und beschädigen das Kind. Wenn der Schaden nicht durch eine Äußerung seiner Wut repariert werden kann, bleibt die seelische Verletzung bestehen. Dabei vergißt das Kind sofort, daß es die Eltern waren, die ihm den »Schaden« zugefügt haben, und betrachtet sich selbst als deformiert, als von Anfang an beschädigt. Vor allem, wenn seine Eltern ihm deutlich machen, daß es ein böses Kind sei.

Würde das Kind immer alle Lastwagen bekommen, die es sich wünscht, würde sein Selbstbild mit dem materiellen Zugewinn weiter wachsen. Seine Wünsche stießen an keine Grenzen, und das Gefühl der Allmacht, das Kleinkinder von Natur aus empfinden, würde durch keinen Zwang der Wirklichkeit in seine Schranken gewiesen. Es könnte kein

Bewußtsein für die eigenen Grenzen entwickeln. Folglich strukturiert ein gewisses Maß an Frustration die eigene Identität. Noch einmal: Nicht die Frustration, die Verletzung an sich beschädigt dauerhaft die kindliche Identität, sondern die fehlende Möglichkeit, seinen Reparaturmechanismus einzusetzen, also das Verbot, seine Emotionen auszudrücken.

Damit die Verletzung eines Kindes ausheilen kann, braucht es einen Erwachsenen an seiner Seite, der sein Erleben versteht, seine Angst, seinen Schrecken, seinen Zorn, seinen Schmerz und seine Wut anerkennt und akzeptiert. Wenn Emotionen verstanden, anerkannt und akzeptiert werden, wenn ihre Äußerung begleitet und angenommen, also das Kind dazu ermutigt wird zu weinen, (ins Kissen) zu schlagen oder zu schreien, dann pflegt es seine seelischen Wunden. Sperrt ein Erwachsener sein Kind ein, als Bestrafung oder um sein Weinen nicht mehr anhören zu müssen, weicht er der Notwendigkeit aus, sich mit der Wut seines Opfers auseinanderzusetzen.

Heutzutage entschuldigen sich immer mehr Eltern bei ihrem Kind, wenn sie es geschlagen oder gedemütigt haben. Sie anerkennen lieber ihre eigenen Grenzen, als zu meinen, dem Kind müßten in dieser Situation Grenzen gesetzt werden. Sie sagen beispielsweise: »Ich war furchtbar wütend.« Und nicht: »Du bist einfach unerträglich.« Sie wissen: Auch wenn die ausgeübte Gewalt vom Verhalten des Kindes ausgelöst wurde, liegen die wirklichen Gründe tief in ihrer eigenen Geschichte verborgen. Sie wissen um das Recht der Kinder, ihre Persönlichkeit in vollständiger Sicherheit frei zu entfalten. Sie lehnen Angst als Erziehungsmethode ab. Sie wollen ihre Macht über das Kind nicht mißbrauchen. Sie haben Verständnis für seine Wut.

Aber die erdrückende Mehrheit der Eltern von gestern und noch manche von heute glaubten und glauben an ihr Recht, ihr Kind zu schlagen, zu strafen, zu demütigen und ihm dabei weiszumachen, sie wollten nur sein Bestes. Die »alten« Eltern werfen den »neuen« gern übertriebene Nachgiebigkeit, ja Laxheit in der Erziehung vor. Wenn man einem Kind zuhört, sein Erleben und seine Emotionen nachvollzieht, bedeutet das für diese »alten« Eltern, ihm »alles durchgehen zu lassen«, es zu verwöhnen und zu einem unzufriedenen Erwachsenen zu erziehen. Sich seine Emotionen anzuhören bedeutet nicht, ihm in allem nachzugeben. Vielmehr soll es lernen, seine Frustration zu akzeptieren, ohne sich klein zu machen, seine Verletzungen zu heilen, ohne sich selbst herabzusetzen, sich wieder aufzurichten und an den unvermeidlichen Leiden und Konflikten mit der Realität sogar zu wachsen. Ein Kind, dessen Wünsche immer abgelehnt werden und das keine Wut äußern darf, um mit seiner Frustration fertigzuwerden, versteht die Botschaft: »Du bist machtlos.«

Es gibt auch eine andere Art, Wut zu unterdrücken: alle Wünsche systematisch zu erfüllen. Das Kind, das immer alles bekommt, was es will, erhält die Botschaft: »Du bist allmächtig.« Dieses Gefühl der Allmacht verdeckt allerdings die erdrückende Ohnmacht, die entsteht, wenn die Konturen zur Außenwelt fehlen.

Das Kind, das in seiner Wut angehört wird, entwickelt ein angemessenes Gefühl für die Macht über sein eigenes Leben. Durch die Emotion der Wut wird das Gefühl der Unversehrtheit wiederhergestellt. Ängste, Schrecken, Zorn, Trauer und Schmerzen sind Emotionen, die durch die Situation oder das Verhalten von Eltern ausgelöst werden. Sie müssen zum Ausdruck gebracht werden können, wenn sie sich nicht als innere Anspannung, als Risse im Selbstwertgefühl oder als Hemmnisse für die Entfaltung verfestigen sollen.

Obwohl Thomas von seinen Eltern mit grenzenloser Freude aufgenommen wurde, war er anfangs kein Wunschkind gewesen. Die Nachricht von der Schwangerschaft hatte seine Mutter tief verunsichert, weil sie nicht so bald ein zweites Kind wollte. Sechs Wochen lang hatte sie Schwierigkeiten, das Baby in ihrem Leib zu akzeptieren. Sie hatte Angst. Angst, mit der Situation nicht fertigzuwerden, Angst, es weniger als ihr erstes Kind zu lieben. Gespeist wurden diese Ängste von der unterdrückten Wut über ihre erneute Schwangerschaft. Von Schuldgefühlen über die fehlende Vorfreude beherrscht und voller Sorge, das Kind in ihrem Bauch zu traumatisieren, konnte sie ihre legitime Wut weder akzeptieren noch ausdrücken. Sie schob sie ins Unbewußte ab, wo eine Schicht von Ängsten verhinderte, daß sie mit ihr konfrontiert wurde. Man stelle sich vor, was der heranwachsende Fötus, der künftige Thomas, in ihrem Leib durchmachen mußte. Emotionen sind physiologischer Natur, sie haben körperliche Auswirkungen, weil sie mit der Ausschüttung bestimmter Hormone einhergehen. Obwohl die Plazentabarriere als Filter wirkt, gelangen sie über die Nabelschnur auch in den Blutkreislauf des Kindes.

Trotz der schwierigen Anfänge entwickelte sich zwischen Mutter und Kind eine große Liebe. Thomas wurde von Geburt an vergöttert, liebkost, umarmt und sanft gewiegt. Alle Schwierigkeiten schienen verflogen. Aber die ganze spätere liebevolle Zuwendung genügt nicht, um die Qualen des Fötus zu besänftigen. Er muß die fremden Emotionen, die ihn durchlaufen haben, an seine Mutter zurückgeben und den Zorn über die Frustration und die Ungerechtigkeit aus sich heraustreiben können. Ein und dasselbe Ereignis kann für den einen gerecht und für den anderen ungerecht sein. Das Kind muß sich über eine ungerecht empfundene Behandlung beklagen können, auch wenn der Erwachsene dieses Gefühl nicht teilt. *Die Wut ist eine emotionale Regung. Sie muß als das, was sie ist, und nicht als Anklage wahrgenommen werden.* Unser psychisches Leben ist hochkomplex. Um es zu verstehen, müssen wir auf alle seine Äußerungen hören.

Wenn der ungewollte Thomas (nach der Geburt) einmal seine Angst ausdrücken kann, daß er in einem Bauch herangewachsen ist, in dem er nicht willkommen war, wenn er seine Wut über den fehlenden Kinderwunsch seiner Eltern ausdrücken kann, wenn er seine fötale Verzweiflung als Baby in den Armen seiner Mutter ausweinen kann, wenn seine Eltern sein Leid ohne Übertreibung oder Bagatellisierung verstehen können, wenn sie die Realität seiner Verletzung ohne Schuldgefühl anerkennen können, wenn sie einsehen, daß es sein gutes Recht ist, sich über das Nichterwünschtsein zu beklagen, dann wird seine Persönlichkeit keinen Schaden davontragen.

Wenn Verena, die in einem Klima von Panik und Geschrei per Kaiserschnitt zur Welt kam, in ihrem persönlichen Schrecken verstanden wird, wenn sie ihrem Zorn über die Umstände ihrer Geburt freien Lauf lassen und ihre persönliche Geschichte weinend akzeptieren kann, dann wird sie von dieser Geburt nicht lebenslang gezeichnet bleiben.

Wenn Uriel, der mit einem Monat abrupt abgestillt worden ist, seine Wut hinausschreien und heiße Tränen vergießen darf, weil er die geliebte Brust und die liebevollen, fürsorglichen und empfangenden Arme der Mama verloren hat, wird er keine Angst vor Liebesentzug zurückbehalten.

Valeria kam im Alter von drei Monaten ohne Eltern ins Krankenhaus. Sie erlebte den Schock einer jähen Einsamkeit in einer unbekannten und feindlichen Welt (sie wurde mit Nadeln gestochen, angebunden und aufgeweckt) mit beunruhigenden Lauten, grellen Lichtern und fremden Gerüchen. Wenn sie diesen Schock weinend verarbeiten kann, wenn ihre Wut darüber, daß ihre Eltern nicht bei ihr schlafen durften, verstanden wird, wenn sie den Ärzten, Schwestern und Pflegern, die ihr körperlich wehtaten und nicht richtig auf sie eingingen, ihre Wut zeigen kann, dann muß sie sich keinen schützenden Panzer gegen eine vermeintlich feindselige und gefährliche Welt zulegen.

Wenn Valentin seine rasende Wut darüber, daß ihn seine Mutter so lange auf dem Topf sitzen ließ, äußern kann, wenn er ihr seine Angst, die Erwartungen nicht zu erfüllen, und seine Hilflosigkeit mitteilen kann, wenn seine Mutter ihn anhört und anerkennt, daß seine Beschwerden gerechtfertigt sind, dann muß er sich später nicht hinter Erklärungen verschanzen wie: »Ich bemühe mich ja, aber ich kann nicht.«

Wenn das Kind verstanden wird, heilen seine seelischen Verletzungen aus. Wenn seine Emotionen dagegen nicht akzeptiert werden, wenn es keine Möglichkeit zur Äußerung bekommt und wenn seine Eltern sein subjektives Erleben nicht anerkennen, dann heilen seine Wunden nicht. Die Emotionen sorgen für eine verhängnisvolle, folgenreiche Anspannung im Organismus.

Unterdrückte Wut verhindert die Heilung, die Wiederherstellung der Unversehrtheit. Die elterliche Botschaft lautet: Bleib beschädigt!

Niemand will seine Kinder bewußt schädigen. Was also geht in Eltern vor, die verhindern, daß die Verletzung ihres Kindes ausheilen kann? Hier sind mehrere Mechanismen am Werk. Unwissenheit und die Weigerung, eigenes Leid in Kauf zu nehmen, sind die häufigste Ursache für solche potentiell schädlichen Verhaltensweisen.

Mangelndes Wissen über die Funktion der Emotionen ist ein fataler Ursprung für seelische Vernachlässigung und Mißhandlung. Wenn man nicht weiß, was eine Emotion ist und wozu sie dient, wenn man eine Emotion von einem Gefühl nicht unterscheidet, dann ist man nicht bereit, den Ausdruck von Emotionen, Schreie, ein Zittern oder Tränen, ja auch ein Lachen, zuzulassen.

Niemand redet mit uns über das, was sich in unserem Inneren abspielt. Wir achten gewöhnlich nicht auf unseren Organismus. Also sind wir nicht in der Lage, mit unseren Kindern über ihre inneren Abläufe zu reden oder ihnen zuzuhören.

Nur wenige Menschen spüren hinter Nadines autoritärem Verhalten ihre Ängste. Nur wenige nehmen hinter dem scheinbar lässigen Gehabe von Hannes die Verzweiflung wahr. Kaum einer mutmaßt hinter der Ruhe, der Freundlichkeit und dem dauernden Lächeln von Camilla ihre ohnmächtige Wut. Wir sind über das Bild, das andere sich von uns machen, nicht selten erstaunt. Nadine fiel aus allen Wolken, als sie erfuhr, daß sie auf andere wie eine starke, gefestigte und selbstbestimmte Frau wirkt. Sie selbst fühlte sich ganz zerbrechlich und hilflos. Hannes wird als ein unsensibler Grobian wahrgenommen. Sein Umfeld beschwert sich über seine Sprachlosigkeit und mangelnde Aufmerksamkeit gegenüber anderen. Er selbst schätzt sich als besonders sensibel ein. Er schweigt, um andere nicht zu verletzen. Er sieht alles, spürt alles und hat ein dünnes »Fell«.

Bei Camilla ist es ein bißchen anders. Sie weiß selbst nicht, wie wütend sie eigentlich ist. Immer hilfsbereit, will sie auf andere wie reiner Sonnenschein wirken. Aber ihre Magenbeschwerden und Schlafstörungen verraten die Wahrheit.

Wir verbergen, was in uns vorgeht. Wir übersehen, was sich in unserem Nächsten, auch denen, die uns besonders nahestehen, eigentlich abspielt. Wir sind einander – und zuweilen auch uns selbst – ziemlich fremd. Wenn wir in uns Emotionen spüren, die wir bei anderen nicht entdecken, sind wir besorgt, wir könnten anders (also meist »minderwertig«) sein. Aus Furcht, beurteilt zu werden, verdrängen wir unsere Affekte, schieben sie immer tiefer ins Unbewußte ab. Unsere Kinder sollen bloß nicht aus der Reihe tanzen, denn sonst könnten sie ja ins Abseits geraten. Wir drängen sie dazu, ebenfalls all das zu verdrängen, was unserem Bild von ihnen widersprechen könnte.

Weinen bringt Erleichterung, besonders in der Umarmung eines Menschen. Diese Erfahrung hat jeder schon gemacht. Und doch haben Erwachsene Schwierigkeiten, die Tränen anderer und insbesondere ihrer eigenen Kinder zu ertragen. Entgegen der eigenen Erfahrung sehen viele Tränen als Ausdruck von Schmerz und nicht als Mittel zur Erleichterung. Um ihre Kinder nicht leiden zu sehen, verbieten sie ihnen das Weinen. Und die Botschaft kommt an: Die Kleinen leiden für sich und im stillen. Sie wollen den Angehörigen keinen Kummer bereiten. Mitunter fühlen sie sich sogar für den eigenen Schmerz verantwortlich und leiten leicht aus ihm ab, sie seien böse, nicht liebenswert.

Was hindert Eltern daran, sich das Leiden ihres Sohnes oder ihrer Tochter anzuhören? Die eigenen Emotionen. Die Affekte des Erwachsenen konkurrieren häufig mit denen der Kinder. Dem Erwachsenen, der über das Kind Macht hat, ist es – zumeist unbewußt – »lieber«, dem Kind Erleichterung und Heilung zu versagen, als sein eigenes Leiden wieder spüren zu müssen.

Der Fall von Thomas' Mutter ist bereits angeführt worden. Sie möchte möglichst vergessen, wie schwer es ihr fiel, sich mit ihrer Schwangerschaft abzufinden. Sie will sich nicht schuldig fühlen. Lieber vermeidet sie es, sich mit ihren damaligen heftigen Emotionen zu konfrontieren. Außerdem steckte hinter ihrem Problem, ihr Kind auszutragen, ihre Verzweiflung als kleines Mädchen bei der Geburt ihres kleinen Bruders. Dieser Bub hatte ihr die Eltern weggenommen. Auch hatte ihre Mutter ebenfalls Schwierigkeiten gehabt, mit dieser zweiten Schwangerschaft so kurz nach der Geburt ihres ersten Kindes fertigzuwerden. Die Geschichte hat sich wiederholt.

Peter kommt regelmäßig sehr spät von der Arbeit zurück. Er arbeitet auch samstags. Sonntags ruht er sich aus. Er bemerkt nicht einmal, daß er seinen Sohn fast nie sieht. »Ich umarme ihn jeden Abend, ehe er einschläft!« sagt er stolz. Er denkt gar nicht daran, die Erlebenswirklichkeit seines Sohnes anzuerkennen. Er will nicht sehen, wie sehr er ihm wahrscheinlich fehlt. Wie Thomas' Mutter will er sich aus Furcht vor Schuldgefühlen, mit denen er nicht umgehen kann, das Erleben seines Sohnes erst gar nicht bewußt machen.

Eltern, denen bewußt wird, daß sie ihr Kind verletzt haben, fühlen sich natürlich schuldig. Dieses gesunde Schuldgefühl weckt das Einfühlungsvermögen in die Emotionen des Leidenden und die Bereitschaft, beim Heilen von Verletzungen zu helfen. Wenn Eltern Schuldgefühle nicht zulassen können, schauen sie lieber nicht auf das, was sie angerichtet haben. So müssen sie sich nicht verantwortlich fühlen.

Peter verschließt sich seinen Schuldgefühlen nicht aus »böser Absicht«. Er kann sich ihnen wegen seiner eigenen tiefen Verletzungen nicht öffnen. Würde er die Verzweiflung seines Sohnes wahrnehmen, hören, wie sehr er ihm fehlt, fühlte er sich innerlich wie zerschlagen. Peter mußte als Kind stark und in der Schule gut sein. Auf keinen Fall durfte er seiner Mutter Sorgen bereiten. Und um vollkommen und tadellos zu sein, ist man besser erst gar nicht anwesend! Peter vermeidet es, sich mit seiner eigenen Hilflosigkeit zu konfrontieren. Ein Säugling muß irgendwann unweigerlich weinen. Peter könnte das Weinen nicht ertragen. Er würde sich so schuldig fühlen, daß er erst gar nicht zuhört.

Bernadette erlebt die Dinge anders. Sie fühlt sich unablässig schuldig. Ihr Sohn will nicht zur Schule gehen. Das ist ihre Schuld. Er hat die Grippe bekommen, wieder ihre Schuld. Er ist zu schüchtern, auch das ist ihre Schuld.

Paradoxerweise ziehen sich manche Eltern wie Bernadette auf ein allumfassendes Schuldgefühl zurück. »Ich bin eine schlechte Mutter.« – »Ich mache alles falsch.« Dieses völlig übertriebene Gefühl geht auf ein negatives Selbstbild zurück, das in der eigenen Kindheit erworben wurde. Tatsächlich dient es als Abwehrmechanismus gegen gesunde Schuldgefühle. Diese Art »Schuld« hindert daran, echte Verantwortung zu übernehmen und die Erlebniswirklichkeit des anderen zu sehen.

»Und mich hast du gar nicht lieb!« weint Nina voller Eifersucht auf den bevorzugten Bruder. Olivia tut sich schwer, die Vorwürfe der Tochter zu verstehen. Obwohl sie eigentlich weiß, daß sie der Wahrheit entsprechen, streitet sie alles ab. Zu groß ist das Schuldgefühl gegenüber Nina, die sie strenger behandelt. Und obwohl sie sich bemüht, kann sie ihre Haltung nicht ändern. Also rechtfertigt sie sich und versucht die Verantwortung auf das Kind zu schieben: »Du stellst dich dumm an, räumst nie dein Zimmer auf, benimmst dich unmöglich. Dein Bruder ist dagegen ein süßes Kerlchen.« So drängt sie die Tochter täglich ein Stück weiter ins Abseits.

Leugnen oder Übertreiben sind Haltungen, die von der Schwierigkeit zeugen, komplexe Gefühle zuzulassen. Ein (gesundes) Schuldgefühl zu empfinden schließt mit ein, daß man das Gefühl der eigenen Ohnmacht zuläßt, vor eigenen Unzulänglichkeiten keine Angst hat, nicht zwanghaft gefallen muß, um geliebt zu werden, und sich weder vor Ablehnung noch vor dem Verlassenwerden fürchtet. Kurz, man muß sich ausreichend selbst lieben, um eigene Fehler mit Zuneigung und Achtung betrachten zu können, ohne sich von Selbstzweifeln auffressen zu lassen. Ein Erwachsener, der von den eigenen Eltern verurteilt worden ist, Liebe nur spärlich und nur unter bestimmten Bedingungen erfahren hat, kann sich mit seinen eigenen Fehlern nur schwer konfrontieren: Denn er fürchtet, daß ihm die Liebe (und damit das Leben!) entzogen wird. Würde er seine Fehler betrachten, empfände er unerträgliche Scham und Verzweiflung darüber, daß er den anderen nicht zufriedenstellt.

Eltern haben durchaus die Neigung, ihre eigenen Eltern

in ihre Kinder hineinzuprojizieren. Auf eine ziemlich drastische Weise äußert sich dies in der Bemerkung junger Mütter oder Väter über ihr Neugeborenes: »Es gefällt mir nicht, wenn es mich so mustert. Ich habe das Gefühl, es beurteilt mich.« In Wahrheit beurteilt der Vater oder die Mutter sich selbst. Um nicht vom eigenen Kind »beurteilt« zu werden, rechtfertigen die Eltern ihre Verhaltensweisen mit allen möglichen Rationalisierungen. Natürlich wollen sie ihr Kind nicht verletzen. Sie versuchen vielmehr, sich vor einem wiederkehrenden Schmerz zu schützen, der auf eigene Verletzungen zurückgeht.

Quentin führt seinen Sohn mit harter Hand. Er will an seine eigene harte Kindheit nicht erinnert werden. Um die Emotionen seines Kindes nachzuvollziehen, müßte er seine eigenen verstehen, seine verdrängten Emotionen in voller Intensität wieder wachrufen. Damit ihm sein Schrecken, seine Wut und seine Verzweiflung nicht wieder zu Bewußtsein kommen, hält Quentin seine Geschichte vor sich selbst durch Verdrängung unter Verschluß. So können ihn seine Erlebnisse nicht mehr quälen. Er hat die Erinnerung an sein eigenes Leiden als Kind in sich ausgelöscht. Deswegen kann er sich die Verzweiflung seines Sohnes nicht anhören. Quentin reproduziert das Verhalten seiner eigenen Eltern aus zweierlei Antrieb: um es zu rechtfertigen und seine Emotionen als kleiner Junge auf Distanz zu halten, aber auch, um dieses Verhalten im Innersten nachzuvollziehen. Ein prügelnder Vater oder eine prügelnde Mutter sind so erschreckend, daß das terrorisierte Kind im Erwachsenen später innerlich nachzuvollziehen versucht, was man empfindet, wenn man zuschlägt. Der Erwachsene läßt ein wenig von der in der Kindheit aufgestauten Wut an seinem Sohn aus.

Dieses Kapitel läßt uns ermessen, wie schwer es manchmal für eine Mutter oder einen Vater sein kann, die Emotionen ihrer Kinder zu verstehen. Und dabei wollen Eltern für sie doch immer nur das Beste. Dies zeigt einmal mehr die Notwendigkeit, manche Eltern in der Erziehung zu begleiten.

»Es ist ja nur zu deinem Besten«

Damit Erwachsene sich nicht schuldig fühlen müssen, wenn sie ihr Kind verletzt haben, schaffen sie sich Rechtfertigungen. Sie bestärken sich im Glauben an die Richtigkeit ihrer Erziehungsmethoden und machen sich vor, diese dienten dem Wohl des Kindes.

Martina ist mit ihren Erziehungsmethoden sehr zufrieden. Ihre Kinder sind brav, gehorsam und gut in der Schule. Sie kann »Heulsusen« nicht ausstehen und ist stolz darauf, wenn ihre Kinder nach einem Sturz ihre Tränen zurückhalten. Allerdings übersieht sie deren versteckte Verzweiflung darüber, daß sie nicht sie selbst sein dürfen. Wenn sie einem ihrer Großen »eine geklebt« hat, schickt sie ihn auf sein Zimmer – in der Überzeugung, sie habe nur ihre Pflicht als Mutter erfüllt. Sie straft ihre Kinder »zu ihrem Wohl« und kann sich nicht vorstellen, daß es ihnen schadet.

Martinas Einstellung läßt mich an Mireille denken. Dazu folgender Auszug aus einem Brief an ihre Mutter:

»Mama, wenn Du wüßtest, wie es mir heute wehtut, wenn ich an das kleine Mädchen denke, das ich einmal war. Du fandest es unerträglich, wenn ich zu Dir kam, um Dich zu umarmen. Nie hast Du mich auf den Schoß genommen. Ich erinnere mich nicht an eine Zärtlichkeit oder Liebkosung von Dir. Du hast uns wegen Kleinigkeiten ohne Abendessen oder Nachtisch auf unsere Zimmer geschickt und uns zur Strafe alles mögliche verboten. Du warst so streng. Bei den Nachbarn zeigtest Du stolz auf Deine gut erzogenen Kinder. Aber ich war nicht gut erzogen, Mama: Ich hatte Angst. Das verstehe ich erst jetzt. Als kleines Mädchen hatte ich kein Bewußtsein meiner selbst. Ich wußte nicht, wer ich war, und versuchte so zu sein, wie Du wolltest. Ich setzte ein Lächeln auf, als ob ich kein Inneres mehr hätte. Ich war nur eine Fassade. Ich war Deine Tochter. Ich habe Dich bewundert. Du warst hart, unnahbar, aber so schön. Ich hätte Dir so gern gefallen. Aber Du warst mit mir nie so zufrieden, daß Du mich in den Arm genommen hättest. Du hast mir nie gesagt, daß Du mich liebhast. Ich dachte, ich sei das nicht wert.«

Wenn Eltern einen derart herzlosen Umgang als Teil notwendiger Erziehungsmaßnahmen ansehen, wird dem Kind die Botschaft vermittelt: Du darfst nicht wütend sein, ja dich nicht einmal verletzt fühlen, denn alles geschieht ja nur zu deinem Wohl. Auch wenn es wehtut, ist es irgendwie gut. Das haben die Eltern dem Kind gesagt. Es darf sich nicht auflehnen, seine Verletzungen nicht heilen lassen und muß das, was ihm wehtut, auch noch als sein Wohl ansehen. So gerät die kindliche Orientierung durcheinander. Es kommt leicht auf den Gedanken, daß es falsch empfindet. Denn wie könnte es seinen Eltern mißtrauen? Diese Riesen sichern ihm das Überleben und kennen sich scheinbar überall besser aus. Um seine Wut zu unterdrücken, seine Eltern zu schützen und Repressalien zu vermeiden, verdrängt das Kind sein Leiden, also ein Stück von sich und seiner Identität. Ich hebe Mireilles Worte hervor: »Ich hatte kein Bewußtsein meiner selbst… Ich war nur eine Fassade.«

Die Pflicht zur Dankbarkeit

»Diese Idiotin!« Die 46jährige Irene nimmt die Beleidigung mit einem freundlichen Lächeln hin. Einmal mehr hat ihre Mutter sie vor der versammelten Familie heruntergeputzt. Sie lehnt sich nicht auf, steckt es ein. Sie hört die Angriffe schon nicht mehr. Sie bewundert ihre Mutter, empfindet grenzenlose Dankbarkeit. Ist sie nicht bewundernswert, diese brillante, schlanke und schöne Frau, die mit ihr spricht und sich mit ihr auseinandersetzt, obwohl sie selbst doch so dumm und so dick ist? Irene kämpft mit Depressionen. Sie hat große Schwierigkeiten, am Leben Geschmack zu finden, und macht sich selbst Vorwürfe, daß sie nicht in der Lage ist, glücklich zu sein. Und dabei hat ihre Mutter »doch so viel für sie getan und tut es noch immer«. Ihr Bruder hat sich vor einigen Jahren das Leben genommen. Sein Tod hat Irene die Augen nicht geöffnet. Sie will die Ursachen für ihre Depressionen nicht sehen und auch die Gründe für die Verzweiflung ihres Bruders nicht verstehen. Seit seinem Tod bedauert sie ihre Mutter, bewundert deren Tapferkeit und verbringt viele Sonntage bei ihr, um sie zu trösten und um die Leere in ihrer eigenen Existenz nicht zu spüren. Sie hört die dauernden Herabsetzungen und Vorwürfe ihrer Mutter nicht und will nicht wahrhaben, daß eine echte Beziehung zwischen ihnen fehlt. Sie nimmt Schlafmittel und Antidepressiva und sieht bei ihrer Mutter keinerlei Verantwortung für ihre Probleme. So kommt sie dem Ursprung ihrer Verletzungen nicht auf die Spur. Eisern hält sie an der Fiktion einer idealen Kindheit mit einer phantastischen Mutter fest.

Eine merkwürdige Dankbarkeit, hinter der eine Idealisierung der Mutter steckt. Irene braucht diese Idealisierung, damit sie ihre täglichen Verletzungen, ihre Unterwerfung und ihre Verzweiflung darüber, bei ihrer Mutter keine Anerkennung zu finden, nicht spüren muß.

Manche Kinder werden in der Vorstellung erzogen, sie müßten für ihre Erziehung dankbar sein. Dies ist schmerzhaft und ungerecht. Jedes Kind entwickelt gegenüber seinen Eltern, selbst wenn es schlecht behandelt wird, spontan eine grenzenlose Liebe und Dankbarkeit. »Du mußt mir für das, was ich für dich getan habe, dankbar sein.« War alles eine lästige Pflicht? Mit ihrer Forderung nach Dankbarkeit zeigen Eltern, wie wenig Liebe sie für ihre Kinder übrighaben. Liebevolle Eltern sehen ihren Lohn in der gewaltigen Bereicherung ihres Alltags durch ihre Kinder. Wenn sie sich diesen Spaß, diese Liebe und dieses Vergnügen nehmen, sind nicht ihre Kinder daran schuld.

Geradezu zynisch wirkt die Pflicht zur Dankbarkeit bei üblen Erziehungsmethoden. Das Kind soll für etwas, das ihm wehgetan hat, auch noch dankbar sein. Oder besser, es wird gezwungen, Schädliches als nützlich anzusehen und »danke« zu sagen. Die Pflicht zur Dankbarkeit ist ein zusätzlicher Riegel, mit dem das Kind das eigene Erlebte vor sich selbst und anderen unter Verschluß halten soll. Und falls es nicht die Eltern selbst sind, die von ihren Kindern Dankbarkeit erwarten, so ist die Pflicht zum Dank schon in der Gesellschaft verankert. Tatsächlich kann Dankbarkeit keine Pflicht sein. Sie ist eine Empfindung, die spontan aus dem Bewußtsein hervorgeht, daß einem der andere etwas gegeben hat. Dankbar sind wir gegenüber dem, der uns Gutes getan, eine Wohltat erwiesen hat. Zeigt jemand dem anderen Liebe, so geht der unter dieser Zärtlichkeit auf und empfindet Dankbarkeit gegenüber dem, der diese Empfindungen in ihm ausgelöst hat. Für Prügel kann man nicht dankbar sein, höchstens wenn man die eigenen Emotionen und Gefühle, also seine Identität verleugnet.

Die Pflicht zur Dankbarkeit ist umfassend. Man muß den Eltern für alles danken, was sie für einen getan haben. Der geringste Widerwille gilt als Mangel an Liebe, als Undankbarkeit oder fehlender Respekt. Angesichts einer solchen Drohung wagt es das Kind gewöhnlich nicht, sich seinen Groll bewußt zu machen. Es versteckt seine Verletzungen hinter einem unterwürfigen Lächeln. Ist es nicht möglich, daß man für manche Handlungen und Haltungen Dankbarkeit empfindet und für andere nicht? Kann ich meiner Mutter nicht für ihre aufmerksame Haltung zu einem bestimmten Zeitpunkt in meinem Leben dankbar sein, aber andere Teile ihrer Erziehung ablehnen? Echte Dankbarkeit kennt zahlreiche Nuancen.

Kann man seine Eltern lieben, ohne für ihre Strafmaßnahmen und Mißhandlungen dankbar zu sein? Diese seltsam anmutende Frage stellen sich manche tatsächlich. Und einige stellen sie auch mir. Erst wenn sie den Mut finden, sich von der angeblichen Pflicht zur Dankbarkeit freizumachen, und ihre Wut ausdrücken, stellen sie fest, daß sie ihre Eltern noch mehr lieben als zuvor. Das Fehlen von spontaner Dankbarkeit deutet auf eine Verletzung, einen Mangel oder einen Schmerz hin. Wunden müssen bis in die Tiefen ausheilen. Es nutzt nichts, sie mit einer falschen Dankbarkeit aus Pflichtgefühl zuzupflastern.

Paul ist seiner Mutter grenzenlos dankbar: Sie hat stets auf ihre Berufstätigkeit verzichtet, um sich der Kindererziehung zu widmen. Seine Dankbarkeit ist (paradoxerweise) besonders groß, weil seine Mutter »meinetwegen« depressiv geworden ist! Zwar hat er unter ihren Depressionen gelitten, aber er will seine Wut auf sie darüber, daß sie eine falsche Entscheidung getroffen hat, einfach nicht wahrnehmen. Auch er erfüllt eine vermeintliche Pflicht zur Dankbarkeit, anstatt sich seinen echten Gefühlen zuzuwenden.

Während Dankbarkeit die Generationen in Liebe verbindet, ist die Pflicht zur Dankbarkeit ein Instrument zum Machterhalt. Sie versperrt den Opfern den klaren Blick auf die wahren Verhältnisse und erspart es den Eltern, ihre Verhaltensweisen in Frage stellen zu müssen.

Das Vergessen

»Heute morgen bin ich im Stau steckengeblieben. Ich verabscheue dieses Gefühl, ich fühle mich sehr schnell unwohl, wenn ich irgendwo festsitze... Plötzlich springen mir die Buchstaben auf dem Lieferwagen vor mir ins Auge. ›Wandschränke nach Maß.‹ Da erinnere ich mich! Du hast mich in den Wandschrank unter der Treppe gesperrt. Ich hatte furchtbare Angst. Ich habe geschrien, mit den Fäusten gegen die Tür getrommelt. Und Du hast gebrüllt und gedroht, mich noch länger einzusperren. Dann habe ich gewartet. Wie jetzt in diesem Stau. Ich danke diesem Lieferwagen, der mich an meine Geschichte erinnert hat. Ich hatte den Wandschrank vollkommen vergessen. Und doch ist er noch immer so präsent. Ich werde mit ihm konfrontiert, sobald ich irgendwo feststecke oder im Dunkeln sitze.«

Flora hatte diesen Wandschrank und mit ihm ihre Verzweiflung vergessen. Im Kurs am Vortag konnte sie die Wut auf ihre Eltern zulassen und so das Siegel des Schweigens brechen.

Um die heftigen Emotionen, die das Kind nicht ausdrükken darf, ertragen zu können, muß das Kind sie vergessen. Das Vergessen ist ein Schutzmechanismus, der verhindert, daß wir von den allzuheftigen Gefühlsregungen bestürmt werden, mit denen sich niemand auseinandersetzen will. Besonders eindrucksvoll funktioniert dieser Mechanismus bei sexuellem Mißbrauch. So kann das Opfer einer Vergewaltigung diese für Jahre vergessen. Es erinnert sich an nichts! In der Therapie kommt die Erinnerung an eine längst zurückliegende Vergewaltigung allerdings häufig wieder zum Vorschein. Wenn das Opfer etwas über eine Vergewaltigung liest oder davon hört, gerät es in einen heftigen Erregungszustand, ohne die Gründe dafür zu verstehen – bis sich seine Emotionen eines Tages Bahn brechen und die Wahrheit ans Licht kommt. Oft reagiert die (oder der) Betreffende mit Ungläubigkeit: Man kann sich kaum vorstellen, daß die Erinnerung an ein so dramatisches und einschneidendes Erlebnis einfach ausgelöscht war. Im Verlauf der therapeutischen Arbeit, in der die verdrängten Emotionen bewußtgemacht und artikuliert werden, gewinnen die Eindrücke an Schärfe, kehren die Bilder zurück, wird der Film Stück für Stück rekonstruiert. Beobachter, die diese psychischen Abläufe nicht kennen, mögen an Einbildungen glauben. Die Betroffenen haben selbst große Schwierigkeiten, an die Realität des Erinnerten zu glauben. Bei einem so schrecklichen Erlebnis melden sich sofort Zweifel an. Die Opfer hätten so gern, daß es nie stattgefunden hätte.

Zwar sind bestimmte Bilder oder Eindrücke mitunter auch nur Träume oder Konstrukte der Phantasie, hinter denen ein mehr oder weniger deutliches Bedürfnis steckt, Interesse zu wecken, eine andere Verletzung zu verbergen oder sich an den Eltern zu rächen. Aber das kommt eher selten vor. Wie die wissenschaftliche Forschung gezeigt hat, arbeitet das Gedächtnis mit Rekonstruktionen. Die Erinnerungen werden nicht einfach in einer Schublade des Gehirns abgelegt. Wenn sie wieder zum Vorschein kommen sollen, müssen sie durch vernetzte Nervenzellen erneut aktiviert werden. Zwar ist richtig, daß das Gehirn zwischen Realität und Einbildung nicht immer unterscheidet. Aber während das Gehirn Trugbilder hervorbringen kann, sprechen die körperlichen Erscheinungen eine eindeutige Sprache: Der geschulte Psychotherapeut kann zwischen falschen und echten Erinnerungen unterscheiden, indem er die körperlichen Reaktionen der Klienten beobachtet.

Wie soll man ein normales Leben in der Familie weiterführen, wenn man zutiefst verletzt worden ist und es niemandem mitteilen kann: aus Angst oder Scham oder weil keiner zuhören würde. Gerade wenn es die eigenen Eltern waren, die einen geschlagen, vergewaltigt oder gedemütigt haben. Wir sind von ihnen, die für unseren Schutz verantwortlich sind, doch so abhängig. Wie soll man mit seinem Peiniger den Alltag teilen? Ihm am Tisch das Salz reichen, von der Schule erzählen oder ihm abends einen Gutenachtkuß geben? Das Vergessen ermöglicht das Weiterleben, ja das Überleben.

Das Vergessen bietet einen Schutz, weil es nichts Besseres gibt. Aber es hat auch Konsequenzen. Eine Wunde, die einfach zugepflastert wird, birgt ein hohes Infektionsrisiko. Wahrscheinlich taucht ein Symptom auf, das einerseits dem weiteren Verbergen, letztlich aber dem Versuch dient, die Dinge ans Tageslicht zu bringen. Wegen dieses schützenden Mechanismus meinen manche Mediziner und klinische Psychologen, denen es an psychotherapeutischer Erfahrung an sich selbst fehlt, man müsse das Vergessene ruhen lassen. Die Wahrheit könne für das Kind oder den Erwachsenen zu schmerzhaft sein, also solle man besser »vergessen«, »verzeihen« (was verzeihen, wenn man vergessen hat?) oder »an andere Dinge denken«. Aber Vergessen ist nur scheinbar ein bequemer Schutz, denn das vergessene Übel wird sich in Form eines Symptoms doch wieder äußern.

Lisa stotterte. Ihre Mutter schleppte sie von einem Logopäden zum anderen ohne erkennbare Besserung. Ein Termin bei einer Therapeutin, die sich auf die Entspannungsübungen der Sophrologie spezialisiert hatte, sollte Lisa weiterhelfen. Die Sophrologin stellte ihr Fragen. Angefangen hatte das Stottern nach dem Besuch bei einem Onkel. Lisa wollte ihn seither auf keinen Fall mehr sehen. Die Sophrologin schlug eine Sitzung vor, die dem kleinen Mädchen helfen sollte, sich an die Vorfälle bei dem Onkel zu erinnern und so die Ursache des Stotterns herauszubekommen. Aber Lisas Hausarzt riet von so einer Sitzung ab. Es mache keinen Sinn, die Ursachen des Symptoms zu ergründen und dabei zu riskieren, das Mädchen noch mehr durcheinanderzubringen. Beunruhigt sprach sich die Mutter zunächst gegen die Sitzung aus. Alle hatten Angst vor der Wahrheit, vor einer schrecklichen Gewißheit. Das Schweigen ermöglichte ein weiteres Zusammenleben in der Familie ohne lästige Fragen. Das Stottern der kleinen Lisa war gar nicht so dramatisch, und mit fleißigen Übungen würde es sich mit der Zeit schon geben.

Aber die kleine Lisa faßte zu ihrer Entspannungstherapeutin allmählich Vertrauen. Wegen der Fortschritte der Tochter zuversichtlicher geworden, stimmte die Mutter schließlich doch zu, der Wahrheit auf den Grund zu gehen. Lisa lüftete das Geheimnis und berichtete von einer Szene, in der sie das Geschlechtsteil ihres Onkels hatte in den Mund nehmen müssen. Dank der Unterstützung und Begleitung ihrer Mutter und der Therapeutin hatte Lisa ihren Schmerz schließlich nach außen tragen und ihre Wut und Verzweiflung hinausschreien können. Heute stottert das Mädchen nicht mehr.

Nach dem Mißbrauch hatte Lisa über das Erlebte nicht sprechen wollen und können. Hilflos und mit ihren Bildern alleingelassen, hatte sie das Geschehnis verdrängt. Ihre Angst und Verzweiflung drückten sich allein in ihrem Stottern aus. Solange sich für die Bedeutung des Symptoms niemand interessierte, fehlte ihr die notwendige Unterstützung, um die Erinnerung in sich wachzurufen. Stottern ist eine unangenehme Sache. Besonders wenn man die Ursache für sich behalten muß. Lisa litt unter ihrem Stottern und schämte sich dafür, daß sie nicht wie die anderen sprechen konnte. Statt ihres Onkels mußte sie unter der Scham leiden. Indem sie die Wahrheit verschwieg und den Schmerz in sich einschloß, wurde sie zum zweiten Mal Opfer. So schrecklich eine Wahrheit auch sein mag, ihre Entdeckung ist immer auch eine Befreiung.

Viele Menschen haben ihre Kindheit vergessen. Sie müssen deswegen nicht unbedingt sexuell mißbraucht worden sein. Eine Vielzahl von Faktoren prägt das Gedächtnis.

Und wenn Bruchstücke in der eigenen Geschichte fehlen, muß der betreffende Zeitraum nicht zwangsläufig unangenehm gewesen sein. Wenn unangenehme Erlebnisse gern vergessen werden, so bedeutet dies nicht, daß umgekehrt auch alles Vergessene unangenehm gewesen ist.

Kinder können Tatsachen, so wie Lisa es getan hat, einfach auslöschen oder sich, so wie Maud, zwar an die Fakten erinnern, aber deren Konsequenzen bagatellisieren und sie von jeder Emotion abkoppeln. Maud scheint tatsächlich nichts aus ihrer Kindheit vergessen zu haben. Sie erinnert sich bestens an den Blick ihres Vaters, an die Schläge, die grausamen Späße und die Strafen. Sie erinnert sich an die Fakten und sieht die Bilder vor sich. Aber sie ist nicht in der Lage nachzuempfinden, was sie damals gespürt hat. »Das muß mich sehr verletzt haben, aber ich erinnere mich nicht daran.«

Dieses Nichtzulassen von Emotionen dient der Aufrechterhaltung des Idealbildes der Eltern.

Die Idealisierung

Marc, eine Führungskraft, kommt mit einem genau umrissenen Problem zu mir: die Direktionssitzungen überstehen. Seit seinem Aufstieg zum Direktor steckt er in großen Schwierigkeiten, weil er jetzt an Sitzungen mit dem Generaldirektor teilnehmen muß. Er fühlt sich ihm gegenüber schrecklich schüchtern. Und diese Unsicherheit verstärkt sich zu einer unbändigen Angst, wenn er länger in seiner Gegenwart bleiben muß. Er verspürt einen schwer zu beherrschenden Drang zu verschwinden. Er geht mehrmals zur Toilette und weiß nicht mehr, was er tun soll. Gleich zu Anfang hebt er hervor: »Ich weiß, Ihr Psychos sucht die Ursache immer in der Kindheit. Aber ich habe eine goldene Kindheit gehabt. Meine Eltern haben mich vergöttert. Ich bin in Algerien aufgewachsen. Wir hatten einen Garten. Es war warm und schön. Ich hatte wirklich eine ideale Kindheit.« Ohne widersprechen zu wollen frage ich nach der Schule. Er antwortet ganz selbstbewußt:

»Ach ja, die Schule. Das war etwas anderes. Ich war ein Faulpelz. Mein Vater hat mich deswegen jeden Abend mit dem Gürtel verprügelt.«

»Wie, er hat Sie mit dem Gürtel geschlagen? Jeden Abend?«

»Ja. Und das war auch nötig. Ich war ein Faulpelz. Es geschah zu meinem Wohl. Der Beweis: Diesen Schlägen verdanke ich meine heutige Stellung als Direktor…«

Erst nach drei Therapiesitzungen begann er zu erkennen, daß die Schläge ihm geschadet haben, daß er vor seinem Vater Angst hatte und daß seine Faulheit vielleicht eine Reaktion darauf war, daß man ihm weisgemacht hat, daß ihm Schläge (und andere Strafmaßnahmen) gut täten. Später, im Lauf der Therapie, stellte Marc übrigens fest, daß er eigentlich gar nicht Direktor hat werden wollen. Ihm hatte eine völlig andere Laufbahn vorgeschwebt. In seiner jetzigen fand er keine Erfüllung.

Das Kind, das den Mantel des Vergessens über die Wahrheit breitet, schafft sich eine eigene Geschichte. Es idealisiert seine Kindheit und seine Eltern. Diese Idealisierung ist ein Schutzmechanismus gegen allzu heftige Emotionen, die jetzt eine Barriere daran hindert, ins Bewußtsein aufzusteigen. Durch die Idealisierung halten wir an dem von unseren Eltern verbreiteten Märchen fest: Alles geschah zu unserem Besten, sie hätten als gute Eltern gehandelt, und wir seien böse Kinder gewesen, die man schlagen mußte.

Der komplizierte Prozeß der Idealisierung setzt ganz natürlich dann ein, wenn wir uns in einer Position der Unterlegenheit und Ohnmacht befinden und Demütigungen ausgesetzt sind. Bruno Bettelheim hat dies mit Blick auf die Gefangenen der Konzentrationslager treffend beschrieben. In seinem Buch *Aufstand gegen die Masse. Die Chance des Individuums in der modernen Gesellschaft* zeigt er die Neigung der Opfer auf, ihre Peiniger, SS-Leute oder Kapos, zu idealisieren, um so ihre eigene Ohnmacht zu rechtfertigen, ihr Leiden zu lindern und ihr Bild von sich selbst zu schützen. Wie kann man es hinnehmen, von einem gewöhnlichen Sterblichen gedemütigt, geschlagen und verletzt zu werden? Erträglich wird die Kränkung erst dadurch, daß sie einem ein Übermensch mit besonderer Macht beibringt. Der gleiche Mechanismus wirkt in der Psyche des Kindes, das von seinen Eltern vollständig abhängig ist.

Lena ist vierzig Jahre alt. Aber der Gedanke, mit ihrem Vater zu sprechen, erschreckt sie noch immer so sehr, daß sie in Tränen ausbricht. Noch heute sieht sie eine gewaltige, brutale und übermächtige Gestalt vor sich. Noch heute wirkt er auf sie so, wie sie ihn als kleines Mädchen erlebt hat.

Die Idealisierung als ein unbewußter Prozeß kann verschiedene Formen annehmen. Sie reicht von einem »Mein Vater ist riesig. Alle haben Angst vor ihm« bis zu einem »Mein Vater ist so gut. Alle lieben ihn. Er ist der beste Mensch«, vom Urteil: »Meine Mutter war eine Hure« bis zu einem: »Meine Mutter war eine Heilige«. Hinter jedem Urteil, auch einem vernichtenden, verbirgt sich eine Idealisierung. Auch Verachtung und Abscheu sind Abwehrhaltungen gegen den Schmerz.

Heinrich sagt immer das gleiche, wenn das Gespräch auf seine Vergangenheit kommt: »Meine Mutter war eine Heilige.« In Wahrheit war sie fürchterlich unterwürfig. Sie hat ihr ganzes Leben still gelitten und nie gewagt, das Wort zu ergreifen, sich über eine Ungerechtigkeit zu beschweren oder gegen ihre eigene Mutter aufzubegehren. Der Verlust eines Kindes hat ihren Opferstatus verstärkt. Angesichts einer vom Schmerz betäubten Mutter will Heinrich seine eigene Verzweiflung als kleiner Bub lieber nicht mehr spüren. Aber sperrt eine Heilige ihren Sohn für Stunden in einem lichtlosen Keller ein? Verweigert sie ihm eine tröstende Liebkosung, wenn der Vater ihn verprügelt hat? Verbietet eine Heilige ihrem Kind jeden Umgang mit Klassenkameraden? Droht sie ihm, daß ihn der Vater nach dem Nachhausekommen verprügeln werde, damit er gefügig wird?

Lydia sagte mir: »Mein Vater war Gott.« Für sie war ihr Vater vollkommen. Sie bewunderte ihn in jeder Hinsicht. Erst nach Jahren entdeckte sie hinter dem Idealbild die magere Realität. Er mochte vollkommen sein, aber er war vor allem nie da. Seine Abwesenheit umgab ihn mit einer Aura des Geheimnisvollen und Mächtigen. Wenn er zurückkehrte, redete er nicht mit ihr und fragte nicht nach ihrem Tagesablauf. Er lobte sie nie. Er nahm sie gar nicht wahr. Meist blickte er schweigend in seine Notizbücher. Lydia träumte mehr von einer Beziehung, als daß sie eine erlebte. Sie hat den Schmerz der unerfüllten Sehnsucht tief in sich eingeschlossen und sich ganz dem Familienmythos verschrieben. Sie hörte immer wieder, ihr Vater verehre sie, sie sei das Licht seines Lebens. Wie konnte man solche Worte in Frage stellen? Und es war die reine Wahrheit: Ihr Vater verehrte sie, aber er liebte sie nicht. Er idealisierte seine Tochter. Er sah nicht sie, die er noch nie angesehen und der er noch nie zugehört hatte, sondern nur das Bild, das er sich von ihr machte. In dieser Familie ersetzte die Idealisierung die innige Vertrautheit. Auf einer bewußten Ebene hält Lydia an dem Mythos fest: Papa hat mich verehrt. Aber unbewußt sorgt sie weiterhin mit bestimmten Verhaltensweisen dafür, daß Männer von ihr so wenig Notiz nehmen wie einst ihr Vater. Weder er noch ihre Mutter hörten ihr zu oder sahen sie als das an, was sie war. Lydia hat deshalb ein erbärmliches Bild von sich selbst. Sie meint von sich, sie sei keine interessante Person. Hat diese Einschätzung nicht mit dem geringen Interesse zu tun, mit dem ihr die erste Liebe ihres Lebens begegnet ist? Sie hat Angst vor Männern und befürchtet, ausgenutzt zu werden. Hängt das – von entsprechenden Warnungen ihrer Mutter abgesehen – nicht auch mit ihrer eigenen Unterwürfigkeit zusammen? Im Beisein eines potentiellen Partners bleibt Lydia nicht sie selbst. Sie verhält sich gewöhnlich ungezwungen, aber sobald sie einen Mann bewundert, versetzt sie der Gedanke, ihn anzusprechen, regelrecht in Panik. Sie gönnt sich nicht einmal den Wunsch, daß er ihr einen Blick zuwirft, »weiß« sie doch aus Erfahrung, daß sie diese Beachtung nicht bekommen wird. Dieses Symptom, das sich im Verhalten anderen gegenüber äußert, ist das Ergebnis einer Idealisierung. Es hält die verdrängten Emotionen im Unbewußten und ermöglicht es ihnen zugleich, sich – auf andere Leute verschoben – zu äußern: Lydias Furcht vor den Männern ähnelt sehr stark der Angst vor ihrem Vater.

Verdrängte Emotionen bleiben nicht brav im Unbewußten. Sie köcheln gewissermaßen vor sich hin und kommen eines Tages als körperliche, physiologische oder psychische Symptome oder als Schwierigkeiten, Beziehungen zu meistern, wieder zum Vorschein.

Auf der körperlichen Ebene bleiben Emotionen, die sich nicht entladen konnten, in einem Spannungszustand. Allzu oft wird vergessen, daß Emotionen physiologischer Natur sind, ehe sie psychisch werden. Eine Emotion durchläuft einen Prozeß in drei Phasen: Aufladung, Spannung und Entladung. Die letztere gilt oft als die Emotion selbst. Bleibt die Entladung aus, verharrt der Organismus in einem Spannungszustand. Um zu verstehen, wie diese Spannung verschiedene Symptome verursacht, müssen wir uns anschauen, auf welche Weise Emotionen an der Entladung gehindert werden können. Damit Emotionen geäußert werden können, ist Sauerstoff notwendig. Um die Entladung zu kontrollieren, muß man folglich nur die Atmung blockieren. So weiß beispielsweise jeder, daß man mit angehaltenem Atem Tränen unterdrücken kann. Das Zwerchfell, diese muskulöse Scheidewand, die tief in den Lungen für den Luftaustausch sorgt, schränkt dann die Luftzufuhr im oberen Bereich der Lungen ein. Die durch Spannung mobilisierten Muskeln erhalten so eine widersprüchliche Information. Sie spannen sich an, um ihre Bewegung zu unterdrücken. (Das kann übrigens auch bestimmte entzündliche Vorgänge auslösen.) Die Arterien und das gesamte Venensystem, die bei diesem Vorgang stark beansprucht werden, ermüden dabei. Die Freßzellen, welche die Immunabwehr des Organismus sichern, werden aufs äußerste mobilisiert. Körperliche Störungen können sich einstellen.

Auf der Ebene der Psyche und der Beziehungen ist die verdrängte Wut zum Haß geworden. Unbewußt richtet dieser Haß eine innere Mauer auf, um die Emotionen von Schrecken, Zorn und Schmerz im Zaum zu halten. Wir haben Angst, diese heftigen Gefühlsregungen »herauszulassen«, weil sie uns in zweifacher Hinsicht als gefährlich erscheinen: Zum einen können sie seelische Schmerzen wieder bewußt machen, zum anderen haben uns die Eltern mit ihrer Haltung klargemacht, daß es riskant ist, solche Emotionen zu äußern.

Der aufgestaute Haß und die Angst streben nach Entladung: Sie können sich in schwer zu kontrollierenden gewalttätigen Impulsen gegenüber unseren Kindern oder abhängigen Personen äußern. Die Ohrfeigen oder die Prügel, die unsere Kinder einstecken müssen, haben mehr mit unseren Verletzungen in unserer Kindheit als mit ihren Streichen zu tun. Und diejenigen, die niemanden schlagen können, richten ihre Aggressionen gegen sich selbst. Psychosomatische Krankheiten, die Flucht in Drogen oder verschiedene Abhängigkeiten, das Versagen in Beruf oder Liebe, Ticks und sogar ein Selbstmord können Symptome verdrängter Emotionen sein. Dabei schließt ein Symptom weitere nicht aus. Man kann seine Kinder schlagen und sich selbst zerstören. Ursache unserer Symptome, das heißt, der zerstörerischen und selbstzerstörerischen Antriebe in uns, sind Emotionen, die nicht geäußert und angehört worden sind. (Näheres zur Beziehung zwischen verdrängten Emotionen und Symptomen findet sich in meinen Büchern *Die Intelligenz der Gefühle entdecken,* Zürich/Düsseldorf 1998, und *Sei wie du fühlst: mit Emotionen besser leben,* Zürich/Düsseldorf 2002.)

Das folgende Schema zeichnet den Weg von der Verletzung zum Symptom nach.

Die Entwicklung von der Verletzung zum Symptom (nach Alice Miller)

1. Verletzungen, Frustrationen, Ungerechtigkeiten sorgen für: heftigen Zorn, Ängste, Entsetzen, Leiden, Abscheu, seelische Schmerzen.
2. Wut wird verboten oder nicht verstanden.
3. Die Eltern rechtfertigen sich: »Es ist nur zu deinem Besten.«
4. Die Eltern setzen die Verpflichtung zur Dankbarkeit durch.
5. Das Kind vergißt.
6. Das Kind rekonstruiert seine Geschichte über eine Idealisierung seiner Eltern.
7. Die unterdrückten Emotionen brechen sich in Symptomen Bahn. Diese verdecken den Schrecken, die Wut und die Verzweiflung und streben zugleich danach, sie doch zum Ausdruck zu bringen.

V Die Arbeit der Heilung

Die Arbeit der Heilung vollzieht sich in Schritten. Zunächst einmal geht es darum, das Symptom als Ausdruck einer Verletzung und nicht als Teil unserer Identität zu erkennen. Das Problem zu sehen ist der erste Schritt zu seiner Lösung. Wir können nur das verändern, was in unserer Macht liegt. Folglich müssen wir aus der Opferrolle, in die wir uns häufig zurückgezogen haben, heraustreten und für unsere Verhaltensweisen und Symptome die Verantwortung übernehmen. Einen nach dem anderen beseitigen wir die einzelnen Mechanismen der Passivität, die wir unbewußt zur Unterdrückung unserer Leiden ausgebildet haben. Dazu müssen wir die Idealisierung unserer Eltern aufgeben, damit wir nach unserer eigenen Wahrheit suchen und den Mut aufbringen können, trotz des Schmerzes zu erkennen, was wir erlitten haben und wie wir zu Opfern geworden sind. Wenn wir den Mantel des Vergessens wegziehen, stoßen wir auf die Ursachen für unsere Verhaltensweisen und Symptome. Haben wir die Verletzung erst einmal offengelegt, geht es darum, den natürlichen Heilungsprozeß wieder in Gang kommen zu lassen, das heißt zuzulassen, daß verdrängte Emotionen in uns hochsteigen und uns erfüllen. Ängste, Schrecken, Wut, Zorn, Abscheu, Trauer, Schmerzen brechen sich Bahn. Die Heilung der Wunde endet mit der Trauer über das, was uns vorenthalten wurde. Erst dann können wir mit der Arbeit der Aussöhnung beginnen, die zum Ziel hat, die Beziehung zu unseren Eltern zu reparieren.

Hinter den Symptomen die Verletzungen erkennen

Meine Klienten klagen im allgemeinen zunächst einmal über ihr Leben, ihre Probleme oder ihre Umgebung: »Meine Ehe belastet mich.« – »Meine Arbeit ist die Hölle. Ich werde von den Kollegen gemobbt. Ich bin der Sündenbock.« – »Es ist ungerecht, daß gerade ich entlassen worden bin.« – »Auf mir liegt ein Fluch. Ich habe Krebs.« – »Meine Frau betrügt mich, diese ...« – »Männer interessieren sich nicht für mich.« – »Meine Tochter kommt in der Schule nicht mit.« – »Mein Sohn ist gewalttätig.« »Ich habe Depressionen.«

Klagen ist eine notwendige Durchgangsstation. Es ist ein Zeichen für das aufkommende Bedürfnis nach Verbesserung der eigenen Lebenssituation. Zu viele Menschen ertragen klaglos unerträgliche Situationen. Meine neuen Klienten sagen: »Es geht mir schlecht.« – »Ich leide.« Noch wissen sie nicht, wieso und worunter sie leiden. Sie verlassen sich auf den äußeren Anschein und meinen, sie litten unter der Gefühlskälte des Ehemanns, unter dem Ungehorsam ihrer Kinder, unter ihrer Schwiegermutter oder unter den Kollegen. Die Ursache ihrer Probleme sehen sie in ihrer Schüchternheit, ihrer Reizbarkeit, ihren Phobien oder ihrer Aggressivität. Sie sehen sich als Opfer ihrer Situation, aber nur selten als Opfer ihrer Geschichte.

Viele Menschen erleben ihre Schwierigkeiten als eine Mischung aus eigenem Verschulden und Schicksal. »Ich bin selbst schuld.« Und: »Da kann man nichts machen.«

Sie meinen, ihre Symptome seien Teil ihrer selbst, ein angeborenes und unveränderliches Charaktermerkmal. Oder sie glauben, auf ihnen laste ein Fluch.

Die erste Etappe des Heilungsprozesses könnte heißen: »Von der Klage zur Verantwortung«. Es geht darum, sich die tatsächlichen Ursachen unserer Probleme bewußtzumachen, zu sehen, wie unsere Geschichte unsere Einstellungen geprägt hat, und unser Leben wieder in den Griff zu bekommen. Unsere Verhaltensweisen gründen sich auf Überzeugungen, die aus unserer Erziehung hervorgegangen sind. Sie bestimmen die Reaktionen der anderen und lösen komplizierte Ketten von Ursache und Wirkung aus. Wir müssen unseren mehr oder weniger bewußten, überflüssigen und sogar schädlichen Überzeugungen (»Ich bin eine Null.« – »Die anderen sind gefährlich.« – »Keiner mag mich.«) auf die Spur kommen und ihre Ursachen ausmachen. Sind diese Überzeugungen erst einmal überwunden, können wir wieder die Verantwortung für unser Verhalten übernehmen und unser Leben in günstigere Bahnen lenken.

Juliane ist zweiundsechzig Jahre alt und ledig. Sie sehnt sich verzweifelt danach, daß ihr eines Tages ein charmanter Prinz über den Weg läuft. Sie leidet schrecklich unter der Einsamkeit. In der Therapie wird sie sich ihrer eigenen Verantwortung für diese Lage bewußt: Verzweifelt sieht sie, wie sie ihr ganzes Leben hindurch alle Anwärter in die Flucht geschlagen hat, und erkennt mit Schrecken, daß sie alle Männer, die ihr nähergekommen sind, negativ beurteilt und abgelehnt hat.

Dieses Bewußtwerden unserer eigenen Verantwortung für den Alltag kann schmerzhaft sein. So war es bei Juliane, als sie einzusehen begann, daß ihr Leben ganz anders hätte verlaufen können. Damit hat sie eine grundlegende Etappe hinter sich gebracht. Wir können ja nur das verändern, was in unserer Macht steht. In diesem Stadium liegt die große Herausforderung darin, die eigene Verantwortung zu erkennen, ohne sich Vorwürfe zu machen. Denn Schuldgefühle sind eine andere Art, die schmerzliche Verantwortung für das eigene Leben abzuschieben. Schuldgefühle haben heißt, dem Problem aus dem Weg zu gehen. Sie sind kein Schritt in Richtung Verantwortung, sondern in Richtung Vermeidung. »Mein Leben ist eine Katastrophe. Wie konnte ich nur diesen Mann/diese Frau heiraten, diesen Beruf ergreifen, dieses Image von mir anstreben! Es ärgert mich, daß ich schüchtern, aggressiv, gewalttätig … bin.« Oder: »Ich bin ein Versager.« All diese Haltungen sind völlig unproduktiv. *Unsere Symptome sind nur der sichtbare Teil des Eisbergs unserer inneren Konflikte. Sie sind die Konsequenz und nicht die Ursache unserer eigentlichen Probleme.* Wir werden von dem bestimmt, was uns im Verlauf unserer Geschichte widerfahren ist.

Es geht darum, von dem Urteil: »Ich bin schüchtern« zu der Einsicht zu kommen: »Ich hatte schreckliche Angst vor dem Urteil meines Vaters und habe Angst, daß andere mich so beurteilen wie er.«

Von einem: »Ich bin gewalttätig« zu einem: »Ich bin von meinen Eltern mißhandelt worden und trage eine schreckliche Wut mit mir herum.«

Von einem: »Ich bin unfähig zu lieben« zu einem: »Ich habe zuwenig Liebe bekommen und habe Angst, den unerträglichen Schmerz der Entbehrung wieder wachzurufen.«

Allein dieses Bewußtwerden bringt eine Erleichterung: »Ich bin nicht schlecht.« Man beginnt hinter den Symptomen seine Verletzungen zu erkennen. Man entdeckt hinter dem Urteil über sich selbst Bedürfnisse und Emotionen. Die eigene Kindheit und die eigenen Eltern erscheinen plötzlich in einem anderen Licht, auch wenn es zunächst einmal wehtut.

Wie beurteilen Sie sich selbst? Nehmen Sie dazu Papier und einen Stift zur Hand:

1. **Beschreiben Sie eine sich wiederholende Situation in Ihrem Leben:**
   Zum Beispiel: »Ich muß immer nur geben und bekomme nichts zurück.« Oder: »Ich muß immer als Sündenbock herhalten.« Oder: »Keiner interessiert sich für mich.«
2. **Beobachten Sie Ihr eigenes Verhalten. Betrachten Sie Ihren Teil der Verantwortung für das, was Ihnen widerfährt: »Ich ziehe mich immer zurück. Ich bitte andere nicht um Hilfe. Ich zeige meine Gefühle nicht. Ich halte hinter dem Berg mit dem, was ich denke. Ich kritisiere ...«**
3. **Achten Sie darauf, wie Sie auf die sich wiederholende Situation reagieren. Was sagen Sie? »Natürlich!«?**
   »Mich mag natürlich keiner.« – »Ich bin natürlich nicht interessant.« – »Die benehmen sich natürlich wieder wie die Idioten.« Dieses »natürlich« bestätigt Ihre eingefahrenen Überzeugungen über sich oder andere.
4. **Formulieren Sie eine Meinung über sich selbst, zum Beispiel: »Mich kann man gar nicht mögen.« – »Ich bin langweilig.« – »Für mich ist kein Platz.«**
   Beobachten Sie jetzt, wie diese Meinung wirkt. Sie steuert Ihr Verhalten. Welche Haltungen legen Sie an den Tag? Welche Verhaltensweisen zeigen Sie?
5. **Sehen Sie jetzt, daß das Verhalten der anderen eine Reaktion auf Ihre Verhaltensweise ist.**

Sie stellen fest, daß Sie mit Ihrem Verhalten für eine Bestätigung Ihrer Überzeugungen sorgen.
(Die Überzeugung, wonach keiner Sie mag, geht Hand in Hand mit bestimmten Verhaltensweisen: Sie ziehen sich zurück, geben sich unbeteiligt, zögern. Bei den anderen kommt das als Desinteresse an. Die Folge: Sie ziehen sich von Ihnen zurück. Und Sie sagen sich: »Mich mag natürlich keiner. Alle ziehen sich zurück.«)
Und woher haben Sie diese Überzeugungen? Hat man Ihnen in der Kindheit entsprechendes gesagt? Oder es Ihnen zu verstehen gegeben? Welche Umstände in Ihrer Kindheit haben Sie zu solchen Überzeugungen gebracht?

Von der destruktiven zur konstruktiven Wut

Die (gesunde) Wut ist entgegen einer beliebten Auffassung eine befreiende und regenerierende Emotion mit der Aufgabe, die Gesundheit der Person und das Gleichgewicht in einer Beziehung wiederherzustellen. Alle Emotionen sind wichtig. Daß in meinen Kursen die Wut offenbar eine herausragende Stellung einnimmt, hat zweierlei Gründe. Erstens ist sie als eine Emotion besonders stark mit einem Tabu belegt. Zweitens ist sie ein Werkzeug zur Reparatur des Organismus. Meine Aufgabe ist es, die Menschen bei der Ausheilung der Wunden zu begleiten, die ihnen in der Kindheit geschlagen worden sind. Bei der therapeutischen Arbeit begegnen wir der Wut gleich mehrmals.

»Ich bin wütend auf dich, weil ...« Diese erste Wut zielt darauf ab, eine Bresche in die Mauer der Idealisierung zu schlagen. Diese »Wut« richtet sich gegen die Eltern. Ich setze das Wort in Anführungszeichen, weil es sich hier noch nicht um eine echt regenerierende und konstruktive Wut handelt. Diese Energie ist destruktiv. Es geht darum, eine Mauer einzureißen, Bilder zu zertrümmern, Verbote zu zerschlagen. Diese »Wut« richtet sich gegen die Eltern mit dem Ziel, sie von dem Sockel zu stoßen, auf dem sie im Kopf ihres Kindes noch immer stehen. Dieser aggressive Akt verschafft im allgemeinen Erleichterung, vor allem, wenn man zum ersten Mal in seinem Leben den Mut aufbringt, seinen Eltern die Stirn zu bieten.

Vor einem Kissen, das ihren Vater repräsentiert, äußert Dorothee mit Bestimmtheit: »Ich will nie wieder deine Meinung darüber hören, was ich tue, möchte und sage. Nicht über meine Kleidung und nicht über meine Frisur. Ich habe deine dauernde Kritik satt. Du hast überhaupt kein Recht, über eine Person eine Meinung zu äußern, sei sie positiv oder negativ. Für wen hältst du dich eigentlich? Meinst du, du könntest einen dauernd bevormunden und alles beurteilen? Für mich bist du nicht wirklich glaubwürdig. Deine Nervosität, deine gestreßte Art, deine Ausdrucksweise und deine Bewegungen passen doch gar nicht zu deinen Predigten und zu dem Bild, das du von dir vermitteln willst.«

»Nein, ich gehorche dir nicht mehr, ich habe das Recht dazu!« Die zweite Aufwallung des Zorns ermöglicht es allmählich, sich von elterlichen Verboten freizumachen und seinem Drang und seinen Antrieben freien Lauf zu lassen. Diese zweite Wut bringt Schwung ins Leben und schafft Freiräume. Sie fördert die Selbstbehauptung und hilft, die eigenen Rechte einzufordern. Allerdings ist sie nicht immer konstruktiv.

»Nein, das war nicht zu meinem Besten, es ging mir schlecht dabei!« Die Entdeckung der Vergangenheit beginnt. Die Bresche, welche die Wut in die Idealisierung geschlagen hat, macht den Weg für Erinnerungen frei. Jede erinnerte Verletzung löst Wut auf den Elternteil aus, der sie einem beigebracht hat. Nach und nach entdeckt man so das Ausmaß des eigenen Leids. Die Wut steht am Beginn der aktiven Heilungsarbeit, denn sie erlaubt es einem, die Tiefe der Wunden zu ermessen. Sind die damit verbundenen Emotionen – Ängste, Schrecken, Wut, Abscheu, Schmerz – zum Ausdruck gekommen, meldet sich schließlich die regenerierende Wut, eine selbstbewußte und von sich selbst sprechende Wut zu Wort, die das Gefühl von Unversehrtheit wiederherstellt: »Ich existiere. Ich bin da. Ich fühle mich stark. Und ich zeige dir, wer ich bin!«

In früheren Büchern habe ich versucht, die Realität hinter bestimmten Vorurteilen über Emotionen und insbesondere über die Wut zu erhellen. Ich wiederhole: Wut ist eine Emotion, sie ist eine physiologische Reaktion des menschlichen Organismus auf eine Verletzung, Frustration und Ungerechtigkeit. Sie ist keine Reaktion, die man um jeden Preis abschütteln müßte. Sie ist keine »Bosheit«. Die (gesunde) Wut regeneriert das Individuum und hilft dabei, wieder Harmonie in die Beziehung zu bringen. Gewalt zerstört, Wut heilt. Wie Elisabeth Kübler-Ross gezeigt hat, ist sie auch eine natürliche Etappe bei der Trauerarbeit. Und müssen wir mit Blick auf das, was uns in der Kindheit vorenthalten blieb, nicht alle Trauerarbeit leisten?

Befassen wir uns nun näher mit den einzelnen Etappen auf dem Weg zur Heilung.

Aus der Idealisierung heraustreten

Wir überwinden die Idealisierung unserer Eltern in dem Maß, in dem wir uns die Realität unserer Erlebnisse in der Kindheit bewußt machen. Oft verläuft dieser Prozeß aber umgekehrt, das heißt, wir stürzen Vater oder Mutter vom Sockel und erlauben so unseren Emotionen, sich zu äußern. Die Idealisierung ist ein unbewußter Abwehrmechanismus, der uns ein Überleben in unserer Familie ohne übergroße Leiden ermöglicht hat. Je mehr die Idealisierung schwindet, desto näher kommen wir in Kontakt mit unseren Emotionen als Kinder.

Marc ist von seinem Vater geschlagen worden und hat seine Angst und Wut in sich eingeschlossen. Er hat sich einen Panzer zugelegt, der ihn gegen den körperlichen Schmerz, aber vor allem auch gegen den erlittenen Mangel an Zärtlichkeit und gegen die demütigende Ohnmacht unempfindlich gemacht hat. So hielt er die Schläge und die schreckliche Angst vor diesem Mann aus, der ihn eigentlich hätte beschützen sollen. »Ich habe ein dickes Fell. Das schadet nicht.« Marc nahm seinen Vater in Schutz: »Er hat das nur zu meinem Besten getan, weil ich ein Faulpelz bin.«

Ein Kind ist von den Eltern, die sein Überleben sichern, vollständig abhängig. Es weiß nichts von gesetzlichen Bestimmungen zu seinem Schutz, die es seinen Eltern verbieten, es zu töten oder einfach seinem Schicksal zu überlassen. Und wenn Eltern sagen: »Ich bringe dich noch um« oder: »Ich geh weg, ich verlasse dich«, dann glaubt es das auch!

»Ich erinnere mich, Papa, daß du eines Tages aus dem Auto ausgestiegen bist und zu Mama gesagt hast: ›Laß mich hier, hol' mich auf dem Rückweg wieder ab. Sonst schlage ich ihn noch tot.‹ Ich hatte so furchtbare Angst, Papa! Ich habe das geglaubt. Ich war sicher, du würdest mich auf dem Rückweg totschlagen. Dabei hatte ich nur meinen Schulranzen zu Hause liegen lassen. Heute vergesse ich natürlich dauernd Sachen.«

Der kleine Dieter hat damals nur verstanden: »Ich schlag' dich tot.« Nicht mitbekommen hat er dagegen, daß sein Vater aus dem Auto gestiegen ist, um zu *vermeiden,* daß er ihn in einem Wutanfall verprügelt. Er hatte ihn ja schon so oft geschlagen. Worte, die Eltern im Zorn äußern, können ein Kind für ein ganzes Leben prägen. Dieter vergißt weiterhin seine Sachen, um mit seiner damaligen schrecklichen Angst und seinem Zorn über diese Behandlung nicht in Berührung zu kommen. Er vergißt Dinge, als wolle er damit das Verhalten seines Vaters rechtfertigen.

Das Kind braucht die Liebe seiner Eltern so sehr, daß es für sie alles zu opfern bereit ist: bis hin zur Verleugnung der eigenen Identität und der Aufgabe des Selbstbewußtseins. Es wird alles tun, um seine Emotionen im Zaum zu halten und seine Eltern zu schützen. Eher nimmt es furchtbare Alpträume in Kauf, als seinem Vater zu sagen: »Du darfst mich nicht anbrüllen und schlagen.« Eher bekommt es Asthma, als seine Mutter anzuschreien: »Ich ersticke.« Und sein Papa bleibt der stärkste aller Papas und seine Mama die liebste aller Mamas. Auch wenn dem Kind vielleicht Zweifel kommen, wenn es bei Freunden andere Väter oder Mütter erlebt. Im frühen Alter ist das Kind zu abhängig, um seine Eltern in Frage zu stellen – eine Situation, die manche Eltern ausnutzen.

»Er treibt mich zum Äußersten! Er will es wissen. Er braucht eine Abreibung!« Manche Kinder haben die Begabung, sich den Zorn ihrer Eltern zuzuziehen. Was soll ein Kind »wissen« wollen? Warum soll es »eine Abreibung« brauchen? Manche meinen, Kinder testeten Grenzen aus! Damit bestärken sie Eltern in der Überzeugung, sie hätten ein Recht darauf, ihre Kinder zu schlagen. Aber Gewalt zeigt keine Grenzen auf. Und wenn Kinder provozieren, tun sie es nicht unbedingt aus eigenem Antrieb. Kinder brauchen liebevolle Eltern. Ohne es in Worte fassen zu können, spüren sie deren Verzweiflung und bedienen unbewußt deren emotionale Bedürfnisse: Sie können es sich zur Aufgabe machen, den Eltern bei der Abfuhr aufgestauter Aggressionen zu helfen. Immer wieder »treiben« sie den Papa oder die Mama »zum Äußersten«, damit diese »Dampf ablassen« können. Der Vater, der seine eigene Geschichte nicht verarbeitet hat, läßt die aufgestaute Wut an seinem Sohn aus. Und der Sohn steckt die Prügel ein.

Als eine psychosomatische Erkrankung hat Asthma eine seelische *und* eine körperliche Komponente. Alle Symptome haben mehrere Ursachen: Luftverschmutzung, körperlicher Streß, Veränderungen des Immunsystems durch besonders starke Reize oder durch die Umgebung, all das kann gemeinsam Asthma auslösen.

»Er kriegt mir noch Asthma!« Die Mutter könnte es nicht treffender sagen. Ja, Arnold bekommt *für seine Mutter* Asthma. Ohne es ausdrücken zu können, spürt er ihre Angst. Diese Angst kann sie im Zaum halten und vor sich selbst verbergen, solange sie sie auf ihren Haushalt projiziert. Mit seinem Asthma rechtfertigt Arnold das zwanghafte Reinlichkeitsbedürfnis seiner Mutter. Von jetzt an kann sie »wegen Arnolds Gesundheit« gegen den Staub unerbittlich und bis zur Erschöpfung zu Felde ziehen. Ihre Ängste drehen sich jetzt um die Anfälle ihres Sohnes. Diese

Mutter, die ihre eigene Geschichte nicht verarbeitet, ihre Wut und Angst nie erkannt, geschweige denn den eigenen Eltern gegenüber geäußert hat, diese angstbeladene Mutter überträgt nun die Ursache ihrer Ängste auf ihr Kind. So schont sie ihre eigenen Eltern und vermeidet es, sich mit ihren Emotionen zu konfrontieren.

Man hat Müttern (die Väter standen seltsamerweise seltener in der Kritik) häufig Schuldgefühle eingeredet: »Ihr Kind hat wahrscheinlich deshalb Asthma, weil Sie alle eigenen Antriebe in ihm ersticken.« Aber die Sache ist subtiler. Auch wenn manche Mütter jede Selbstbestimmung ihres Kindes im Keim ersticken, so verhalten sich die meisten Mütter asthmatischer Kinder nicht anders als die von gesunden. Hier läuft vielmehr ein komplizierter und vor allem unbewußter Prozeß ab. Müttern Schuldgefühle einzureden ist hier fehl am Platz: Sie belasten Mutter und Kind nur noch mehr.

Kinder neigen dazu, die Leiden ihrer Eltern auf sich zu nehmen und ohne Widerrede die Schläge, Demütigungen und Herabsetzungen ihrer Eltern sowie die dadurch ausgelösten Frustrationen zu erdulden. Die Idealisierung ist der verzweifelte Versuch des Kindes, das beschädigte Bild von den Eltern zu reparieren. Sie wirkt desto stärker, je liebloser diese mit ihm umgehen. Dank der Idealisierung bleibt die Illusion von den guten und liebevollen Eltern erhalten. Kinder brauchen das Gefühl der Geborgenheit. Sie können den Gedanken, von lieblosen Eltern abhängig zu sein, nicht akzeptieren.

Seit der Scheidung ihrer Eltern sieht die 14jährige Mathilde ihren Vater kaum noch. Sie leidet sehr unter dieser Situation. Immer wieder verspricht er, sie zu besuchen –

und findet jedesmal einen Grund, wieder abzusagen. Oder er vergißt, sie nach der Schule abzuholen. In der Therapie sieht Mathilde in den Kopf ihres Vater und erkennt schließlich die Wahrheit: Ihrem Vater liegt nichts daran, sich mit ihr zu treffen. Sie gehört nicht zu den wichtigen Dingen in seinem Leben. Schon seit langem hat sie sich gefragt: »Liebt mich mein Vater eigentlich?« Sie hat versucht, seine Liebe zu gewinnen, ihm Freude zu machen, in der Schule gut zu sein, damit er stolz auf sie ist. Gleichzeitig haßte sie ihn, weil er ihr nicht mehr Aufmerksamkeit geschenkt und sie nur so selten besucht hat. Schließlich bringt sie den Mut auf, der Wahrheit ins Gesicht zu blicken: Er liebt mich nicht! Mathilde ist wie betäubt. So eine schmerzhafte Einsicht! Und doch auch solch eine Erleichterung! Keine innere Anspannung mehr. Vorbei das Bedürfnis, alle Hebel in Bewegung zu setzen, um dem Vater irgendwie zu gefallen. Daß er sie nicht liebt, hat nichts mit ihr zu tun. Es gibt nichts, was Mathilde tun könnte, um seine Liebe zu erringen.

Dieser Vater bringt es fertig, zu seiner Tochter zu sagen: »Aber natürlich liebe ich dich. Ich habe eben keine Zeit, weißt du? Ich habe viel Arbeit.« Vielleicht kann er sich selbst nicht eingestehen, daß er seine Tochter nicht liebt, weil so etwas in unserer Gesellschaft nicht akzeptabel ist. Aber es ist die Realität. Lieben heißt sich kümmern. Lieben ist ein aktives Zeitwort! Dieser Vater liebt seine Tochter nicht, er kümmert sich nicht um sie. Ihre Gefühle sind ihm egal. Er interessiert sich nicht für ihre Bedürfnisse. Gewiß empfindet er für sie eine gewisse Zuneigung. Er wird wohl sagen, es sei Liebe. Und wenn sie in Gefahr geriete, würde er sich wahrscheinlich Sorgen machen. (Mathilde ist sich hier allerdings nicht sicher. Das macht ihr Lust, es auszuprobieren, Risiken einzugehen oder gefährliche Streiche auszuhecken.) Trotzdem empfindet er seiner Tochter gegenüber offensichtlich keine Liebe. Das muß nicht heißen, daß die Liebe zu ihr nicht doch eines Tages erwachen kann oder daß er sie nicht lieben will. Aber die gegenwärtige Realität sieht so aus: Wenn er vergißt, sie von der Schule abzuholen, wenn er sich für ihre Bedürfnisse nicht interessiert und an ihren Gefühlen keinen Anteil nimmt, dann hat er zu seiner eigenen Vaterliebe keinen Bezug. Wenn Mathilde ihren Vater in seiner Realität als Mensch und nicht nur als Papa sieht, der sie frustriert, dann kann sie ihn noch immer lieben. Aber er hat nicht mehr die Macht, sie zu verletzen. Aus der Idealisierung heraustreten heißt, den anderen in seiner komplexen Realität als Mensch zu sehen und die destruktive Machtbeziehung zu überwinden.

Franziska ist sich anscheinend bewußt, daß ihre Mutter ihr keine Liebe entgegenbringt. Sie sagt gern: »Meine Mutter hat mich nicht geliebt.« Aber in der Therapie wirkt sie oft zerknirscht und gibt sich selbst die Schuld. Sie nimmt ihre Mutter in Schutz: »Ich habe kein Recht zu behaupten, daß sie mich nicht geliebt hat. Sie hat mir doch gesagt, daß sie mich liebt, dann wird es doch wohl stimmen. Sie hat mich auf ihre Art geliebt.« Dieser Satz bringt mich fast aus der Fassung. Als gebe es mehrere Arten zu lieben! Wozu diese Illusion? Es gibt keine vielfältigen Arten zu lieben. Alle Kinder brauchen Zuneigung, Aufmerksamkeit, Zärtlichkeit, Zuhören und Respekt. Die Verleugnung solcher grundlegenden Bedürfnisse kann unmöglich eine besondere Form von Liebe sein. Richtig ist allerdings, daß Liebe häufig auch verdrängt wird.

Ich kenne eine 86jährige Frau, die behauptet, sie habe

ihren Sohn geliebt. Der Beweis? Sie hat im Schlafzimmer ein Foto von ihm. Es zeigt ihn als Erwachsenen. Als Kind hat sie ihn täglich geschlagen und ihn sehr früh für mehrere Monate in Pflege gegeben, ohne ihn ein einziges Mal zu besuchen. Später hat sie ihm alles verboten. Er hatte keine Freunde und durfte nie ausgehen. Sie hat ihn häufig bestraft, ihn im Keller, auf dem Dachboden oder in einer Kammer eingesperrt. Während seiner gesamten Kindheit hat sie ihn mit Schimpfnamen angeredet. Sie hat ihn nie vor seinem Vater geschützt, der ihn verurteilt, ständig erniedrigt und mit einer Reitpeitsche grausam geschlagen hat. Sie verschließt sich der Einsicht, daß sie ihn nicht geliebt hat. Heute, im Alter, verbringt sie gern Zeit mit ihm, ist stolz auf das, was aus ihm geworden ist. Sie ist fest davon überzeugt, daß sie ihn liebt, daß er ihr allerliebster Sohn ist. Aber ihm will sie das nicht sagen. Vielleicht fürchtet sie heftigen Widerspruch. Sie will nicht mit seiner Wahrheit konfrontiert werden. Im übrigen hat sie das meiste von dem, was sie ihm angetan hat, längst vergessen. Wenn sie damit konfrontiert wird, rechtfertigt sie sich zuweilen damit, sie habe ihn viel zu früh bekommen. Manchmal verteidigt sie sich: »So war die Erziehung damals eben.« Manchmal gibt sie den Schwarzen Peter weiter: »Mein Vater war noch härter, und mir hat das auch nicht geschadet.« Zu ihrer Entlastung muß man sagen, daß sie wahrscheinlich gar keine Vorstellung von Liebe hatte. Schließlich war sie selbst mit Terror, Bestrafungen und völlig lieblos erzogen worden.

Lydia, die ihre eigene Geschichte entdeckt und einem großen Teil ihrer verdrängten Emotionen freien Lauf gelassen hat, erkennt mit Schmerzen, aber ohne Schuldgefühle: »Ich konnte meine älteste Tochter, als sie noch ein

Baby war, einfach nicht lieben. Ich habe sie versorgt, mit ihr geschmust und sie geherzt, mich aber mit ihr wie mit einer Puppe beschäftigt. Ich wollte vor allem eine gute Mutter sein. Ich wußte nicht, wie ich lieben sollte. Ich habe getan, was sein mußte. Erst heute ist mir bewußt, daß ich keine Liebe empfunden habe. Ich wußte nicht, daß man so etwas empfinden kann.« Lydia empfand zu ihren Kindern zwar Zuneigung und ging sogar ziemlich liebevoll mit ihnen um, aber die Emotion der Liebe kannte sie nicht. Heute kennt sie den Unterschied.

Viele Eltern reagieren hilflos auf den Vorwurf ihres Kindes, es sei nicht geliebt worden. Sie waren überzeugt, es zu lieben. Natürlich haben sie Zuneigung empfunden, aber Liebe ist mehr. Sie hatten keinen Bezug zur Emotion der Liebe. Manchmal wird sich ein Vater oder eine Mutter der Bedeutung eines Kindes für sie selbst erst dann bewußt, wenn es schwer krank geworden oder gestorben ist. Die unmittelbare Bedrohung wirkt wie ein Elektroschock, der ihre Liebe zum Leben erweckt. Manchmal ist es leider zu spät.

Patrizia weint: Der Tod ihrer Tochter hat ihr auf brutale Weise das Herz geöffnet. Jeannette hat sich das Leben genommen. Mit achtzehn Jahren ist sie von einer Brücke gesprungen. Patrizia ist am Boden zerstört. Der tragische Tod läßt sie spüren, wie sehr sie ihre Tochter geliebt hat. Um sie wieder lebendig zu machen, würde sie ihr eigenes Leben hingeben. Aber es ist zu spät. Jeannette ist tot, ohne daß sie erfahren hat, wie sehr ihre Mutter sie hätte lieben können. Als sie noch lebte, war ihre Mutter zur Liebe nicht fähig. Heute fühlt sich Patrizia entsetzlich schuldig. Jetzt weiß sie, was Jeannette gefehlt hat, und ermißt die seelische Not ihrer Tochter. Sie erkennt, wie sie ihre Tochter behandelt hat, und macht sich schreckliche Vorwürfe. Viele in ihrer Umgebung haben ihre Schwierigkeiten im Umgang mit ihrem Kind gesehen. Aber keiner hat Patrizia geholfen, ihre Tochter zu lieben. Man hat ihr nicht einmal zugehört.

Ich glaube, wir als Gesellschaft sind für Jeannettes Tod, für die Selbstmorde und für viele tödliche Unfälle von Jugendlichen und älteren Menschen mitverantwortlich. Manche nehmen sich das Leben, andere verspielen es – weil sie nicht genug Liebe und keinen Sinn in ihrem Leben spüren. Eltern, die ihre Kinder nicht lieben können, sehen die Wahrheit nicht und glauben, alle anderen Eltern liebten ihre Kinder. Keiner hört ihnen in ihrer Hilflosigkeit zu, keiner begleitet sie auf dem Weg zu einer Heilung, die es ermöglichen würde, daß sie ihr Kind doch noch lieben können.

Manche Eltern lieben ihre Kinder, andere nicht. Und manchmal erfährt ein Kind eine Zeitlang Liebe und ab einem bestimmten Alter dann nicht mehr. Aus vielerlei Gründen kann Eltern ihre Liebe abhanden kommen, oder sie können das Lieben noch lernen. Das Gefühl der Liebe braucht Nahrung, es ist nicht für immer da. Viele Erwachsene, die sich selbst Zärtlichkeit und Nähe versagen, schränken die Augenblicke der Intimität mit ihren Kindern ein und verknappen so die Augenblicke der Liebe. Ohne die Emotion der Liebe verkümmert auch das Gefühl der Liebe. Dann schließen Urteile, Ansprüche, Projektionen und Erwartungen die Lücke, die der Mangel an Intimität und Nähe aufgerissen hat.

Will man von einem Mangel an Liebe geheilt werden, muß man ihn zunächst erkennen. Sich Illusionen zu machen hilft nicht weiter. Die Dinge in Worte zu fassen, sie zu analysieren und zu reflektieren erhellt die Geschichte und macht es möglich, die Idealbilder in Frage zu stellen. Nach und nach steigen Emotionen auf. Je stärker sie in Erscheinung treten, desto mehr schwindet die Idealisierung. Das gilt auch in umgekehrter Richtung: Je mehr wir uns von der Idealisierung verabschieden, desto weiter öffnen wir uns für die Empfindung und Äußerung von Emotionen.

Wie wir vorhin gesehen haben, ermöglicht es eine erste aggressive Wut, eine Bresche in das idealisierte Bild der Eltern zu schlagen. In meinen Kursen fordere ich die Teilnehmer auf, ihren Eltern einen Brief mit den einleitenden Worten zu schreiben: »Ich bin wütend auf dich, weil …« Diese Formulierung läßt Wut zu. Ich erinnere daran, daß diese erste Wut keine richtige ist: Sie projiziert die Schuld auf den anderen, in dem Fall auf einen Elternteil. Ein solcher Brief ist natürlich nicht wirklich für die Eltern bestimmt. Diese aggressive Formulierung ist nur eine Etappe auf dem Weg zur Wiederherstellung eines Gleichgewichts, zur Befreiung von einer Last, die man in der Kindheit aufgebürdet bekommen hat. Diese Arbeit ermöglicht es, Schuldgefühle loszuwerden und die Aggressionen, die man gegen sich selbst richtet, nach außen zu kehren.

Kurz nach einem der Kurse, bei denen ich die Kursteilnehmer auffordere, sich ein Stofftier oder ein Kissen herauszusuchen, das ihren Vater oder ihre Mutter repräsentieren soll, erreicht mich ein Brief von Brigitte:

»Ich schreibe Dir, weil es mir seit dem Kurs gar nicht gut geht. Der Ausgangspunkt dieses Mißgefühls liegt darin, daß ich es während der Übung am Sonntagmorgen nicht geschafft habe, meiner Wut Luft zu machen. Als Stofftier hatte ich mir dieses rosa Flußpferd herausgesucht. Seitdem ich zugenommen habe, sehe ich mich als rosa Flußpferd. Also war ich das Flußpferd. Und meine Wut gegen das Flußpferd zu richten lief darauf hinaus, sie wie gewohnt gegen mich selbst zu richten. Während der Übung habe ich Dir gesagt, daß ich nicht einfach so tun konnte, als seien die anderen um mich herum, ihre Schreie nicht da. Mehr als vor den Blicken der anderen hatte ich Angst vor dem, was aus mir herauskommen könnte. Ich kann nicht schreien wie die anderen. Ich kann nicht dieses schreiende Tier sein! Hier stoße ich wieder auf meine Angst vor jeder Art von Gewalt, auf die Angst vor schreienden Leuten, die Angst vor dem Leiden. In meiner Geschichte finde ich keine Schreie und keine gewaltsamen Ausbrüche. Ich erinnere mich, daß ich als ganz kleines Mädchen (meiner Mutter zufolge üble) Wutausbrüche hatte. Sie sperrte mich in mein Zimmer, und ich schrie, weinte und trommelte bis zur Erschöpfung gegen die Tür und machte mir die Hose naß. Ich erinnere mich um so besser daran, als es mir meine Mutter immer wieder erzählt und herausgestrichen hat, wie böse ich gewesen sei. Sie hat mich vor den Leuten bloßgestellt. Seit dem Kurs habe ich oft daran gedacht, mich vor ein Kissen zu setzen, um meiner Wut Ausdruck zu geben. Aber ich kann das nicht. Ich sage mir, ich habe Angst, daß es die Nachbarn hören, glaube aber eigentlich, daß ich vor allem vor mir selbst Angst habe, eine panische Angst, als würde ich etwas Schreckliches entdecken.«

Brigitte spürt dumpf die Vorgänge in sich. Sie erkennt, wie stark ihre Neigung ist, ihre Aggression gegen sich selbst zu richten. Aber wenn sie ihrer Wut Luft machen soll, stößt sie an eine Barriere. Sie fürchtet, »etwas Schreckliches zu entdecken«. Diese Angst ist weitverbreitet. Unsere Emotionen, unsere Wahrheit erscheinen uns schrecklich, weil unsere Eltern sie nicht sehen wollten und wir daraus abgeleitet haben, daß sie schrecklich sind. Zudem hat sich die verbotene Emotion im Laufe der Jahre mit Haß aufgeladen.

Versuchen Sie nicht, diese Barriere gewaltsam zu durchbrechen. Es ist wichtig, den eigenen Rhythmus zu respektieren. Nehmen Sie sich die Zeit und bauen Sie erst einmal zu dem Therapeuten, der Sie auf diesem Weg begleitet, ausreichend Vertrauen auf. Denn die folgenden Übungen können eine überraschend heftige Wirkung haben.

Wenn man die Idealisierung überwindet, steigen schmerzhafte Erinnerungen auf. Wenn Sie nicht schon in therapeutischer Behandlung sind, ist es sicherer, sich bei den Übungen von einer Person (einem Therapeuten) begleiten zu lassen. Ist die Arbeit angelaufen und bekommt ihr Panzer – wenn auch nur zarte – Risse, tauchen an der Schwelle zum Bewußtsein verdrängte Gefühlsregungen auf. Bleiben sie unerkannt oder werden sie nicht angenommen, können sie sich in körperliche Symptome verwandeln. So schreibt mir Theresa nach einem Kurs: Sie verstehe es nicht, sie habe ihre Wut doch ausgedrückt… Am nächsten Morgen konnte sie nicht aufstehen. Ihr war richtig übel. Sie fühlte sich wie gerädert. Ein Schmerz aus der Kindheit war auf eine körperlich spürbare Weise wieder wach geworden. Seien Sie vorsichtig. Unterschätzen Sie die Gewalt freigesetzter Emotionen nicht.

Wenn Sie sich bereit fühlen, versuchen Sie, von dem Idealbild Ihrer Eltern wegzukommen:

Nehmen Sie sich – mit Papier und einem Stift bewaffnet – eine Stunde für sich Zeit. Sorgen Sie dafür, daß Sie nicht gestört werden. Sie schreiben einen Brief (ich betone nochmals, daß Sie ihn nie abschicken werden). Er beginnt mit den Worten: »Papa, ich bin wütend auf Dich ..., weil ich ... gebraucht hätte.«

Achten Sie darauf, daß Sie nicht verurteilen und keine Allgemeinplätze schreiben. Nicht: »Du warst boshaft«, sondern genaue Details: »Ich bin wütend auf Dich, weil Du mir gesagt hast, aus mir würde nie etwas, als ich Dir mein Zeugnis der fünften Klasse vorgelegt habe. Ich hätte unterstützende Worte und Begleitung gebraucht, um den Grund meiner Schwierigkeiten herauszufinden.« Strengen Sie Ihr Gedächtnis an. Schreiben Sie so viele »Ich bin wütend auf Dich ...« nieder, wie Sie können, und fügen Sie zu jeder genannten Verletzung hinzu, welches Bedürfnis bei Ihnen enttäuscht worden ist.

Lassen Sie Ihren Brief nach der Fertigstellung eine Nacht lang liegen. Achten Sie am nächsten Morgen auf das, was Sie in der Nacht geträumt haben. Wenn Sie nicht sicher sind, daß Sie Ihre Träume sofort richtig verstehen, schreiben Sie sie auf. Wenn Sie im Lauf des Tages mal eine Weile allein sind, nehmen Sie ein Kissen, ein Stofftier, eine Puppe oder ein Foto des Elternteils, an den Sie sich wenden wollen. Stellen Sie diesen Stellvertreter im Abstand von ungefähr einem Meter vor sich auf. Plazieren Sie ein anderes Kissen zwischen ihm und sich. Dieses Kissen stellt all das dar, was zwischen Ihnen und dem Elternteil steht, sein ganzes Fehlverhalten, seine parasitären Gefühle, seine eigenen Verletzungen, Projektionen usw. – sämtliche Mauern um ihn herum, die ihn daran hindern, Sie zu lieben. Um auf dieses Kissen einzuschlagen und die Mauern, die Sie von seiner Liebe trennen, einzureißen, benötigen Sie eine Waffe. Ein alter Tennisschläger erfüllt diesen Zweck. Noch besser ist ein Baseballschläger aus Schaumstoff für Kinder. Mit ihm sind Verletzungen ausgeschlossen. Notfalls können Sie auch ein Handtuch fest zu einem Knüppel zusammendrehen. Bringen Sie sich mit dem Knüppel in Stellung, und stellen Sie sich in dem entsprechenden Kissen bildhaft den Elternteil vor, um den es geht.

Lesen Sie Ihren Brief nochmals durch und prägen Sie ihn sich ein. Sagen Sie dann Ihrem Vater oder Ihrer Mutter alles, was Sie ihm oder ihr vorzuwerfen haben, direkt ins Gesicht. Lesen Sie nicht ab, sondern bringen Sie Ihre Vorhaltungen mit der ganzen Wut vor, die Sie mobilisieren können.

Atmen Sie tief durch. Spüren Sie die Energie in Ihrem Becken. Spüren Sie, wie sich Ihre Arme heben, und schlagen Sie auf das Kissen vor sich ein. Zertrümmern Sie so die Mauer, die Sie von Ihrer Mutter oder von Ihrem Vater trennt. Sie denken gar nicht daran, vor dieser uneinnehmbaren Festung weiterhin die Waffen zu strecken! Nehmen Sie sich einfach das Recht, sie im Sturm zu erobern!

Nach diesen Hieben fließen häufig Tränen. Lassen Sie sie fließen. Trösten Sie in sich das Kind, das Sie gewesen sind. Seien Sie zärtlich zu ihm und herzen Sie es.

Wenn Sie diese Übung mit einem Therapeuten an der Seite ausführen, bitten Sie ihn oder sie, Sie in diesem Moment in die Arme zu nehmen. Stärken Sie sich an dieser Zärtlichkeit. Geben Sie sie an das kleine Kind in Ihnen weiter, das sie so sehr gebraucht hat.

Die Äußerung von Wut setzt Erinnerungen frei, die durch Verdrängung im Unbewußten eingeschlossen sind. Diese Bilder können während der Wut oder unmittelbar danach oder auch erst einige Tage später an die Oberfläche steigen. Wenn keine Erinnerungen in Ihnen hochkommen, führen Sie die zuvor beschriebene Übung erneut durch. Ihre Wut war nicht entschieden genug, um das Kind in Ihnen zu beruhigen. Es hat noch Angst, sich zu zeigen, Angst vor Ihrer Unterwerfung unter Ihren Vater oder Ihre Mutter, Angst, daß Sie es nicht ernst nehmen, daß es eine Emotion weckt und daß Sie ihm nicht zuhören und es nicht begleiten können.

Jakob schlägt heftig auf sein Kissen ein und bricht zusammen, windet sich vor Schmerzen. Plötzlich sieht er alles wieder vor sich. Er erinnert sich an das nette Kindermädchen, das ihn gepflegt, liebkost, umarmt und in die Arme genommen hat, wenn er weinte. Diese Frau war immer da, wenn er Kummer hatte. Sie und nicht die Mutter stand nachts auf, tröstete ihn nach einem Alptraum und wiegte ihn stundenlang wieder in den Schlaf. Er liebte sie so. Und eines Tages war sie einfach weg. Er war drei Jahre alt und mußte jetzt in die Vorschule gehen. Seine Mutter brauchte kein Kindermädchen mehr. Jakob erinnert sich an den Trennungsschmerz. Von seinem Kummer hat damals keiner etwas mitbekommen. Hat er ihn überhaupt geäußert? Wahrscheinlich nicht.

Nach dem Kurs rufe ich Jakobs Mutter an. Die Mutter ist ganz erstaunt, daß Jakob sich noch an den Vornamen der Frau erinnert. Sie hat sie vor fast vierzig Jahren aus den Augen verloren, und sie haben nie von ihr gesprochen.

Sie sagt ihm: »Nein, es hat dir nichts ausgemacht. Du hast das gut verkraftet und gar nicht geweint.«

Jakob hat sein geliebtes Kindermädchen verloren, als er in die Vorschule kam. Er konnte sich bei niemandem ausweinen. Er bewahrte seine Emotionen im Innersten auf. Jetzt versteht er, warum sein eigener dreijähriger Sohn jedesmal schreit, wenn er ihn im Kinderhort abgibt. Der kleine Max weint all die Tränen, die sein Vater nicht hat vergießen können.

Friederike baut sich vor ihrer imaginären Mutter auf. Aber sie kann nicht auf das Kissen einschlagen. Sie hat ihren Brief geschrieben, bringt aber jetzt, wo sie ihre Mutter bildlich vor sich sieht, kein Wort heraus. Nach und nach wird sie sich ihrer Angst bewußt. Sie ist höchst erstaunt. Sie wußte nicht, daß sie vor ihrer Mutter Angst hat. Sie beginnt auf ihr Kissen einzuschlagen und spürt, wie die Angst in ihr immer stärker wird. Friederike hatte in ihrem Leben vor nichts und niemandem Angst. Von dieser schrecklichen Angst in sich hatte sie keine Ahnung gehabt. Ein paar Schläge auf eine Matratze vor ihrer vorgestellten Mutter haben genügt, um in ihr eine vergessene Emotion wachzurufen, die etwas über ihre Mutter aussagt. Nach dieser Erfahrung ist Friederike sich selbst ein Stück näher gekommen. Mit den Schlägen auf das Kissen hat sie das kleine, verängstigte Mädchen, das sie in Gegenwart ihrer Mutter einst gewesen war, wieder zu Wort kommen lassen.

Achten Sie auf Ihre Träume. Lassen Sie Ihre Gedanken eine Zeitlang schweifen, und kehren Sie über Assoziationen in Ihre Vergangenheit zurück. Blicken Sie sich um, und nutzen Sie auch die kleinste Gelegenheit, vor Ihren Augen Ihre Kindheit wiederaufleben zu lassen. Ein Eisverkäufer, ein Gebirgs-

bach, eine Blume, ein Steg über den Bach, ein Schneemann. Nehmen Sie sich ruhig die Freiheit, sich wieder in ein Kind zu verwandeln. Machen Sie sich ein Butterbrot mit Kakao darauf, wie es Mutti getan hat. Eine Tasse heiße Schokolade, Mamas Hackbraten – Geschmackserinnerungen können Sie wie die berühmte Madeleine in Marcel Prousts Romanzyklus *Auf der Suche nach der verlorenen Zeit* in die Vergangenheit zurückbringen.

Nutzen Sie zum Eintauchen in das Gestern auch vertraute Gegenstände: Großvaters Uhr, den Kochlöffel, mit dem die Mama den Quark angerührt hat, die Rute, Papas Ohrensessel. Lassen Sie positive wie negative Erinnerungen hochkommen.

Weg mit der Pflicht zur Dankbarkeit

Wenn die Erinnerungen zurückkehren, gewinnt die Wut genauere Konturen. Ihr Gegenstand ist umgrenzt. Die ersten Wutausbrüche zielten darauf ab, die Eltern vom hohen Sockel zu holen und ihnen ein wenig von der Macht zu nehmen, die sie immer noch über uns ausüben. Nun beginnt die Äußerung von Wut heilend auf die erlittenen Verletzungen zu wirken. Die Auflehnung hat ein Ziel bekommen und knüpft sich an besondere Erinnerungen. Jedes Leiden, das in der Erinnerung auftaucht, muß betrachtet und zum Ausdruck gebracht werden. Während dieser Etappe der Auflehnung geht es darum, die Dynamik des »Ich danke dir, daß du dies zu meinem Besten getan hast« umzukehren in ein: »Ich bin wütend. Das war ungerecht. Das hättest du mir nicht antun dürfen.« Es geht darum, aus der Unterwürfigkeit herauszukommen und auf die eigene innere Wahrheit zu hören.

Noch ist es nicht an der Zeit, daß Sie Ihre Wut direkt Ihren Eltern gegenüber ausdrücken. Die Etappe, während der die Pflicht zur Dankbarkeit zurückgewiesen wird, hat ihren Platz im Sprechzimmer des Psychotherapeuten. Ehe eine heilsame Wut zum Ausdruck kommen kann, muß der übermäßige Zorn abgeführt werden. Tatsächlich ist die heute empfundene Wut über eine damals erlittene Verletzung unangemessen groß geworden. So hat beispielsweise eine Frustration, die im Alter von fünf Jahren erlebt wurde, eine Wut in der folgenden Größenordnung hervorgebracht:

Da die Wut nicht zum Ausdruck kommen durfte, hat sie sich zu einer stummen Rage aufgestaut. Im Lauf der Jahre kamen zahlreiche frustrierende Erlebnisse, Ungerechtigkeiten und Verletzungen hinzu und haben die Wut zu einem Haß dieses Ausmaßes aufgestaut:

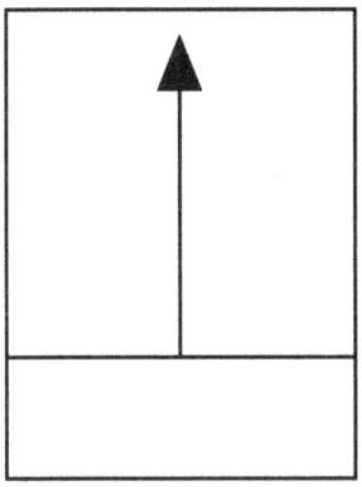

Wenn Sie diese Emotionen bei Ihren Eltern abreagieren, laufen Sie Gefahr, daß die Eltern sich angegriffen fühlen und sich verteidigen, statt Ihnen zuzuhören.

Im Sprechzimmer des Psychotherapeuten reagieren Sie das Übermaß, also diese Menge an Wut ab:

Mit Ihren Eltern sprechen Sie erst, wenn nur noch eine angemessene Wut übrig ist. Eine, die Ihrer Verletzung mit fünf Jahren entspricht.

Wenn Sie Ihre Auflehnung im therapeutischen Sprechzimmer zum Ausdruck bringen, hat das zudem den Vorteil, daß der Therapeut Ihnen eine grundlegende Hilfestellung gibt. Ein guter Therapeut hat vor Ihren Eltern keine Angst. Er hat kein Bedürfnis, sie übertrieben in Schutz zu nehmen, und stellt sich entschieden auf die Seite des Kindes, also auf Ihre Seite als Klient. Sich gegen seine Eltern aufzulehnen ist nicht leicht. Da er keine Angst vor den Eltern hat, hilft der Psychotherapeut Ihnen, Ihre Ängste zu überwinden. Er ist auf Ihrer Seite. Einfühlsam kann er Ihnen dabei helfen, zwischen gerecht und ungerecht zu unterscheiden. Er erkennt Ihre Emotion an und ist Zeuge Ihrer Wahrheit. Diese Anerkennung Ihrer Emotion, die Sie selbst anfangs ja nur widerwillig entdecken, wirkt bis in die Tiefe heilend. Der Therapeut an Ihrer Seite gibt Ihnen die notwendige Sicherheit, wenn Sie es wagen, in sich einzutauchen und zu erleben, was sie nochmals durchleben müssen. Dieses Stadium der Auflehnung mündet in die Entdeckung Ihrer Wahrheit und erlaubt es den bei der Verletzung empfundenen Emotionen, wieder hochzukommen. Sich gegen die Eltern aufzulehnen, die Pflicht zur Dankbarkeit und zum: »Es ist zu deinem Besten« zurückzuweisen, führt zu der Aussage: »Das hat mir wehgetan.« Und es macht den Schmerz, den man ertragen muß, voll bewußt.

Nehmen Sie wieder ein Kissen. Stellen Sie in Gedanken Ihren Vater oder Ihre Mutter dahinter, und wenden Sie sich an ihn oder sie. (Oder nutzen Sie ein Foto oder eine Zeichnung, wenn es Ihrem Vorstellungsvermögen auf die Sprünge hilft.) Sagen Sie ihm oder ihr, was Sie auf dem Herzen haben. Haben Sie Mut zur inneren Auflehnung. Nennen Sie Fakten. Sagen Sie mit Nachdruck: »Dazu hattest du kein Recht. Das war nicht richtig.«
Gehen Sie so jeden einzelnen Punkt in Ihrer Geschichte durch.

Es ist nicht immer einfach, sich selbst zu vertrauen und gerecht von ungerecht zu unterscheiden. Als Kinder durften wir uns nicht beklagen und wurden dazu angehalten, eine Vielzahl von Verhaltensweisen unserer Eltern als »erzieherisch« zu werten, obwohl sie uns wehgetan haben. Und wir mußten für das, was uns wehgetan hat, auch noch dankbar sein. Deshalb haben wir mitunter große Schwierigkeiten, der ungeschminkten Wahrheit ins Gesicht zu blicken. Auch hier helfen uns ein anwesender Psychotherapeut und eventuell eine Therapiegruppe weiter.

Wenn wir akzeptiert haben, daß ein Ereignis, ein Wort oder eine Handlung uns verletzt haben, dann bekommt unsere Erinnerung eine neue Dimension. Die damals empfundenen Emotionen steigen in uns wieder hoch. Wichtig ist allerdings, daß wir nicht sämtliche Verletzungen allzu rasch beiseite räumen. Ganz sicher müssen manche Emotionen zum Ausdruck kommen. Wir müssen ermessen, wie tief wir verletzt worden sind.

Das hat mir wehgetan!

»Das war nicht zu meinem Besten. Mir ist jetzt klar, was mir geschadet hat.« Die Feststellung ist da. Sie hat sich mit den wiederkehrenden Erinnerungen eingestellt: Wir sind verletzt, enttäuscht und ungerecht behandelt worden. Nach und nach erkennen wir unsere Wahrheit.

Wenn die Bilder aus der Vergangenheit wieder in uns hochsteigen, wenn wir unserer Wahrheit ins Gesicht blicken, treten wir mit unserer verdrängten Angst, mit der Wut, dem Abscheu und der Verzweiflung in Kontakt. All die verdrängten Emotionen treten wieder ins Bewußtsein. Versuchen wir nicht, sie mit Angstlösern und Schlafmitteln erneut zu betäuben. Hören wir ihnen lieber zu. Lassen wir ihnen den Platz, den sie brauchen. Es bringt nichts, all das Leiden in sich zu verwahren. Es geht darum, die in uns gellenden Schreie, die in uns brodelnde Wut aus uns herauszulassen – im schützenden Umfeld des therapeutischen Sprechzimmers. Der Schmerz wird größer, wir spüren ihn. Wir spüren, was wir zuvor nicht gespürt haben. Dieses Stadium des Aufwachens aus der Betäubung ist das Schmerzhafteste in der Therapie. Den anfänglichen Schmerz überlagert der Schmerz darüber, daß man ihn nicht ausdrücken durfte und ihn so lange vor sich selbst versteckt hat. Dieses Wissen und Fühlen schmerzt. Und zugleich tut es so gut! Man fühlt sich immer näher bei sich selbst, wird immer mehr man selbst. Dieses Gefühl der Authentizität und des tiefen innigen Kontaktes zu sich selbst hilft dabei, die Leiden nochmals zu durchleben.

Manchmal leidet man auch körperlich. Es kommt häufig vor, daß zuerst der Körper erwacht, vor allem wenn die Äußerung der Emotionen noch zu sehr blockiert ist. Atem- und körperliche Entspannungsübungen sind oft nützlich, um die Widerstände in den Muskeln zu lockern und die emotionalen Ausbrüche zu erleichtern. Um auszuheilen, muß jede seelische Verletzung erneut durchlebt werden. Natürlich erleben wir sie nicht mehr genauso wie beim ersten Mal. Es wäre sinnlos, immer wieder dasselbe zu durchleben. Ein Ereignis hat Angst, Abscheu, Entsetzen, Wut ausgelöst. Damals konnte die Emotion weder ausgedrückt noch von jemandem gehört werden. Der Heilungsprozeß besteht nun darin, die verdrängte Emotion wiederzufinden. Sie kehrt häufig mit den Bildern und/oder den Empfindungen der traumatischen Szene zurück. Ausgedrückt und aufgenommen, wirkt die Emotion befreiend und löst alte Spannungen.

Versuchen Sie nicht, ein schreckliches Erlebnis oder eine Wut allein in Ihrer Wohnung zu durchleben. Sie brauchen bei der Äußerung Ihrer Emotion eine Begleitung, um seelische oder körperliche Verspannungen zu vermeiden. Und um den Wutausbruch mit einem heilsamen Augenblick des zärtlichen Körperkontaktes abzuschließen.

Um noch weiterzugehen, machen Sie folgende Übung: Nehmen Sie einen großen Bogen Papier. Teilen Sie ihn in zwei Spalten ein. Vermerken Sie auf der linken Seite die Tatsachen, an die Sie sich erinnern: markante Ereignisse, aber auch Dinge, die Ihnen auf den ersten Blick belanglos erscheinen.

Konzentrieren Sie sich auf jedes einzelne Ereignis, und horchen Sie in sich hinein: Welche Emotionen haben die Ereignisse in Ihnen damals jeweils ausgelöst? Wenn sich keine zu Wort meldet, stellen Sie sich einfach vor, was irgendein Kind an Ihrer Stelle empfunden hätte. Paradoxerweise können wir hier leichter für andere als für uns selbst antworten. Notieren Sie in der rechten Spalte die empfundenen Gefühle und Emotionen.

Machen Sie sich bei jeder auftauchenden Erinnerung bewußt, welchen Schmerz sie dabei empfunden haben, und nehmen Sie diesen Schmerz an. Erspüren Sie, wie sehr das Ereignis dem Kind, das Sie einmal gewesen sind, wehgetan haben muß. Kommen Sie Ihrer Neigung, die Schmerzen von damals herunterzuspielen, auf die Spur.

Daß man häufig die Neigung hat, das erlebte Leiden herunterzuspielen, verzögert natürlich die Heilung. Zur Überwindung dieser Neigung sind Gruppentherapien besonders hilfreich. Die anderen Gruppenmitglieder haben nicht dieselben Verbote erlebt. Sie sehen das, was Sie nicht mehr sehen. Die anderen sind in der Lage zu sagen: »Was? Das war doch nicht richtig, was sie mit dir gemacht haben! Das machen überhaupt nicht alle so!«

In einer Gruppe können Sie Ihre Überzeugungen überprüfen und entdecken, daß nicht alle Familien auf die gleiche Weise funktionieren. Die anderen Gruppenmitglieder heben Ihre Defizite und Ihre positiven Seiten hervor.

Sie sehen Ihre Fähigkeiten und die Schönheit und Einzigartigkeit Ihres Wesens. Sie nehmen Anteil an Ihren Verletzungen. Und ihre Einfühlung hilft dabei, Ihre Wahrheit zu sehen.

Die heilsame Wut

Am Ende der emotionalen Ausbrüche steht ein letzter Ausbruch mit echter Wut. Diese Wut unterscheidet sich sehr von den anderen. Sie bejaht unsere Existenz, unsere Bedürfnisse, unsere Identität und unsere Stellung. Es ist keine aggressive Wut mehr, die irgend etwas zerstören muß. Sie ist nicht mehr Auflehnung, sondern konstruktive Wut. Eine Wut, die das Recht wieder in Kraft setzen wird, das heißt, die es dem Kind konkret ermöglichen wird, sich das Recht zu nehmen, das zu empfinden, was es empfindet, alles zu sagen, zu existieren, Bedürfnisse zu haben, es selbst zu sein…

Nehmen Sie wieder das Kissen. Stellen Sie sich dahinter bildlich Ihren Vater oder Ihre Mutter vor, und spüren Sie Ihre Wut. Knien Sie sich so nieder, daß Sie tief und frei bis ins Becken atmen können. Die Emotion ruht jetzt tief unten in Ihrem Bauch, Sie spüren eine aufkommende Wärme in Ihrem Becken. Sie atmen tief durch, Ihr Zwerchfell hebt und senkt sich. Sie stehen auf, heben Ihren Knüppel (oder Tennisschläger) über Ihren Kopf und schlagen mit weitgeöffneten Augen auf das Kissen ein, während sie mit fester Stimme sagen: »Ich habe ein Recht dazu. Ich bin ich.« Sagen Sie auch alle Sätze, die Ihre Identität und Ihre Rechte bestätigen. Lassen Sie sich möglichst viele dazu einfallen. Spüren Sie Ihre Kraft und den Genuß des freien Körpergefühls.

Nach dieser Wut ist die Spannung gewichen. Die Verletzung ist in Ihrem Körper verheilt. Alle Emotionen sind entwichen. Sie bewahren die Erinnerung an Ihre Verletzung auf. Was geschehen ist, gehört zu Ihrer Geschichte.

Aber es hat nicht mehr die Macht, Ihnen Leiden zu verursachen oder unbewußt Ihre Einstellungen, Verhaltensweisen, Gedanken oder Reaktionen zu bestimmen.

Wenn die Wunden verheilt sind, können Sie, wenn Sie wollen, die Arbeit an der Aussöhnung mit Ihren Eltern beginnen. Die Aussöhnung benötigen Sie nicht für die Heilung, denn die haben Sie bereits hinter sich. Sie benötigen sie zur Heilung Ihrer Beziehung, damit Sie an familiären Begegnungen mit echter Freude teilnehmen können.

Nach dieser Wut werden Ihre Eltern Sie nicht mehr einschüchtern können. Sie sind den Eltern gegenüber erwachsen geworden. Sie sind sogar so weit genesen, daß Sie Mitgefühl mit ihnen empfinden. Allerdings nicht dieses frühere Mitleid oder diese Sensibilität gegenüber ihren Schwierigkeiten, durch die Sie sie übertrieben in Schutz genommen haben, sondern echte Einfühlung oder Empathie.

Wenn Sie zu einer Konfrontation mit Ihren Eltern fähig geworden sind, können Sie ihnen einen Brief schreiben oder sich mit ihnen treffen: Weisen Sie sie auf Ihre Verletzungen hin, bringen Sie Ihr Erleben zum Ausdruck und fordern Sie eine Wiedergutmachung, um das beschädigte Band zwischen ihnen zu reparieren. Die Forderung nach Wiedergutmachung zielt darauf ab, eine angemessene Entschädigung zu erhalten, die von beiden Seiten als gerecht empfunden wird. Ungerechtigkeit bedroht das Band zwischen den Menschen. Gerechtigkeit repariert es.

Dieses Bedürfnis nach Wiedergutmachung haben auch viele Eltern, die es nicht rechtzeitig geschafft haben, sich als Eltern richtig zu verhalten. Viele von ihnen versuchen Versäumtes nachzuholen und überspringen dabei eine Generation: Sie projizieren ihre Liebe auf ihre Enkel. »Ich gebe meinen Enkeln, was ich meinen Kindern nicht geben konnte.« Dies sagen viele Großeltern, aber sie sagen es leider nur selten zu ihren Kindern. So versagen sie denen immer weiter die Anerkennung. Es tut weh, wenn die eigenen Eltern anderen Kindern etwas geben, das sie für einen selbst nicht übrig hatten, selbst wenn es unsere Kinder sind. »Meine Eltern interessieren sich nur für meine Kinder. ›Wie geht es Hans? Hat Diana ihren Mittagsschlaf gemacht?‹ Nach mir fragen sie nie. Als sei ich für sie Luft.«

Unsere Eltern brauchen diese Wiedergutmachung ebensosehr wie wir selbst. Sie wissen ganz einfach nicht, daß sie etwas wiedergutmachen können. Die landläufige Überzeugung lautet: »Was passiert ist, ist passiert. Die Vergangenheit kann man nicht verändern.« Geschehenes kann man nicht rückgängig machen, aber man kann dessen Auswirkungen verändern, wenn man darüber spricht. Auch wenn die Vergangenheit dieselbe bleibt, kann man die gegenwärtigen Schäden, die Folgen der einstigen Verletzungen, reparieren. Diese Verletzungen anzuerkennen ist schon ein Riesenschritt. Die Wunde kann schließlich vernarben. Und die blockierte Energie wieder fließen.

VI Unsere Widerstände verstehen

Die Angst vor einer Konfrontation mit den eigenen Eltern ist so groß, daß vielen allein der Gedanke unerträglich ist. Seinen Eltern gegenüber Wut zu verspüren ist verboten. Schon dieses Verbot rechtfertigt die Auseinandersetzung mit der Frage: Was steckt hinter diesem starken Tabu? Die (gesunde) Wut auf die Eltern wirkt befreiend und stellt die Liebe wieder her. Sie verschafft dem Kind Erleichterung. Sie ist ein erster Schritt zur Reparatur der Beziehung. Wenn man seinen Eltern nur ungern etwas über sich erzählen oder ihnen über sein Erleben als Kind nicht die Wahrheit sagen will, dann ist eine Intimität nicht möglich. Die Beziehung ist bestenfalls oberflächlich.

Und doch fühlt man sich von der eigenen Wut auf seine Eltern abgestoßen. Diese Wut ruft eine innere Auflehnung und allerhand Abwehrmechanismen hervor. Analysieren wir diese Haltungen der Reihe nach.

»Seine Eltern beurteilt man nicht, man vergibt ihnen!«

Wer diesen Kernsatz verficht, ist sich offenbar gar nicht bewußt, wie widersprüchlich er ist! Vergebung beinhaltet ja ein Urteil. Sie kommt aus einer Position der Überlegenheit. Wenn ich vergeben muß, habe ich das Urteil gefällt, daß Schuld vorliegt. Auch ist die Haltung des Vergebens sehr egoistisch, weil sie es den Eltern nicht ermöglicht, an einer Aussöhnung mitzuarbeiten. Die Eltern bleiben mit ihren Schuldgefühlen allein oder wissen gar nicht, welche Leiden sie ihrem Kind zugefügt haben, und verlieren die Möglichkeit, zu einem innigen Verhältnis zu ihren Kindern zu gelangen.

Um unsere Eltern nicht zu verurteilen, bedarf es nicht der Vergebung. Vielmehr müssen wir ihre *Handlungen* beurteilen. Es ist durchaus legitim, wenn wir die Auswirkungen eines Verhaltens und damit auch die Handlung selbst verurteilen. Falsch ist dagegen, über die Person zu urteilen. Wenn wir die begangenen Ungerechtigkeiten und die angetanen Verletzungen nicht benannt haben, können wir keine Vergebung gewähren. Allerdings ist mir persönlich authentische Liebe wichtiger als Vergebung. Ich rufe nicht dazu auf, Dinge aus dem Gedächtnis zu tilgen, sondern bin eher für gegenseitigen Respekt und eine innige Beziehung.

Distanz ist kein Mittel, sondern ein Ergebnis. »Ich muß mit meinen Eltern nicht über die Vergangenheit reden, ich habe jetzt Distanz«, behauptet Martin, der regelmäßig in einem religiösen Zentrum meditiert. Er glaubt es sogar selbst! In Wahrheit ist er von seiner inneren Befreiung meilenweit entfernt. Wenn er mit seinen Eltern über die Vergangenheit nicht reden will, so aus Angst vor ihrer Reaktion. Die Vermeidung ist ihm lieber. Wer wie Martin Distanz predigt, ist sich der Heftigkeit seiner Ängste oft nicht einmal bewußt. Diese Flucht heißt dann »Distanz«. Schon hat man sich selbst etwas vorgemacht. Dabei dient ihm die Spiritualität als Ausrede. Aber kommt Spiritualität mit so wenig Liebe aus? Distanz zur Vergangenheit besteht doch nicht darin, daß man den Kontakt zu seinen Eltern abbricht, ohne darunter zu leiden. Es geht vielmehr darum, daß man seine Angst überwindet und zu seinen Eltern wieder eine harmonische und gerechte Beziehung gewinnt.

Eine junge Frau, die von einem Guru als Schülerin angenommen werden wollte, mußte sich dazu ihr wunderschönes langes Haar abschneiden lassen. Kein Weinen und Flehen half. Der Meister ließ sich nicht erweichen. Dann trat eine andere Frau mit ebenso schönem Haar auf den Guru zu und sagte: »Ich möchte Ihre Schülerin werden und bin bereit, mir das Haar abzuschneiden.« Der Meister unterbrach sie: »Bei dir ist das nicht notwendig.«

Gehen wir auf unsere Eltern zu – gerade weil wir Angst vor dieser Begegnung haben und weil sie schwierig ist. Denn diese Schwierigkeit beweist, daß wir von unseren Eltern noch immer abhängig sind und uns lösen müssen. Warum sollten wir unsere irrationalen Ängste behalten wollen? Denn irrational sind sie: Die überwiegende Mehrheit der Eltern nimmt diesen Schritt positiv auf.

Manche Teilnehmer an meinen Kursen bestreiten, daß die Übung zur Äußerung der Wut auf die Eltern Sinn mache. Sie führen ins Feld, sie hätten in einem früheren Kurs mit anderen Therapeuten ihren Eltern bereits »vergeben«. Vergebung ist ein mögliches Ergebnis auf dem Weg zur Versöhnung. Aber sie wollen vergeben haben, obwohl sie noch immer unter den Symptomen leiden, deretwegen sie mich aufgesucht haben. Der Glaube an die magische Kraft der Vergebung ist stark. »Ich habe einen Ritus erfüllt. Ich habe ihnen mein Licht gesandt, und ich habe mich erleichtert gefühlt.« Ja, Vergebung erleichtert tatsächlich. Doch sie wirkt wie eine Tablette, die Angst löst, aber die Ursache der Angst nicht bekämpft. Diese erste »Vergebung« kann möglicherweise eine Etappe auf dem Weg zur

Aussöhnung mit sich selbst sein. Aber in der Beziehung bleibt ein Mangel, ein Bruch bestehen. Die einzige Auswirkung dieser rasch gewährten Vergebung ist das Ausweichen vor einer innigen Beziehung, die Vermeidung von Liebe. Mit diesem Vergeben vermeidet man eine echte Auseinandersetzung mit sich selbst. Wer seiner Wut ausweicht, dem wird die Heftigkeit seiner Emotionen nicht bewußt. Er behält seine Angst vor ihnen, die Angst vor einer innigen Beziehung und meist auch seine Symptome. Dann kann es passieren, daß in der nächsten Generation wieder ein Kind an der gleichen Verletzung leidet. Und bei einer zu raschen Vergebung bleibt die Beziehung zu den Eltern oberflächlich.

Alexandra, die ich bei ihrer Arbeit nicht begleitet habe, schreibt ihrem Vater: *»Es ist sinnlos, den Kontakt wieder anzuknüpfen. Ich will Dich nicht mehr* sehen. *Aber ich vergebe Dir.«* Was bedeutet so eine Art Vergebung? Für mich ist sie nicht echt. Sie ist ein Filter, ein Mittel, um die eigenen Verletzungen nicht mehr spüren zu müssen, ohne daß sie wirklich verheilen können. Hier tritt nicht irgendeine Art Respekt vor den Eltern in Erscheinung, sondern nackte Angst. Angst vor den eigenen Emotionen, Angst vor den Emotionen des Vaters oder der Mutter und vor allem Angst vor Intimität und damit vor der Liebe! Das sind die Fakten. Die gemeinsame Vergangenheit schafft Intimität. Machen wir uns nichts vor! Wenn wir mit unseren Eltern nicht reden wollen, dann nicht aus Liebe zu ihnen, sondern weil wir Angst haben, uns diesem Mangel an Liebe zu stellen. Angst, nicht ausreichend von ihnen geliebt zu werden, und vielleicht Angst, sie nicht ausreichend zu lieben.

Wenn Eltern die Verletzungen erkennen, wenn zwischen den Generationen wieder ein Dialog in Gang gekommen ist, dann wird viel Liebe frei. Warum sollen wir auf diese Liebe verzichten?

Allerdings sollte man das Gespräch mit den Eltern nicht einfach so und zu einem beliebigen Zeitpunkt führen. Gewisse Vorkehrungen sind notwendig, damit es sich in Richtung Aussöhnung und nicht in Richtung Konflikt bewegt.

»Das bringt ihn um!« – »Ich habe eine Sterbensangst«

»Er bekommt einen Herzinfarkt. Ich kann ihm die Wahrheit nicht sagen.«

»Das bringe ich nicht fertig. Das könnte ich nie. Meine Eltern würden es nicht verstehen. Ich hätte Angst, es könnte sie umbringen. Das wäre mein Ende.«

So viel übertriebene Angst. Übertrieben? Viele glauben wirklich an solche Reaktionen. Diese Ängste sind weitverbreitet und werden selten in Frage gestellt. Kaum einer widerspricht: »So viel Macht hast du doch gar nicht.« Oder: »Wegen ein paar Worten stirbst du schon nicht.« Machen wir uns die Bedeutung bewußt, die in unserem Vorstellungsvermögen die Konfrontation mit unseren Eltern einnehmen kann: Es geht um Leben und Tod! Vor diesem Hintergrund versteht man die gewaltigen Widerstände, welche die Äußerung von Wut behindern. Diese Ängste tauchen auf ganz irrationale Weise sogar in meinem Behandlungszimmer auf, wenn ich dazu auffordere, die eigene Wut gegenüber einem Kissen auszudrücken!

Das Gefühl, unseren Eltern auf Gedeih und Verderb ausgeliefert zu sein, geht auf unsere Zeit als Säugling oder Fötus zurück. Damals hing unser Leben wirklich ganz von unseren Eltern ab. Diese Abhängigkeitsbeziehung hat uns so tief geprägt, daß der Eindruck, ein Gespräch mit unseren Eltern könne unser Leben in Gefahr bringen, auch nach so vielen Jahren noch immer lebendig ist: Ich darf meine Eltern nicht verärgern, weil sie mich sonst im Stich lassen und ich sterbe.

Bei der Übung vor dem Kissen in meinem Behandlungszimmer fällt eines auf: Während manche Angst haben, sie selbst könnten sterben, wenn sie ihren Eltern gegenüber Wut zum Ausdruck bringen, befürchten andere, damit ihre Eltern umzubringen. Oft tauchen beide Ängste im Verbund miteinander auf und deuten so auf ihre unbewußte Verknüpfung und ihren archaischen Ursprung hin.

Viele Eltern lassen ihr weinendes Baby allein, »damit es sich beruhigt«. Das Baby schreit seine Wut im Versuch hinaus, sein Bedürfnis befriedigt zu bekommen. Sein Weinen wird zur Rage und dann zur Panik. Und dann verstummt es resigniert. Das Kind lernt dabei rasch, daß es seine Eltern mit seiner Wut auf Distanz hält. Und Eltern, die aus dem Blickfeld entschwunden sind, sind für einen Säugling ganz verschwunden. Sie existieren nicht mehr. In der Vorstellungswelt des Säuglings ergibt sich daraus leicht die Botschaft: Wenn ich wütend bin, töte ich meine Eltern. Wenn ich meinen Zorn auf sie ausdrücke, dann sterbe entweder ich oder vielleicht sie.

»Ich möchte ihr nicht wehtun«

»Ich habe Angst, ihr wehzutun.«

»Sie sind zu gebrechlich. Sie sind doch alt.«

»Ich habe mit meiner Mutter geredet. Sie hat sich völlig verweigert, sich so schwer getan. Ich will nicht daran rühren. Sie möchte darüber nicht reden, also lasse ich sie in Ruhe. Ich möchte sie nicht zwingen.«

Wir verstecken unsere Ängste hinter Schutzbehauptungen. Sie gipfeln in dem oft geäußerten Satz: »Ich kann nicht. Mein Vater lebt noch. Es würde ihm wehtun. Es wäre leichter, wenn er tot wäre.« Der Ausdruck zeigt, daß es gar nicht um das Wohl unserer Eltern, sondern um unsere Angst geht, ihnen zu begegnen. Ich höre übrigens genausooft: »Ich kann nicht mit ihm reden. Er ist gestorben. Es wäre leichter, wenn er noch lebte.«

Seien sie lebendig oder tot, jung oder alt, arm oder reich, gesund oder krank – mit Eltern reden ist immer schwer. Verschanzen wir uns nicht hinter Ausreden. Wir tun unseren Eltern nicht weh, wenn wir ein Gespräch mit ihnen führen. Es schadet ihnen nicht, wenn wir ihnen helfen, ihre Aufgabe als Eltern zu erfüllen. Unsere Eltern können uns auch noch als Krebskranke, als Alzheimer-Patienten oder sogar im Koma verstehen. Aber nur, wenn sie wollen! Wenn sie dagegen nicht verstehen wollen, steht ihnen ein ganzes Arsenal an Abwehrmechanismen zu Verfügung, vor allem die einfache Verweigerung. Wir müssen uns also keine Beschränkungen auferlegen. Unsere Eltern lassen von sich aus nur das an sich heran, was sie vertragen können.

Wolfgang ist an Krebs gestorben. Eine Woche vor seinem Tod hat er mir gesagt: »Ich will vor meinem Vater sterben.« Er hatte große Angst vor der Krankheit seines Vaters, davor, dessen Sterben nicht mitansehen zu können. Einige Zeit nach Wolfgangs Tod bekam ich die Gelegenheit, mit seinem Vater zu reden. »Das ist einfach nicht gerecht«, sagte er zu mir, »ich war an der Reihe zu gehen.« Liebend gern hätte er sein Leben für das seines Sohnes gegeben.

Wenn sie sich vor der Trennung durch den Tod wenigstens hätten aussprechen können. Aber Wolfgang wollte »seinen Vater nicht quälen«. In Wahrheit hatte er große Angst vor der Einsicht, sein Vater könne ihn nicht genug lieben. Er hatte von ihm das Idealbild eines begabten Mannes, der viel durchgemacht und sich aufgeopfert hatte. Wolfgang war überzeugt, seinen Vater enttäuscht zu haben. Wie kam er darauf? Der Vater hatte sich immer nur rastlos in die Arbeit gestürzt und mit seinem Sohn kaum Zeit verbracht. »Ich bin nicht gut genug«, sagte sich Wolfgang. So ging er in der Überzeugung, er habe den Erwartungen seines Vaters nicht genügt, als erster. Das war natürlich keine bewußte Entscheidung, aber er wollte lieber als erster sterben, als sich mit seinem Vater auszusprechen! Später hat mir sein Vater anvertraut, daß er auf ihn sehr stolz gewesen war. Aber leider hat er es ihm nie gesagt.

Wie kann sich ein Respekt vor den Eltern in Sätzen ausdrücken wie: »Das ertragen sie nicht«? Oder: »Das würde ihm wehtun«? Hinter solchen Äußerungen stecken die Ängste, nicht geliebt zu werden, oder Kommunikationsschwierigkeiten.

In unserer Vorstellung brechen unsere Eltern zusammen, wenn wir mit ihnen reden. Meine Erfahrungen sagen dagegen etwas anderes: Auch wenn sie zuerst beunruhigt sind, sind sie glücklich über die Begegnung mit ihrem Kind und über die neue Nähe. Und sie sind zudem froh darüber, daß sie ihre Aufgabe als Eltern erfüllen können. Denn alle gesunden Eltern wünschen sich, daß ihre Kinder glücklicher werden, als sie selbst es waren. Die Rolle von Eltern besteht darin, ihre Kinder zu schützen. In dieser Aufgabe gehen sie auf. Wenn das Kleine krank ist, würde die Mutter sein Leiden gern auf sich nehmen. Wie Wolfgangs Vater wären die meisten Eltern bereit, ihr Leben für das ihrer Kinder hinzugeben. Allerdings vergessen sie oft im Alltagstrott, als Gefangene ihrer Sorgen und als Sklaven der eigenen Vergangenheit, wie wichtig ihnen das Glück ihrer Kinder ist. Sie lassen sich zu kritischen Äußerungen hinreißen und haben keine Ahnung, was das in ihrem Kind anrichten kann.

Man kann seinen Eltern alles sagen, vorausgesetzt allerdings, man hält sich strikt an bestimmte Regeln der Kommunikation und verzichtet auf Verurteilungen, Anklagen und Schuldzuweisung. Deshalb ist es besonders wichtig, übermäßige Wut und Haß im Sprechzimmer des Therapeuten abzubauen. Wenn die Verletzungen verheilt sind, kann man sich gelassener austauschen.

Aber warum an die Vergangenheit rühren, wenn sie kein Leiden mehr verursacht? *Weil man sich desto mehr liebt, je mehr man miteinander redet.*

Laura wurde von ihrer Mutter nicht geliebt. Sie wurde geschlagen, gedemütigt und in jeder erdenklichen Weise in ihrer persönlichen Freiheit eingeschränkt. Bis ins Erwachsenenalter konnte ihre Mutter sie nicht ausstehen. Dennoch besuchte Laura diese Frau, die inzwischen an Alzheimer litt, jeden Samstag im Pflegeheim. Laura empfand die Besuche von Anfang an als Belastung. Im Verlauf der Wochen und Monate fielen sie ihr immer schwerer. Wie soll man freundlich zu einem Menschen sein, sich nett und einfühlsam zeigen, wenn man im Innersten eine gewaltige Wut auf ihn empfindet? Laura mußte sich zusammennehmen und drohte depressiv zu werden. Auf meinen Vorschlag, mit ihrer Mutter über die Vergangenheit zu reden, erwiderte sie: »Ich kann doch nicht mit ihr reden. Sie ist krank. Sie begreift nichts und erkennt mich schon seit

Monaten nicht mehr.« Das konnte man auch als Chance sehen: »Wenn sie nichts begreift, falsch versteht und sich nicht einmal mehr an deinen Namen erinnert«, antwortete ich, »dann kannst du ihr ja alles sagen, was du auf dem Herzen hast.« Das Argument überzeugte sie. Laura beschloß, sich von der Last ihrer Geschichte zu befreien.

Am fraglichen Samstag verhielt sich ihre Mutter wie gewohnt und reagierte scheinbar nicht auf ihre Worte. Aber in der nächsten Woche empfing sie Laura am Ende des Flurs mit offenen Armen: »Laura, mein Mädchen.« Tränen flossen. Das letzte Mal, daß ihre Mutter sie mit ihrem Namen angeredet hatte, war vor einem Jahr gewesen. »Laura, mein Mädchen, ich danke dir für das, was du mir gesagt hast. Es stimmt. Ich habe keines meiner vier Kinder geliebt. Ich möchte euch jetzt aber liebhaben.« Dann gingen sie untergehakt im Garten spazieren. Ich versichere Ihnen, daß Laura ihre Mutter jetzt samstags leichten Herzens besucht!

Außerdem hat sich der Zustand der Mutter seit jenem Tag auf eindrucksvolle Weise verbessert. Zwar ist nicht alles psychischen Ursprungs, doch hat die Seele auf den Körper großen Einfluß. Natürlich zeigt Lauras Mutter noch immer Symptome ihrer Krankheit. Aber sie hat auch wieder viele lichte Augenblicke und kontrolliert ihre Handlungen.

Valerias Vater lag im Koma, als sie mit ihm geredet hat. »Ich bin sicher, er hat geblinzelt«, sagt sie, froh darüber, daß sie vor seinem Tod mit ihm noch in Kontakt treten konnte.

Nathalie hat eine schwierige Zeit durchlebt. Sie wollte mit ihrem herzkranken Vater nicht reden. Die Mutter bestärkte sie darin mit der Warnung: »Rede bloß nicht mit deinem Vater, sonst stirbt er.« Also hat Nathalie nichts gesagt. Kurz darauf erlitt er einen Herzinfarkt. Sie spürte, daß er vielleicht ohne Aussprache sterben würde. Und sie ahnte, wie sehr das Schweigen, das Geheimnis auf dem Herzen ihres Vaters lastete. Sie redete mit ihm und redete – bis zur Aussöhnung. »Das hat mir so gut getan«, sagte ihr der Vater. »Es ist gut, zu lieben und sich geliebt zu fühlen.«

Gegenseitige Liebe ist für den Gesundheitszustand sehr viel förderlicher als Geheimnisse, unausgesprochene Schuldzuweisungen und Schweigen.

»Das wäre zu einfach«

»Sie hat mich jahrelang gedemütigt, geschlagen und mich wie Dreck behandelt. Und jetzt soll ich mit ihr reden und alles ist vergessen? O nein. Das wäre zu einfach.« Michaela hegt noch zu viel Groll gegen ihre Mutter. Sie ist noch nicht bereit zu einer Versöhnung. Sie spürt genau, daß es sie befreien würde, wenn sie ihren Zorn ausdrücken könnte. Im Augenblick will sie eigentlich gar nicht, daß ihre Verletzungen ausheilen. Sie läßt als Bestrafung der Mutter sogar ihr Leben schleifen. Auf unbestimmte Weise hofft sie, daß ihre Mutter sich Vorwürfe macht und erkennt, was sie ihr angetan hat.

»Das wäre zu einfach.« Diesen Satz höre ich in meinem Sprechzimmer oft. Die Wut herauslassen bedeutet, den Dialog wieder aufzunehmen und einen klaren Schritt in Richtung Versöhnung zu gehen. Aber manche wollen von ihrem Groll nicht lassen, sie wollen Rache und bewahren sich deshalb lieber ihre Wut und Verachtung. Dies ist einer der Nutzen, den sie aus ihrem Schweigen ziehen.

Die Weigerung, seine Wut zu artikulieren, dient hier paradoxerweise dazu, sich seinen Haß zu bewahren. Der Wunsch, endlich Macht über seine Eltern zu gewinnen, und der Drang, sie zu bestrafen, können so stark sein, daß einige Menschen sogar bereit sind, Teile ihres gesellschaftlichen, emotionalen oder beruflichen Lebens zu opfern. Wieder andere opfern diesem Bedürfnis sogar ihr Leben. Sie begehen Selbstmord, um ihren Eltern wehzutun, die ihnen Liebe, Beachtung und Anerkennung versagt haben. Dies ist ihre Rache. Manchmal widerspricht der Abschiedsbrief dieser Absicht: »Ich danke Euch für alles, was Ihr für mich getan habt. Ich will Euch nicht wehtun.« Sie haben so große Angst zu reden, daß sie lieber aus dem Leben scheiden. Dennoch geschieht ihre Tat aus Rache. Und sie stellt (sehr häufig) auch einen Akt des Gehorsams gegenüber einer unbewußten Botschaft der Eltern dar: »Existiere nicht.« Solche selbstmordgefährdeten Personen fühlen sich seit langem überflüssig. Sie leiden schrecklich unter ihrer Leere. Sie finden keinen Platz im Leben. Ihr Suizid ist zugleich eine Suche nach Liebe (»Wenn sie weinen, werden sie merken, daß ich ihnen doch etwas bedeutet habe«), nach Rache (»Das wird ihnen wehtun. Jetzt können sie nicht mehr behaupten, sie hätten alles für mich getan«) und der Unterwerfung (»Ich verabschiede mich aus Eurem Leben, liebe Eltern, und werde Euch nicht mehr stören«).

Den Weg der Liebe zu wählen ist sicher beschwerlicher, aber auch weitaus fruchtbarer.

VII Erwachsen werden

Meister Eckhart, ein christlicher Mystiker des 13. Jahrhunderts, hat auf eine bemerkenswerte Weise die unumgänglichen Etappen nachgezeichnet, die wir auf dem Weg vom Kinderglauben bis zur spirituellen Reife durchschreiten. Wegen seiner für die damalige Zeit revolutionären Gedanken und Thesen wurde er vom Papst gebannt, später aber rehabilitiert.

Meister Eckhart beschreibt die erste dieser Etappen als eine des blinden Glaubens. Die Christen gehen zur Kirche, nehmen an der Messe teil und streben guten Menschen nach. Sie unterwerfen sich Regeln und beachten Riten. Aber um weiterzukommen, so Meister Eckhart, müsse man der Kirche, den Dogmen und seinen Eltern den Rükken kehren. Wer den Glauben finden will, muß ihn selbst suchen, aufhören, an das zu glauben, was man gesagt bekommt, und die Wahrheit in sich spüren. Um den Blick zu Gott emporzurichten, müssen wir uns von dem Glauben, den wir von unseren Vorfahren übernommen haben, zunächst abwenden. Mit dem Rücken zur Kirche und zu den Eltern befinden wir uns im Widerstand. Das ist die zweite Etappe, der zweite Schritt. Dann heißt es aufbrechen: Die dritte Etappe ist der Gang durch die Wüste. Meister Eckhart fordert dazu auf, seine Eltern zu verlassen, die Kirche zu verlassen und einsam auf die Suche nach sich selbst, auf die Suche nach Gott zu gehen. Der vierte Schritt fordert dem Menschen Mut zum Leiden ab. Seinen Schmerz zu spüren bringt ihn sich selbst näher. Im Leib, im Herzen und in der Seele Schmerzen und Freuden zu verspüren führt zur fünften Etappe, der des Gleichmuts, also der Fähigkeit, Glück und Leid mit derselben Gelassenheit anzunehmen. Erst danach können wir im sechsten und letzten Schritt zur Ekstase, der Vereinigung mit Gott, gelangen. Diese seelischen Schritte müssen denn auch auf dem Weg von der Abhängigkeit zur Reife zurückgelegt werden: Abhängigkeit, Auflehnung, Unabhängigkeit, Wechselbeziehung.

Die Abhängigkeit

Mit einem einzigen Blick kann der Vater Martinas Verhalten am Tisch bestimmen. Ein leichtes Zucken der Mundwinkel ihrer Mutter löst bei ihr Schuldgefühle aus. Und dabei ist Martina schon zweiundvierzig Jahre alt. Sie leitet ein zwanzigköpfiges Team und gilt in ihrem Fach als Autorität. Diese starke Frau ist souverän bei jeder Gelegenheit – bloß nicht bei ihren Eltern. Kaum ist sie einige Minuten bei ihnen, entwickelt sie sich zurück, verliert ihre Selbstsicherheit und wird wieder zu einem gehorsamen kleinen Mädchen. In der Gegenwart der Eltern verändert sich sogar ihre Stimme. Sie wird höher und sanfter. Die Verwandlung ist spektakulär. Martina hätte es selbst gar nicht bemerkt. Ihr Ehemann und sogar ihre Kinder haben sie darauf aufmerksam gemacht. Oft ist uns die Unterwerfung unter unsere Eltern gar nicht bewußt. Während es anderen auffällt, merken wir selbst nichts, so sehr sind wir an die alten Muster gewöhnt. Manche merken zwar, daß Besuche in der Familie sie anspannen, erschöpfen und deprimieren, aber die Gründe dafür bleiben ihnen oft verborgen.

Unsere Eltern haben viel Macht über uns. Obwohl längst volljährig und selbst schon Eltern, verhalten wir uns gegenüber denen, die uns empfangen, zur Welt gebracht und großgezogen haben, oft wie kleine Kinder. Als hätten wir selbst nicht bemerkt, daß wir erwachsen geworden sind. Wir reden mit ihnen nicht so unbefangen wie mit anderen. Das Verhältnis, das von Macht, Abhängigkeit und Unterwerfung geprägt ist, wirkt noch immer. Unsere Eltern haben uns das Leben geschenkt, und wir waren vom zartesten Kindesalter an von ihnen abhängig. Von alten Gewohnheiten wegzukommen, um eine Beziehung lebendig zu halten, ist schwierig.

Den Eltern den Rücken kehren

Die Jugend ist eine Zeit der Auflehnung, des Infragestellens und der Opposition gegen die Eltern. Aber wenn die Auflehnung abgelehnt oder ignoriert, ja negativ bewertet oder sogar unterdrückt wird, kann sie dem heranreifenden Erwachsenen nicht dabei helfen, die bedingten Reflexe der Kindheit loszuwerden. Nur das emotionale Teilhabenlassen, also die freie Äußerung von Emotionen und ihre verständnisvolle Aufnahme, schützen vor der Erstarrung in bestimmten Verhaltensmustern und ermöglichen es, sich seine Freiheit zu bewahren.

Es ist kein Geheimnis, daß wir nur dann wir selbst werden können, wenn wir uns der Herrschaft anderer entziehen. Wir müssen zu denen, von denen wir abhängig sind, nein sagen können. Man müsse den Eltern den Rücken kehren, so der gewagte Ausdruck Meister Eckharts. Jawohl, wir müssen uns von den Eltern lösen. Nur so können wir uns dem Bann entziehen, den unsere Erzeuger und übergroßen Beschützer, die uns – ob liebevoll oder nicht – großgezogen haben, noch immer ausüben. Erwachsen werden heißt erfahren, daß die Welt nicht untergeht, wenn man seine Eltern aus dem Blick verliert. Ich habe das Recht, mich anderswo umzuschauen, das Recht, nicht alle Behauptungen meiner Eltern zu glauben, das Recht, anders zu sein als sie. Diese Erfahrung gibt mir auch das Recht, eigene Werte zu wählen, auch wenn sie von denen meiner Eltern abweichen.

Alle Erwachsenen waren einmal Jugendliche. Sie alle haben diese verwirrende und oft aufwühlende Zeit durchgemacht. Alle Männer haben die streitlustig machenden Testosteronschübe erlebt. Alle Frauen sind von ihren Hormonen umgetrieben worden. Und alle verspürten diese Lebenslust und diesen Elan, die ganze Welt neu erfinden und alles besser machen zu wollen als die Alten. Es sei denn, diese Antriebe sind unterdrückt worden und haben sich gegen uns selbst gewendet. Allmachtsgefühle kämpfen in dieser Zeit innerlich gegen die konkrete Ohnmacht an. Diese Spannung, die desto größer ist, je weniger tatsächliche Macht der Jugendliche über das eigene Leben hat, ist schwer zu ertragen. Den Machtlosen scheint die Gewalt als einziger Ausweg, um sich doch noch ein Stück Macht zu erobern. Und trotzdem versuchen die meisten Eltern, ihre heranwachsenden Kinder einzuschränken, sie einzuschließen, statt sie zur konstruktiven Opposition zu ermutigen. In dieser Zeit sind sie mit Verboten noch schneller bei der Hand. Manche Jugendlichen richten ihre Aggressionen gegen sich selbst: Sie flüchten sich in Drogen, in die Depression oder in die Selbstzerstörung. Da sie ihren Eltern nicht den Rücken kehren können, drehen sie nur ihre Schirmmützen um. Der Schirm als Sinnbild für ihre Pläne rückt nach hinten, während sie den Eltern die bloße »Stirn bieten«. Manche besitzen – wegen mangelnder Zukunftsperspektiven, fehlender Zuwendung, schulischem Versagen oder einfach, weil sie kein Vorbild haben – kaum Einflußmöglichkeiten auf ihr Leben und gehen deswegen zerstörerisch gegen ihre Umwelt vor.

Andere Jugendliche geraten nicht einmal in eine »Krise«. Sie verkriechen sich an ihrem Schreibtisch, kanalisieren ihren Zorn in Schulheften und machen ihren Eltern Freude. Wieder andere werden besonders aggressiv, gewaltbereit und auch gewalttätig. Es sieht so aus, als ob sie sich auf gesunde Art gegen ihre Eltern abgrenzten. Aber wo Gewalt im Spiel ist, steckt meist etwas anderes dahinter: Obwohl diese Jugendlichen entfesselt scheinen, liegen sie in ihrem Unbewußten in Ketten. Sie streiten um Lappalien und kämpfen nicht um ihre eigentlichen Forderungen. Ihre wirklichen, tieferen Verletzungen bleiben unbewußt. Ihre Aggressivität wirkt folglich nicht befreiend. Die echte, unverstandene Wut staut sich auf und entlädt sich dann regelmäßig an Kleinigkeiten. Obwohl diese Jugendlichen scheinbar ihre Eltern angreifen, stellen sie sich in Wahrheit schützend vor sie. Sie beschimpfen sie, um ihnen ihre intimsten Gefühle nicht preisgeben zu müssen. Diese Realität bleibt oft unbewußt. Und zuweilen haben sie vor ihren Eltern Angst. Wenn die mit Strafen reagieren, verstärken sie die Unsicherheit des Jugendlichen, der im Grunde noch ein Kind ist. Damit wird die Hürde, die eigene Meinung zu äußern, noch höher. Eltern von solchen Jugendlichen sind gut beraten, sie aufzufordern, sich deutlicher gegen sie abzugrenzen. Und sie müssen dabei versuchen, hinter den offen geäußerten Forderungen die tieferen Wunden zu erkennen.

Den »Eltern den Rücken kehren« ist auch im psychotherapeutischen Prozeß eine notwendige Etappe, vor allem dann, wenn die Jugendjahre nicht ausreichend konstruktiv verlaufen sind. Dieser Schritt wird erreicht, sobald sich ein Vertrauensverhältnis zum Therapeuten eingestellt hat, denn die Opposition zu den eigenen Eltern setzt innere Sicherheit voraus. In dieser Anfangsphase der Therapie sehen die Klienten, so wie Jugendliche, an ihren Eltern nur die negativen Seiten. Die Eltern befinden sich hier natürlich in einer unbequemen Position.

Dabei ist doch nicht das Kind, sondern der Elternberuf undankbar! Um diese Periode leichter zu überstehen, muß man eines wissen: Wie bei Jugendlichen geht die Phase der Fundamentalopposition desto schneller vorüber, je eher sie respektiert und verstanden wird. Und sie äußert sich heftiger und dauert länger, wenn sie an eine Mauer aus Unverständnis, autoritären Haltungen und Schuldzuweisungen stößt.

Im Verlauf jeder Psychotherapie taucht irgendwann auch Zorn gegen den Therapeuten auf. In der Anfangsphase der Therapie hat der Therapeut große Bedeutung. Je größer die Versäumnisse der Eltern, desto stärker die Übertragung. Der Therapeut ist mit einer großen Macht ausgestattet. Er muß das Gegengewicht zu den elterlichen Botschaften bilden. Er wird zu einem Elternersatz, an dem der Klient lernen wird, für sich selbst die Elternrolle zu übernehmen. Nach einer Phase der Idealisierung, in welcher der Therapeut auf einen Sockel gehoben wird, macht ein Klient unweigerlich auch eine Phase des Zorns gegen ihn durch. Er kritisiert ein Verhalten oder eine Äußerung, beklagt sich über ein Versäumnis, prangert einen Fehler an… Dieser Zorn macht es dem Klienten möglich, die Idealisierung zu überwinden, zu wachsen und sich loszulösen. Deshalb muß ein Therapeut die Wut seines Klienten unbedingt richtig aufnehmen können.

Um sich dem eigenen Ich, seiner eigenen Wahrheit zuzuwenden, um ein Individuum zu werden, muß man dem, was uns beigebracht worden ist, den Rücken kehren und sich loslösen.

Die Eltern verlassen

Die folgende Etappe nach Meister Eckhart ist die des Gangs durch die Wüste. Um sich selbst zu entdecken, um die Stimme des Kindes in sich zu hören, muß man sich der elterlichen Herrschaft entziehen. In der Oppositionsphase steht man noch unter deren Einfluß.

Nicht immer ist eine physische Trennung von den Eltern notwendig. Es genügt schon, wenn es gelingt, sich innerlich von ihnen zu lösen. Bei besonders engen Verbindungen kann allerdings eine Zeit der absoluten Funkstille grundlegend (im Sinne von »Grundlagen legen«) sein: wenn man selbst nicht so genau weiß, was zu einem gehört und was von den Eltern kommt, und/oder wenn die seelische Abhängigkeit von den Eltern noch zu stark ist. Häufig ist dies der Fall zwischen Müttern und Söhnen. Der Sohn möchte der Mutter nicht wehtun, aber er braucht ein eigenes Leben.

Besser bricht man für einige Zeit die Brücken ab, anstatt sich gegenseitig zu zerfleischen. Der Bruch schützt die Eltern vor exzessiven Ausbrüchen eines Hasses, der sich unbemerkt über die Jahre über den Verletzungen aufgestaut hat. »Es ist besser, wenn ich meine Mutter im Augenblick nicht sehe. Ich ertrage sie nicht. Ich würde sie bloß gleich wieder rausschmeißen.« – »Im Augenblick löst jedes Wort von ihr eine Überreaktion bei mir aus.« – »Ich sehe meinen Vater besser nicht. Ich könnte ihn umbringen.«

Damit die eiternden Wunden heilen können, öffnet man sie, legt sie bloß. Wie Meister Eckhart sagt, lernt man, den Schmerz zu empfinden, seine Gefühle zu erleben. Wenn sich der Schleier der Idealisierung hebt, erscheint dem einzelnen seine eigene Wahrheit. Er ist natürlich wütend, daß er Opfer geworden ist, daß ihm das bislang nicht bewußt war und daß die Folgen dieser Verletzung noch immer sein Leben beeinträchtigen. Diese Wut muß beim Therapeuten zum Ausdruck kommen. Es hilft nicht weiter, sie über die Eltern auszugießen.

Da die Vergangenheit wieder hochsteigt, durchläuft der Hilfesuchende in der Therapie Perioden des Zorns, aber auch der Depression, also eine Phase des In-sich-Zurückgehens. In dieser Zeit kann er seine Eltern am allerwenigsten gebrauchen. Es kann vorkommen, daß ein Therapeut dem Klienten rät, den Kontakt zu seiner Familie bis auf weiteres einzustellen: Wenn die Eltern gefährlich werden und seine psychische Gesundheit bedrohen, wenn sie ihr Kind beleidigen, es herabsetzen oder es manipulieren, dann muß es, um zu sich selbst zu kommen, den psychologischen Familienspielchen entzogen werden. Im allgemeinen erkennt der Ratsuchende allerdings selbst die Notwendigkeit, von seinen Eltern Abstand zu gewinnen, und verlangt eine Zeit der Ruhe. Sehr Verschüchterte oder Klienten mit Eltern, die sie pausenlos manipulieren, nennen einen bestimmten Zeitraum: »Bitte respektiert mein Bedürfnis, jeden Kontakt für einen Monat, für ein Jahr abzubrechen.« Viele legen sich nicht fest, weil die Dauer des notwendigen Rückzugs schwer absehbar ist. Gewöhnlich beträgt sie einige Monate. Wenn die Bindung besonders eng ist, kann bis zu einem Jahr notwendig sein. Eine noch längere Funkstille ist dann notwendig, wenn die Eltern moralischen Druck ausüben oder ihrem Kind ein schlechtes Gewissen einreden wollen: »Du bist undankbar. Du bringst uns noch ins Grab. Wir haben soviel für dich getan.«

Den Schmerz akzeptieren

Das Eintauchen in sich selbst beginnt. Die Schrecken steigen auf. Das erwachsene Kind durchlebt die eigene Geschichte. Nicht mehr die Eltern stehen im Mittelpunkt. Ihr Bild verblaßt. Das Erleben als Kind kehrt zurück. Der enge Kontakt zu sich selbst rückt näher. Die Emotionen regen sich. Die persönliche Geschichte, die bis dahin unter Sach- und Analysegesichtspunkten betrachtet worden ist, bekommt ein neues Gesicht.

Es gibt viele Wege zur Besserung. Gesprächstherapien ermöglichen ein Verständnis innerer Vorgänge und geben dem, was wir erleben, einen Sinn. Aber sie bringen nicht immer eine Veränderung. »Ich bin seit sechs Jahren in Therapie. Ich weiß vieles in der Theorie, aber das hilft mir nicht weiter. Ich habe das Gefühl, mich im Kreis zu drehen, und mache in letzter Zeit sogar Rückschritte.« Maria besucht den Kurs, um mit ihren Emotionen in Kontakt zu kommen. Tage später schreibt sie mir: »Tausend Dank, daß Du Zeugin meiner Tränen und des Leids gewesen bist, das mich gelähmt hat. Zum ersten Mal hat sich jemand mein

Schluchzen ohne Vorwürfe und Verbote angehört und es respektiert. Es ist das erste Mal, daß die Tränen, die von sehr tief unten kommen, herauswollen. In der Psychoanalyse kam unablässig das kleine, erstarrte Mädchen zurück, ohne daß jemand um mich war, ohne einen Laut, weder von außen noch von innen, völlig steril. Jetzt hat das kleine Mädchen sich aus der Deckung gewagt.«

Maria wußte, daß in ihr ein kleines Mädchen existierte. Sie erinnerte sich auf einer geistigen Ebene an ihre Geschichte, aber die Emotionen, die damals unterdrückt worden waren, blieben blockiert. Zu wissen, was passiert ist, hilft zwar, genügt aber oft nicht für eine Heilung. Während Gefühle gedankliche Elaborate sind und folglich analysiert und überwunden werden können, sind Emotionen nicht psychischer, sondern physiologischer Natur. Wenn sie verdrängt werden, sorgen sie im Körper für Verspannungen. Die Wut, das Schluchzen, das Grauen sind noch da und unberührt. Über sie zu reden reicht nicht, um die Geschmeidigkeit des Körpers wiederzufinden, um das Gewebe wieder frei atmen zu lassen.

Unsere Panik mit vier Jahren, als die Mutter sagte: »Ich gehe, ich verlasse dich«, unsere Verzweiflung mit fünfzehn Jahren, als wir niemanden zum Reden hatten, unsere Schrecken, als wir nur wenige Tage oder Monate alt waren und niemand herbeieilte, wenn wir geschrien haben, unsere Wut mit zwei Jahren, als die Dinge nicht so liefen, wie wir wollten – all das steckt uns noch immer in den Knochen. Nicht ausgedrückte Emotionen kommen zusammen und verstärken sich gegenseitig.

Für eine Genesung reicht das Reden nicht. Körperliche Verspannungen lösen sich nicht durch einfaches In-Worte-Fassen. Unsere innere Spannung ist das, was das Gedächtnis unserer Verletzungen physiologisch hinterlassen hat. Wir müssen sie physiologisch freisetzen, indem wir den natürlichen Prozeß der Emotion walten lassen. Während seines zweiten Kurses erzählt Oliver von seiner verblüfften Reaktion auf die Ergebnisse des ersten Kurses. Nach nur zwei Tagen konnte er seinen Mund auf eine ihm bislang unbekannte Weise bewegen. Geradezu glücklich führte er uns vor, daß er den Unterkiefer jetzt vor- und zurückschieben konnte. Dabei war ihm die bislang eingeschränkte Bewegungsfähigkeit gar nicht bewußt gewesen. Die neue Beweglichkeit hatte er überrascht nach den Übungen am Wochenende entdeckt. Wir sind Verspannungen so sehr gewöhnt, daß wir sie gar nicht mehr wahrnehmen. Wir meinen, wir seien »schon immer« weniger gelenkig als andere gewesen oder einfach anders gebaut. Nur selten kommt uns der Gedanke, daß unsere Steifheit, unsere Verspannungen und Schmerzen von einer unterdrückten Emotion herrühren könnten. Den Schmerz zu akzeptieren heißt nicht, daß man Gefallen daran findet, sondern im Gegenteil, ihn als Schmerz wahrzunehmen, um seine Ursachen zu bekämpfen. Ohne daß es Johanna richtig bewußt war, hatte sie Bauchschmerzen – und zwar schon immer. In Wahrheit, so stellten wir später fest, hatten die Schmerzen erst mit einem Trauma im Alter von fünf Jahren begonnen. Johanna hatte so lange mit diesem Druck im Bauch gelebt, daß sie ihn schließlich als normal empfand. Sie wußte gar nicht, daß sie sich von ihm eines Tages würde befreien können. Daß man in seinem Bauch auch ein behagliches Gefühl empfinden kann, konnte sie sich nicht vorstellen. Im Verlauf ihres zweiten Kurses hat sie die Bereitschaft entwickelt, ihrem Leiden im Alter von fünf Jahren zu begegnen. Auf einer Matratze liegend, schrie sie ihre furchtbare Angst in die Welt hinaus und legte die Hand auf ihren Bauch. Er fühlte sich ganz anders an. Verblüfft stellte sie fest, daß der Druck nachgelassen hatte. In wenigen Minuten hatte sich eine Spannung gelöst, die so viele Jahre dagewesen war.

Das »Unwohlsein« war ganz normal. »Ich wußte gar nicht, daß ich gelitten habe.« Solche Worte höre ich in verschiedener Form häufig. Oft heißt es, die Psychotherapie spüre Probleme und Leiden auf, die zuvor nicht vorhanden gewesen seien. In gewisser Weise ist das sogar richtig. Wenn man eine Psychotherapie beginnt, stößt man auf unerwartete Leiden in sich. Sie haben uns eingeschränkt und unser Leben mitbestimmt, ohne daß sie uns bewußt waren.

Fünf Jahrhunderte vor unserer Zeitrechnung hat auch Buddha dies gelehrt. »Die Erste Edle Wahrheit ist die Wahrheit vom Leiden. [...] Es ist wichtig zu erkennen, daß dies Leiden existiert, und es zu akzeptieren und zu berühren. Um dies zu tun, brauchen wir sicher die Hilfe eines Lehrers oder einer Lehrerin und einer Sangha [eine Gemeinschaft buddhistischer Mönche oder Gruppe von Praktizierenden, A. d. Ü.], wir brauchen Gefährten und Gefährtinnen auf dem Übungsweg.« »Wenn wir die Wahrheit des Leidens mit unserer Achtsamkeit berühren, werden wir imstande sein, unser spezifisches Leiden und seine spezifischen Ursachen zu identifizieren und den Weg zu erkennen, der diese Ursachen beseitigt und unserem Leiden ein Ende setzt.« So lautet die Botschaft des vietnamesischen buddhistischen Meisters Thich Nhat Hanh.

Ich stimme ihm zu und betone die Bedeutung der unterstützenden Gruppe, der Begleitung eines »Meisters«, also einer Person, die diesen Weg schon gegangen ist und seine Hindernisse, Kurven und gefährlichen Stellen kennt: in dem Fall den Weg zur Ausheilung unserer Psyche, also eines Psychotherapeuten.

Buddha hat im Gegensatz zu Meister Eckhart zwar nicht die Freisetzung von Emotionen gelehrt, dafür aber hervorgehoben, wie wichtig es ist, daß man dem Leiden nicht entflieht, sondern es voll und bewußt auslebt und es annimmt. Wenn eine emotionale Entladung strukturierend wirken soll, muß sie zum einen erarbeitet, das heißt mit der Geschichte der betreffenden Person verknüpft werden. Andererseits muß sie in einem Rahmen der Einfühlung und Anteilnahme, ohne Verurteilungen, ja sagen wir ruhig, in bedingungsloser Liebe stattfinden. Wut, Rage, Traurigkeit, Schmerz, Ängste, Entsetzen und Abscheu werden mit Schreien und Zittern, also physisch ausgedrückt und vom Körper und der Präsenz des Therapeuten gezügelt. Es geht nicht um eine Wiederholung des kindlichen Erlebens, sondern um eine seelische Reparatur! Der Psychotherapeut oder ein Mitglied in der Therapiegruppe bieten die einfühlende Aufnahme, welche die Eltern seinerzeit hätten bieten müssen. Wenn man seine Emotionen ohne einfühlsame Begleitung erneut durchlebt, ist das nicht nur nutzlos, es kann sogar schmerzende Wunden wieder aufreißen, ohne sie anschließend zu verbinden.

Das Kind in sich lieben

Die Einfühlung oder Empathie des Psychotherapeuten und der Gruppe ermöglicht es einem nach und nach, einen positiven und verständnisvollen Elternteil in sich aufzunehmen. Mit jedem emotionalen Ausbruch kommt man mit dem Kind in sich selbst näher in Kontakt, und die liebevollen Reaktionen der Gruppe helfen, sich selbst gegenüber Einfühlung zu entwickeln. Die Empathie liefert den Raum, in dem man sich selbst näherkommen kann, und zugleich auch die Zärtlichkeit zur Heilung der Wunden. Sie hilft, das Selbstwertgefühl wiederherzustellen. Wenn die Denker, Weisen und Meister aller Zeiten empfehlen, sich selbst zu lieben, meinen sie nicht den Ego-Kult, sondern diese tiefe Einfühlung in sich selbst, die Achtung vor dem Leben in sich.

Nach und nach lernt der Erwachsene von heute das Kind, das er einst gewesen ist, anzunehmen. Er kann sich ihm sanft und respektvoll nähern, sich Zeit nehmen, ihm zuhören, die Äußerung seiner Emotionen anhören, seine Schluchzer akzeptieren und ihm die Zärtlichkeit und bedingungslose Akzeptanz geben, die ihm gefehlt haben. Der Erwachsene, der wir geworden sind, weiß besser als jeder andere, was dieses Kind erlebt hat. Er ermißt den Schmerz und weist dem Leiden den richtigen Stellenwert zu.

Solange die Arbeit der Wut auf die Eltern nicht getan ist, sieht man die Welt noch mit deren Augen. Marion erzählt, wie sehr sie sich als kleines Mädchen selbst verachtet hat. Sie weigerte sich, diesem Mädchen zu begegnen. Sie machte es schlecht, fand es dumm, fett, häßlich und völlig unfähig! Das kommt ganz oft vor.

Wenn der Zorn erst einmal ausgedrückt und der elterliche Blick ausgeschaltet ist, weicht das Urteil den Gefühlsregungen. Sind sie ausgelebt worden, ermöglichen sie ganz selbstverständlich das Auftauchen von Zuneigung, Wertschätzung, Mitleid und Liebe. Schrittweise stellt sich eine bisher unbekannte heitere Gelassenheit ein. Wir erhalten die Fähigkeit, unsere Vergangenheit zu betrachten, ohne zu erschaudern. Wir nehmen die glücklichen und die unglücklichen Augenblicke wie mehr oder weniger kostbare Steine, wie mehr oder weniger bunte duftende Blumen am Wegesrand auf. Ist dies schon die von Meister Eckhart beschworene Gelassenheit? Ich denke, es ist der Anfang davon.

Die Einfühlung in das Kind, das man in sich trägt, führt direkt zu einem anderen Gefühl, das gerade dann auftaucht, wenn man es am wenigsten erwartet: eine Woge aus Liebe und Zärtlichkeit für die eigenen Eltern! Auch sie haben ein verletztes Kind in sich getragen. Und ihr Fehlverhalten uns gegenüber waren nur Versuche, die eigene Verletzlichkeit zu schützen. Dies können wir nicht auf geistiger Ebene, sondern nur gefühlsmäßig erfassen. Hier sind wir weit entfernt von unserem früheren Mitleid und den Entschuldigungen: »Meine Eltern haben so viel durchgemacht. Ich kann ihnen nicht böse sein.« Jetzt ermöglicht es uns echte Anteilnahme, ihre Wunden, ihre Verzweiflung und ihr Kinderherz zu verstehen. Wir blikken ihnen buchstäblich ins Herz. Noch nie haben wir uns einander so nahe gefühlt. Nun entsteht wirkliche Achtung. Hinter dem Leiden des Kindes in unseren Eltern ahnen wir die Leiden unserer Großeltern, die unserer Urgroßeltern ... Alle unsere Vorfahren sind da. In dieser Kette können wir uns selbst wiedererkennen. Weil wir ihren unterschwelligen Schmerz spüren, fühlen wir uns trotz der Gewalt, der Mißhandlungen und der Machtspiele in Anteilnahme mit ihnen vereint.

Ist die Aussöhnung mit uns selbst vollzogen, so bleibt noch, die Beziehung zu den Eltern geradezurichten. Wir sind innerlich gefestigt, fühlen uns in unserem Körper wohl, können frei handeln und denken und haben unsere Abhängigkeit und unsere Verletzlichkeiten überwunden:

In dieser Phase der Therapie profitieren wir von der Begegnung mit den Eltern am meisten. Zuvor hat es die Unsicherheit, die unsere nicht verheilten Wunden in uns hinterlassen haben, unseren Eltern ermöglicht, das Geschehene zu bagatellisieren, sich zu rechtfertigen und uns die Schuld zuzuschieben – kurz, sich gegen die Wahrheit zur Wehr zu setzen. Wir waren angespannt bei der Vorstellung, wie sie reagieren würden, haben damit also sie in den Mittelpunkt gestellt, und das hat sie ermuntert, sich auf sich selbst und natürlich auf ihre Verteidigung zu konzentrieren.

Wenn wir emotional gesundet und folglich frei sind von jedem Urteil, können wir unseren Eltern ohne Aggressionen und ohne sie zu verurteilen von unseren Verletzungen erzählen, gesunde Wut zum Ausdruck bringen und für die erlittenen Leiden in klaren Worten Wiedergutmachung fordern. Wir sind fähig geworden, unsere damaligen Bedürfnisse zu erkennen: Jetzt bleiben wir nicht mehr in Vorwürfen stecken, sondern können das ausdrücken, worauf es ankommt. Unsere Eltern müssen sich nicht mehr angegriffen fühlen – und sich folglich auch nicht verteidigen. Sie können sich auf uns konzentrieren, weil wir uns auf uns und nicht mehr auf sie konzentrieren.

Alles braucht seine Zeit. Überstürzen Sie nichts, um schneller zu einer Heilung zu gelangen. Wenn die Begegnung zu früh herbeigeführt wird, ist das Risiko groß, daß die Eltern eine Verteidigungshaltung einnehmen oder Schuldgefühle entwickeln. Sobald wir zu der Begegnung bereit sind, sind es meist auch die Eltern.

VIII Hin zur Aussöhnung

Wenn ich das Thema Aussöhnung erörtere, fällt mir sofort Amélies Dankesbrief wieder ein: »Ich denke oft mit großer, stiller Freude an Dich. Ich bin so glücklich über die ganze Arbeit, die ich mit Dir habe machen dürfen, und über die Ergebnisse, die ich in meinem Leben spüre. Die größte Veränderung ist die Beziehung zu meiner Mutter. Zwischen uns findet ein immer tieferer Austausch zwischen Erwachsenen statt, die sich gegenseitig respektieren, und das ist wirklich gut.« Am Anfang der therapeutischen Arbeit konnte sich Amélie nicht vorstellen, daß sie mit ihrer Mutter reden würde. Andere konnten sich wohl mit ihren Eltern aussöhnen. Aber wie Amélie ihre Mutter kannte, war ein Gespräch einfach unmöglich. Und erst eine Aussöhnung – die war von der Realität Lichtjahre entfernt! Trotzdem hat sie den Weg zurückgelegt, und nicht nur ihre Mutter, sondern beide Eltern haben ganz »real« reagiert.

Wann?

Liane hat ihre Eltern gleich am Tag nach der ersten Therapiesitzung besucht. Beim nächsten Treffen erzählt sie mir: »Sie haben mir die Augen geöffnet. Ich war mir nicht bewußt, daß ich in meiner Kindheit gelitten habe. Ich habe den ganzen Abend und einen Teil der Nacht darüber nachgedacht. Alle möglichen Erinnerungen sind hochgekommen. Ich mußte immerzu weinen. Am Morgen habe ich im Büro angerufen und gesagt, daß ich nicht komme. Dann bin ich zu meinen Eltern gegangen. Ich habe sieben Stunden am Stück mit ihnen geredet! Beim Weggehen war ich allerdings wegen möglicher Reaktionen ein wenig besorgt. Am nächsten Abend ist mir auf dem Markt mein Vater über den Weg gelaufen. Er wirkte müde, aber zufrieden. Stellen Sie sich vor: Er hatte gerade sieben Stunden lang mit seiner Mutter im Altenheim geredet!« Dies war eine der schnellsten und effizientesten Blitzaussöhnungen, von denen ich in meinem direkten Umfeld etwas mitbekommen habe. Und die junge Frau hat mich bescheiden gemacht. Ihre Erfahrung läßt sämtliche Vorsichtsmaßnahmen, die ich den Lesern dieses Buchs bisher eingeschärft habe, als überflüssig erscheinen. Liane hatte bei weitem noch nicht, wie auf den vorigen Seiten empfohlen, die Etappe der Gelassenheit erreicht. Allerdings ist hinzuzufügen, daß ihre Verletzungen auch nicht sehr tief gegangen waren. Allein die Reaktion ihres Vaters zeigt, daß er seiner Tochter gegenüber aufmerksam ist. Wenn man in dieser Familie nicht miteinander geredet und nie Emotionen gezeigt hat, so nur aus Unkenntnis. Als die Eltern von der Wichtigkeit von Emotionen erfuhren, haben sie sich sofort geöffnet. Der Papa fühlte sich von dem Gespräch mit seiner Tochter tief berührt. Und er ist sofort losgezogen, um seine eigene Geschichte aufzuarbeiten. Dagegen kann ich mir schlecht vorstellen, daß jemand, der in der Kindheit wirklich das Opfer von Mißhandlungen geworden ist, seinem Peiniger so einfach entgegenkommt. Und doch …

Eine andere Blitzaussöhnung hat Tao vollbracht. Dieser

große, dünne, extrem schüchterne 23jährige, der einen geduckten, in sich zurückgezogenen und blockierten Eindruck machte, erzählt in einem Kurs bruchstückhaft von seiner Leidensgeschichte und seiner Verzweiflung. Er wurde von seinem übermächtigen Vater täglich gedemütigt und mißhandelt und von der Mutter fast wie ein Sklave gehalten. Am nächsten Morgen erscheint Tao nicht zum Kurs. Ich mache mir Sorgen. Um 11 Uhr taucht er dann doch auf – lächelnd. Er wirkt mindestens zehn Zentimeter größer und strahlt förmlich. Als er sich zu Wort meldet, sind alle über seine warme und feste Stimme erstaunt. Seine Verwandlung ist spektakulär. Tao erläutert den Grund seiner Verspätung. Ich hatte vorgeschlagen, seinen Eltern einen Brief zu schreiben. Statt dessen ging Tao nach seiner Rückkehr nach Hause zu seiner Mutter, um mit ihr zu reden. Der Bericht über diese Begegnung löste in der Gruppe Staunen aus, so viel Selbstbewußtsein strahlte Tao aus. Seine Mutter hat sich anfangs gerechtfertigt. Er stoppte sie mit klaren Worten: »Nein, Mama, du rechtfertigst dich jetzt nicht. Du hörst mir zu. Hör auf, dich mit dir selbst zu beschäftigen.« Die Mutter brach in Tränen aus – das gewohnte System der Selbstverteidigung. Aber diesmal konnten die Tränen Tao nicht rühren. »Du hörst jetzt auf zu weinen, Mama. Ich bin nicht gekommen, um dir beim Weinen zuzusehen. Jetzt hörst du mir zu. Ich rede jetzt von mir und bitte dich, mir zuzuhören. Schau mir in die Augen. Du machst dir jetzt keine Vorwürfe, sondern hörst mir einfach zu!« Eine Stunde dauerte dieser Kampf, ehe sie ihm schließlich tatsächlich zugehört hat. Dann haben sie geredet, in aller Offenheit. Und sie hat ihm anvertraut: »Nein, Tao, ich habe dich nicht deshalb geschlagen, weil du Dummheiten gemacht hattest. Ich habe dich täglich einfach so, ohne

Grund, geschlagen. Eine innere Kraft in mir wollte dir wehtun, dich zerstören. Es war nicht deine Schuld. Es steckte in mir. Du erinnerst dich nicht mehr daran, aber ich habe dir sogar mit Elektrodrähten Verbrennungen zugefügt.« Sie erzählte ihm alles, was sie ihm angetan hatte. Es sollte nichts mehr zwischen ihnen stehen. Sie wollte sich selbst von den Schuldgefühlen und ihn von den Leiden und der Demütigung befreien. Nachdem sie sich in den kleinen Jungen, der er gewesen war, eingefühlt hatte, erzählte sie ihm von ihrer eigenen Kindheit in Vietnam, von ihren Leiden und Qualen. Jetzt wollte sie sich nicht mehr entschuldigen, sondern sich nur noch mitteilen. Das Gespräch dauerte sehr lange. Anschließend redete die Mutter auch mit ihren anderen Kindern. Tao schlief erst sehr spät ein nach diesem tiefen und heilsamen Gespräch. Aber er hatte sein Pensum erfüllt und durfte am nächsten Tag getrost zu spät in den Kurs kommen! Seine Mutter war bereits auf dem Weg gewesen zu einer Weiterentwicklung und Reflexion über ihr eigenes Leben. Ohne zu wissen, wie sie an Tao herankommen sollte, hatte sie sich schon seit einiger Zeit gewünscht, sich von der Gewissenslast und dem Leiden zu befreien, das sie von ihrem Sohn trennte und das ihn ganz offensichtlich daran hinderte, sich zu entfalten und zu einem selbstbewußten Erwachsenen zu entwickeln.

Liane und Tao sind ihren Weg sehr schnell gegangen. Andere, ja die meisten, auch ich, brauchten Monate oder sogar zwei, drei oder fünf Jahre, ehe sie mit ihren Eltern reden konnten. Kurz, jeder muß den geeigneten Augenblick für diese Begegnung selbst spüren. Führen Sie das Gespräch mit Ihren Eltern niemals anderen, auch nicht Ihrem Therapeuten zuliebe. Hören Sie auf Ihre eigenen inneren Antriebe. Der richtige Zeitpunkt ist der Ihrer inneren Bereitschaft. Je größer Ihre Bereitschaft, desto sicherer Ihr Auftreten. So können Sie das Gespräch meistern.

»Wenn ich vor meinen Eltern stehe, bleiben mir die Worte im Hals stecken.« – »Sobald ich von meiner Kindheit anfange, bricht meine Mutter in Tränen aus. Dann kann ich überhaupt nichts mehr sagen.« – »Unmöglich, mit ihm ins Gespräch zu kommen. Dazu müßte er erst einmal den Fernseher abstellen.« – »Er streitet rundweg alles ab.« – »Sobald ich ihr eine Frage stelle, zum Beispiel ob ich Ziegenpeter hatte oder in welchem Alter ich laufen lernte, antwortet sie: ›Ich bin eine gute Mutter gewesen!‹ Ende der Diskussion.« – »Sobald ich von meiner Kindheit anfange, droht sie mir, mich anzuzeigen, weil ich in einer Sekte sei.«

Könnten diese Äußerungen auch von Ihnen stammen? Die Widerstände unserer Eltern sind manchmal unsere eigenen. Eine Beziehung hat zwei Enden, und jede Partei ist für ihr Ende zuständig, sagt Jacques Salomé. Er veranschaulicht die Vorstellung von den beiden Seiten einer Beziehung durch das hübsche Bild einer Schärpe, die von den beiden Partnern an jeweils einem anderen Ende gehalten wird. »Es gibt dich, mich und die Beziehung«, sagt er. Jeder ist für seine Seite der Beziehung verantwortlich.

Mit unserer Haltung beeinflussen wir die Reaktion des anderen. Möglicherweise waren Sie zu einem Gespräch innerlich selbst noch nicht richtig bereit. Solange unsere Verletzungen von gestern nicht ganz ausgeheilt sind, haben es unsere Eltern leicht, die Verhaltensmuster zu aktivieren, die sich seit frühester Kindheit in uns ausgeprägt haben. Gleichgültigkeit, Gewaltanwendung, das Wecken von Schuldgefühlen, Demütigungen – all das funktioniert großartig. Unsere Eltern sind ja unsere Eltern. Und wir bleiben ihre Kinder und vergessen dabei oft, daß auch wir inzwischen erwachsen sind. Gegenüber unseren Erzeugern regredieren wir, verwandeln wir uns wieder in Kinder. Vor allem dann, wenn sie sich hartherzig, gewalttätig, autoritär oder gefühlskalt verhalten, uns alleingelassen, bevormundet, überbehütet oder beherrscht – kurz, wenn sie Macht über uns ausgeübt haben. Sie haben Gehorsam und Unterwerfung gefordert und uns damit auf Lebenszeit geprägt. Und diese von Angst bestimmten Verhaltensmuster werden jederzeit wieder aktiviert. Wir wagen es nicht, mit ihnen wie mit Leuten zu reden, die uns nahestehen. Wir fürchten uns vor ihren Reaktionen, reagieren sofort auf ihr Verhalten und wissen schon vorher, was sie antworten werden. Deshalb macht es wenig Sinn, gegenüber unseren Eltern unsere Wut auszudrücken, solange wir uns nicht von den verdrängten Emotionen der Vergangenheit befreit haben. Wenn unsere Verletzungen in der Therapie zur Sprache gekommen sind, wenn die Wut, die Angst und der Schmerz sich geäußert haben, verlieren die Machtspiele unserer Eltern ihre Wirksamkeit. Wir haben genug Selbstbewußtsein gewonnen, um ihnen gegenüber wir selbst zu bleiben und ihnen dabei zu helfen, uns zuzuhören. Und dabei müssen wir ihnen in der Tat helfen. Denn wenn sie mit ihren eigenen Emotionen nicht gut umgehen können, wird es für sie sehr schwierig. Und es wird auch für Sie schwierig, wenn Sie den Weg der Entdeckung Ihrer Geschichte und dessen, was sich hinter Ihren wahrnehmbaren Gefühlen verbirgt, nicht bis zu Ende gegangen sind. Aber wenn Sie mit Ihren eigenen Emotionen vertraut sind, werfen die Tränen anderer Sie nicht mehr aus der Bahn, macht Ihnen deren Wut keine Angst mehr. Sie können nachvollziehen, was sich im anderen abspielt, es einfühlend aufnehmen und ihn begleiten. Sie können unter Aufrechterhaltung Ihrer eigenen Identität die Beziehung mitbestimmen.

Wenn man genügend persönliche Therapiearbeit geleistet hat, ehe man seinen Eltern einen Brief schreibt oder sich mit ihnen trifft, hat man die notwendige Sicherheit gewonnen, um den Anfechtungen des Zweifels standzuhalten. Ich meine hier Briefe und Begegnungen, in denen wir von unseren Leiden als Kinder reden. Briefe und Begegnungen mit dem Ziel, zusätzliche Informationen über unsere Kindheit zu bekommen, sind natürlich schon bei Beginn einer Psychotherapie nützlich.

Als Luzia versuchte, mit ihrem Vater über ihre Erlebnisse als Kind zu reden, brüllte der sie an: »Das bildest du dir ein.« Und er fügte hinzu: »Du bist ganz schön durcheinander, mein armes, kleines Mädchen.« Nach einigen Monaten Therapie, in denen sie sich ihrer Verletzungen bewußt geworden war und ihren Emotionen freien Lauf gelassen hatte, ging Luzia erneut auf ihren Vater zu. Diesmal reagierte er mit einer neuen Strategie: »Ich soll deine Brüste befummelt haben? Allerdings! Um dich von deinen Verklemmungen zu befreien!« Er stritt sein Verhalten nicht mehr ab, versuchte aber, ihm eine positive Deutung zu geben. Luzia ließ sich auf das Manöver nicht ein. Die Arbeit in der Therapie hatte ihr Sicherheit gegeben. Sie wußte, was sie erlebt hatte. Sie hatte Phasen des Zorns, aber natürlich auch der Angst, der Empörung, des Schmerzes usw. durchgemacht. Jetzt konnte ihr Vater sie nicht mehr verletzen. Sie konnte inzwischen über sein Verhalten reden, ohne von ihren Emotionen überfallen zu werden. Selbstbewußt und in enger Fühlung mit sich selbst, konnten seine Verdrehungen der Wahrheit sie nicht mehr kränken, und da sie nun innerlich gefestigt war, konfrontierte sie ihren Vater offensiv und Auge in Auge erneut mit der Wahrheit: »Das hat mir überhaupt nicht geholfen, Verklemmungen zu überwinden, Papa. Ganz im Gegenteil.« Entgegen allen Erwartungen hörte er ihr jetzt zu.

Wenn die Emotionen keinen Ausdruck gefunden haben, steigt allein durch die Erwähnung der Verletzung das Verdrängte wieder hoch. »Mama, du hast mich geohrfeigt.« Schon dieser Satz läßt den brennenden Schmerz auf der Wange, das Gefühl der Demütigung, die Angst und den Zorn zurückkehren. Wenn wir die Emotionen im Zaum zu halten versuchen, wird unser Ton aggressiv. Unsere Eltern wittern unsere Emotionen. Sie spüren, daß sie noch immer Macht über uns besitzen. Warum sollten sie sich mit Dingen auseinandersetzen, die wehtun, wo wir doch so leicht zu manipulieren sind? Und sie meinen es nicht einmal böse: Sie sind sich dieser Dynamik meist selbst nicht bewußt.

»Mein Vater behauptet, er habe mich nie geschlagen. Ich weiß plötzlich nicht mehr, was wahr und was falsch ist. Mache ich mir etwas vor?« fragt Sophie nach der ersten Konfrontation mit dem Vater. Wir haben die ärgerliche Neigung, das Gedächtnis unserer Eltern als zuverlässiger einzuschätzen als unser eigenes. Dabei hat ihr Gedächtnis gute Gründe, sie im Stich zu lassen. Zum einen können Schuldgefühle Erinnerungen stark verfälschen. Wenn man sich an eine Handlung, ein Wort oder eine Haltung nur mit Unbehagen erinnert, tilgt man sie doch besser aus dem Gedächtnis. Zum anderen haben die Handlungen der Eltern für sie eine andere Bedeutung und andere Auswirkungen als für uns gehabt. Während sie ihr Tun unter der Rubrik »Erziehung« ablegen, verbuchen wir sie als »erlittene Verletzungen«. Die Eltern haben uns selten mit voller Absicht wehgetan. Wenn sie uns verletzt haben, geschah es aus Unkenntnis oder aus mangelnder Einfühlung. Sie haben sich auf sich selbst, auf ihre eigenen Bedürfnisse und ihr Pflichtgefühl konzentriert. Daß ihr Tun Schmerzen verursacht hat, haben sie nicht einmal gemerkt. So wie die meisten Gewaltakte dazu dienen, Emotionen im Unbewußten zu halten, so werden auch die Akte selbst verdrängt. Oder bestenfalls heruntergespielt. Die Eltern machen sich nicht klar, was ihr Kind empfunden hat. Auch haben Eltern, die gewalttätig geworden sind, die Selbstbeherrschung verloren und waren außer sich. Wenn der Erwachsene sich nicht auf sein Kind konzentriert, vergißt er anschließend den Vorfall rasch wieder. Schon deshalb, weil man manches auch ganz gern vergißt.

Als Sophie nach einigen Wochen Psychotherapie ihren Vater erneut aufsuchte, gab er problemlos zu, daß er sie geschlagen hatte. Allerdings erinnerte er sich nicht mehr an die genauen Umstände. Er bat seine Tochter um Einzelheiten. »Ich war im Klo eingesperrt. Ich hatte Angst«, sagte Sophie. »Und was habe ich gemacht?« fragte besorgt ihr Vater. Er erinnerte sich nicht, fragte nach und interessierte sich wirklich für ihre damaligen Gefühle und den Einfluß dieser Erlebnisse auf ihr Leben: »Ach ja? Habe ich das gemacht? Weißt du«, fügte er hinzu, »ich wollte dir nie Angst machen oder wehtun.« Sein damaliges Verhalten tat ihm leid. Er fragte, wie er es wiedergutmachen könne. Für Sophie war diese Verwandlung ihres Vaters umwerfend.

Eltern haben das Bedürfnis, von sich selbst ein positives Bild zu rekonstruieren. Wenn sie ihr Kind schlecht behandelt haben, so aus einem Mangel an gesunden Schuldgefühlen und aus der fehlenden Fähigkeit zur Einfühlung. Sie waren außer sich und hatten keinen Kontakt zu den eigenen Emotionen. Gedächtnis und Emotionen sind eng miteinander verknüpft. Die Erinnerungslücken werden nicht bewußt produziert. Es ist durchaus möglich, daß Eltern sich tatsächlich nicht mehr erinnern. Allerdings kehrt die Erinnerung zurück, wenn sie lernen, mit den eigenen Gefühlsregungen in Kontakt zu kommen. Dann können sie sich anhören, welche Verletzungen sie ihrem Kind zugefügt haben.

Wenn der Zeitpunkt stimmt, sind es oft sogar die Eltern selbst, die das Tor zum Gespräch öffnen. Viele meiner Klienten, die sich zu einem Gespräch mit ihren Eltern bereit fühlten, haben verblüfft erlebt, daß diese auf sie zukamen. So berichtet Agnes:

»Der Kurs war um 17 Uhr zu Ende. Ich hatte ein ganz neues Gefühl: Die Angst vor meinem Vater war weg. Um 18.30 Uhr war ich zu Hause. Eine Viertelstunde später kam mein Vater vorbei. Es war unglaublich. Er kommt sonst nie spontan vorbei. Und was noch überraschender war: Er fragte mich, was ich den Tag über getan hätte. Er hat mir noch nie Fragen zu meinem Leben gestellt. Also erzählte ich es ihm, redete von mir. Und er hörte mir zu. Er gab zu, daß er autoritär war, mich geschlagen hat. Und er zeigte Einfühlung. Ganz erstaunlich. Das hat mir wahnsinnig gut getan.«

Dagegen ist es sinnlos, an eine Tür zu klopfen, die fest verschlossen ist. Wenn Sie auf Widerstände stoßen, gedulden Sie sich besser, und nutzen Sie die Zeit, um Ihren immer noch unterdrückten Emotionen freien Lauf zu lassen.

Sie dürfen sich ruhig irren: Vielleicht fühlen Sie sich bereit und müssen dann doch feststellen, daß »es nicht geht«, sei es, weil Sie aggressiv werden, weil Ihr Vater oder Ihre

Mutter Sie nicht verstehen oder weil es Ihren Eltern gelingt, in Ihnen Schuldgefühle zu wecken. Auch bei einem Fehlschlag war es den Versuch wert. Sie können es später, wenn Sie mehr innere Sicherheit gewonnen haben, nochmals probieren.

Vergessen Sie nicht: In einer Familie ist nichts endgültig, auch nicht Äußerungen, wie sie Theresa von ihrem Vater zu hören bekam: »Ich will dich nicht mehr sehen. Du bist nicht mehr meine Tochter. Für dich ist meine Tür zu.« Solche Sätze, die unter dem Schock des Augenblicks dahingesagt werden, sind der Ausdruck eines versuchten Machtspiels. Es macht keinen Sinn, sich auf dieses Spiel einzulassen und die Opferrolle zu übernehmen! Theresa fühlte sich zunächst vor die Tür gesetzt und fand sich damit ab, daß sie ihre Eltern nicht mehr sehen würde. Als ich sie aufforderte, ihren Vater zwei Wochen später erneut aufzusuchen, war sie dagegen: »Er hat doch gesagt, er will mich nicht mehr sehen.«

»Und du gehorchst ihm?«

Theresa wurde bewußt, daß sie ihrem Vater gegenüber ihren Status als erwachsene Tochter verloren hatte. Sie hatte sich auf sein Spiel eingelassen.

»Diese Worte sind nur der Ausdruck eines Machtspiels. Schau dir doch den Mann an, der sich aus ersichtlichem Grund einen Panzer zugelegt hat. An ihn wende dich, nicht an den aggressiven Kerl, der in Bedrängnis geraten ist. Es ist dein Vater, und du bist seine Tochter. Was hindert dich, wieder zu ihm zu gehen und dich so zu verhalten, als sei nichts gewesen?«

Für diesen Schritt waren ihre Ängste allerdings noch zu groß. Die Angst des Kindes, dem man Gehorsam eingebleut hatte, saß noch zu tief. Ich habe sie aufgefordert, sich hinzulegen und tief durchzuatmen, um ihre Angst zu spüren. Sie ließ die Emotionen, die sich seit langem in ihr aufgestaut hatten, in sich aufsteigen und verschaffte ihnen eine Abfuhr. Auf der Matratze und dann in meinen Armen ließ Theresa ihrer schrecklichen Angst und ihrer Wut darüber, daß man sie nicht angehört und sie statt dessen in Angst und Schrecken versetzt hatte, freien Lauf – und fühlte sich gestärkt. Dann ging sie wieder zu ihren Eltern. Die Eltern reagierten zunächst steif, verschlossen und abwartend. Aber durch Theresas unbefangene und selbstsichere Haltung, aus der weder Aggressionen noch Rachsucht sprachen, verlief der Besuch ganz friedlich. Natürlich kam an diesem Tag noch kein tieferes Gespräch zustande, aber wenigstens blieben die Brücken stehen.

Ihre Eltern sind nicht Ihre Vorgesetzten. Lassen Sie sich keine Befehle erteilen wie damals, als Sie noch ein Kind waren. Lassen Sie sie nicht die Beziehung allein bestimmen, schon gar nicht, wenn Ihnen das nicht gut tut. Wirken Sie mit all Ihrer Kraft auf Liebe und Aussöhnung hin. Die Eltern reagieren grob? Das ist nur die Verzweiflung des Kindes in ihnen. Blicken Sie sie zärtlich und respektvoll, nicht ängstlich und unterwürfig an. Wir alle sind Menschen und haben auf diesem Raumschiff Erde mit Leiden zu kämpfen. Und Vorsicht! Mitleid und Erbarmen als Ausdruck eines Überlegenheitsgefühls rufen Aggressionen hervor. Anteilnahme und Solidarität dagegen helfen beim Abbau von Spannungen. Um diese Fähigkeit zur Anteilnahme und um Respekt zu erlangen, müssen Ihre Wunden ausreichend ausgeheilt sein.

Helga war nie bei mir im Kurs oder in Therapie, aber sie hat ihrer Mutter einen Brief geschickt. Als sie erfuhr, daß ich um die Zusendung von Erfahrungsberichten gebeten habe, hat sie mir geschrieben:

»Ich mußte ihr diesen Brief schreiben, um Erleichterung zu bekommen. Es ihr persönlich zu sagen war zu schwierig. Ich habe ihr geschrieben und den Brief nach schlaflosen Nächten eingeworfen. Ein katastrophales Ergebnis!!! Die abwehrende Reaktion kam postwendend. Nachdem sie den Brief gelesen hatte, bezeichnete sie mich als eine Verrückte. Ich würde zuviel lesen und sei wahnsinnig geworden, meinte sie.«

Ich schaute mir den fraglichen Brief an: Er war gespickt mit Verurteilungen und Anklagen. Die Reaktion ihrer Mutter war verständlich. Helga hat meine Kritik verstanden. Andere, die mir ebenfalls Briefe an ihre Eltern geschickt haben – die sie zum Teil sogar unter Aufsicht ihres Psychotherapeuten geschrieben hatten –, reagierten auf meine Analyse enttäuscht, ja schockiert. Sie hatten sich befreit gefühlt, und das war ja das Wichtigste, unabhängig von der Reaktion ihrer Eltern. Es ist schon richtig: Seine Wut und seinen Schmerz schriftlich auszudrücken wirkt befreiend, baut innere Spannungen ab und bringt einen etwas weiter. Man überwindet die Idealisierung der Eltern und bringt den Mut zur Auflehnung auf. Aber wie die Erfahrung zeigt, sind solche Briefe für den Wiederaufbau der Beziehung nicht hilfreich. Und dem Prozeß des Ausheilens von seelischen Verletzungen schaden sie sogar. Die

Anklage ist zwar ein erster Schritt, um sich die Art und die Tiefe einer Verletzung bewußt zu machen. *Aber die Verletzung ist in uns, nicht im anderen, an den wir uns wenden.* Wir brauchen die Heilung in uns. Dazu müssen wir in uns eintauchen, die Intensität unserer Gefühle, die Tiefe des erlebten Entsetzens, die Kraft des Abscheus und die Heftigkeit des Schmerzes ausloten. Der Haß wirkt hier als eine Barriere. Er lenkt vom Kern der Sache ab und rückt die Schuld der anderen ins Zentrum. Der Haß muß zwar zum Vorschein kommen, damit wir mit unseren anderen Emotionen in Kontakt treten können, aber er muß sich im Sprechzimmer des Therapeuten entladen. Denjenigen, die uns verletzt haben, drücken wir unseren Zorn kraftvoll dann aus, wenn die Wunde nicht mehr empfindlich ist.

Papa,

mit diesem Brief will ich Dich mit Deiner Verantwortung konfrontieren. Es wird Dir seltsam vorkommen, denn Du bist ja Dein ganzes Leben vor ihr davongelaufen. Du hast Dich hinter Deiner Mutter und später hinter Deiner Frau versteckt. Es ist Dir gelungen, Dich unsichtbar zu machen, in meinen Augen so unsichtbar, daß ich an Dich gar keine Erinnerung mehr habe. Hast Du eine Vorstellung davon, wie sehr Du in Deiner Pflicht als Vater versagt hast? Du hast uns gezeugt und uns ernährt, aber uns absolut nicht erzogen. Nie hast Du uns die Führung gegeben, die wir gebraucht hätten, nie hast Du uns gezeigt, was es heißt, frei zu sein, verantwortlich zu handeln, Entscheidungen zu treffen, zu leben. Wegen Deiner Feigheit, Deiner Schwäche hat mir ein Vorbild gefehlt, anhand dessen ich eine Persönlichkeit hätte aufbauen können. Du hast nie Rückgrat gezeigt, auf Dich habe ich mich nie stützen können. Du hast es zugelassen, daß Mama mich beherrscht, mich erdrückt hat, und hast nie reagiert, mir nie meine Freiheit zurückgegeben. Siehst Du in mir die Leere, die Du geschaffen hast? Ich möchte, daß Du heute meine Wut verstehst und sie akzeptierst, weil sie gerecht ist. Natürlich hattest Du selbst keine Freiheit, aber das war Deine Entscheidung. Du mußtest diese Entscheidung nicht auch mir aufzwingen. Du brauchtest Dich nur umzuschauen, um couragierte und aufrecht gehende Menschen zu sehen. Akzeptiere heute meine Wut, und gib mir Deinen Rückhalt und Deine Zärtlichkeit.

Marion

Mit fünfundvierzig Jahren bringt Marion erstmals den Mut auf, das Verhalten ihres Vaters anzuprangern. Ihr Brief ist eine Anklage. Sie wendet sich zu oft an ein »Du«, statt von ihren Bedürfnissen zu reden. Mit diesem ersten Brief macht sie ihrem Zorn etwas Luft und eröffnet sich die Möglichkeit, weitere Briefe zu schreiben. Als ich Marion auffordere, den Brief zu verbrennen, hat sie allerdings das Gefühl, sie hätte ihrem Vater doch schon alles gesagt. Sie ist erleichtert und würde hier gern aufhören. Was halten Sie davon? Marion hat die gesamte Frustration eines Lebens mit ihrem Vater auf einer einzigen Seite zusammengedrängt abgehandelt. Spricht eine große Wut aus ihren Zeilen? Hört man die Verzweiflung des kleinen Mädchens heraus, dem der Papa fehlt? Nein, noch nicht. Erst allmählich und dank dieses ersten Briefs werden die Erinnerungen auftauchen.

Ein solcher Brief schafft tatsächlich Erleichterung. Die erste Etappe des Ablösungsprozesses ist zurückgelegt. Die Angst, die Dinge vor den Eltern zu sagen, ist verschwunden. Die Eltern werden nicht mehr idealisiert. Aber es muß noch ein Stück Weg im Inneren zurückgelegt werden, um einen Brief schreiben zu können, der von den Eltern gelesen und verstanden werden kann. Ein anklagender und zu ungenau formulierter Brief an Eltern, die noch leben, wird die Beziehung zu ihnen kaum positiv beeinflussen. Natürlich läßt man sich gern dazu hinreißen, in einem bösen Brief erlittene Leiden anzuprangern, den Eltern die Verletzungen »heimzuzahlen«. Aber die Rache hinterläßt einen bitteren Geschmack, der nicht zur Heilung beiträgt. Wenn man schreibt, um sich innerlich zu befreien, erfüllt der Brief auch dann seinen Zweck, wenn er dem Feuer, dem Fluß oder dem Psychotherapeuten überantwortet wird. Es geht darum, einem Übermaß an Wut Luft zu machen, um dann nur noch die aus der Verletzung entstandene Emotion zum Ausdruck zu bringen.

Schreiben Sie Ihren Eltern. Schreiben Sie ungeordnet und ruhig in den gröbsten Worten alles nieder, was sie bedrückt. Räumen Sie Ihren ganzen Groll aus. Bringen Sie alles zu Papier. Schrecken Sie auch vor Verurteilungen, ja Beschimpfungen nicht zurück. Das Ziel besteht darin, Ihre Aggressionen loszuwerden. Lassen Sie keine übrig!
Fertigen Sie abwechselnd zu den Briefen auch Zeichnungen an. Bringen Sie Ihre Wut, Ihre Emotionen mit Bunt-, Filzstift oder Farbe zu Papier. Versuchen Sie sich dabei nicht an gegenständlicher Malerei. Kritzeln, zeichnen, malen Sie Ihr Übermaß an Wut.
Verbrennen Sie diese ersten Briefe ganz bewußt. Horchen Sie dann auf das Kind in sich. Konzentrieren Sie sich auf Ihre Bedürfnisse. Beschäftigen Sie sich mit sich selbst. Dann kommen Ihre Bedürfnisse allmählich zum Vorschein. Das Bewußtsein Ihrer selbst nimmt klarer Gestalt an. Wenn die Verurtei-

lungen aus Ihren Worten und aus Ihrem Herzen gewichen sind, haben Sie die Bereitschaft erlangt, Ihren Eltern zu schreiben.

Sobald Sie Ihrem übermäßigen Zorn Luft gemacht haben, ist es Zeit für die nächste Etappe. In meinen Grundkursen stelle ich, wie schon beschrieben, allen Teilnehmern die Aufgabe, einen Brief an ihre Eltern zu schreiben. Diese Briefe folgen dem Schema: »Ich bin wütend auf Dich, weil … denn ich hätte das Bedürfnis gehabt, …« »Ich bin wütend auf Dich« ist eine aggressive Formulierung. Ich betone erneut, daß so eine Art Brief absolut nicht für die Eltern bestimmt ist. Solche Briefe sollen Mut machen, die eigene Wut zu spüren. Der Satz »ich bin wütend auf Dich« ermöglicht es, Zorn zu empfinden und ihn auch auszudrücken. Das können allerdings nicht alle. Manche vermeiden die Formulierung, obwohl ihre Eltern den Brief nie lesen werden – als ob die Eltern ihnen immer und überall über die Schulter schauten. Tatsächlich hat man manchen so etwas in der Kindheit auch weisgemacht. »Mein kleiner Finger verrät mir alles!« sagte mein Großvater immer und nutzte damit die kindliche Gutgläubigkeit aus. Und Kinder glauben das wirklich. Sie durchschauen nicht, wie leicht Erwachsene bestimmte Dinge herausbekommen, und glauben an einen direkten Draht, der sie über alles auf dem laufenden hält. Aber es ist nun einmal anders: Ihre Eltern nehmen vielleicht oder wahrscheinlich Veränderungen an Ihnen wahr, doch sie können keine Gedanken lesen. Und sie hören Ihre Schreie auch nur dann, wenn sie in Hörweite sind.

Bilden Sie jetzt einen Satz, der eine Verletzung zum Ausdruck bringt. Schreiben Sie so viele »Ich bin wütend auf Dich, weil…« nieder, wie Sie können. Lassen Sie alle Aggressionen, allen Haß heraus. Schreiben Sie hinter jedes »Ich bin wütend auf Dich…« Ihr zu kurz gekommenes Bedürfnis dazu. »Ich bin wütend auf Dich, weil Du…denn ich hätte das Bedürfnis nach…gehabt.«

Nach dieser Wendung nach außen ist es nützlich, zu sich selbst zurückzukehren und sich an das Kind heranzutasten, das man noch immer in sich trägt. Wenn man sich seine Bedürfnisse bei jedem Satz deutlich macht, so hilft einem dies, das Kind im eigenen Inneren zu lieben. Ihre Eltern sind seinen Bedürfnissen nicht entgegengekommen. Jetzt sind Sie als Erwachsener dazu aufgerufen, sich selbst als Kind mit Respekt und Zärtlichkeit zu betrachten. Stellen Sie sich das Kind, das Sie einst waren, bildlich auf Ihrem Schoß vor. Geben Sie diesem Kind die Zärtlichkeit, Aufmerksamkeit und Wärme, die es benötigt.

Lesen Sie Ihre Briefe noch einmal durch. Sie werden feststellen, daß ihre Aggressivität allmählich nachläßt und ihre Äußerungen präziser und konkreter werden.

Im folgenden einige Sätze, die ich bei meiner Arbeit aufgelesen habe und die noch fürs Feuer bestimmt sind. Sie stehen für die wichtigsten Fehler, die verhindern, daß unsere Botschaften ihr Ziel erreichen:

Verallgemeinerungen, Rundumschläge

»Ich nehme Dir Deine Methoden, Deine Patentrezepte übel, weil ich das Bedürfnis nach Austausch gehabt hätte.«

»Ich nehme Dir Dein Schweigen übel, weil ich das Bedürfnis nach Kommunikation gehabt hätte.«

»Ich nehme Dir Deinen Druck übel, weil ich das Bedürfnis nach Entfaltung gehabt hätte.«

In diesen Sätzen machen die Verfasser weder ihr Leiden noch ihre Bedürfnisse deutlich. »Methoden, Schweigen, Druck, Kommunikation, Entfaltung« sind sehr allgemeine Ausdrücke. Was decken sie ab? Hier ist der erste Fehler. Wenn wir nicht sagen, was uns verletzt hat, kann sich der Angesprochene leicht aus der Affäre ziehen: »Was für Methoden? Wovon redest du überhaupt?«

Solche Sätze tauchen meist ganz am Anfang der therapeutischen Arbeit auf, weil die Verletzungen und Bedürfnisse noch nicht bewußt geworden sind. Man steht dem Kind in sich noch nicht nahe genug, um den Eltern seine Verletzungen und Bedürfnisse verständlich machen zu können.

So sieht ein Beispiel für einen genauer formulierten Satz aus:

»Ich nehme Dir übel, daß Du mir gesagt hast: ›Hör auf zu heulen‹, als ich den Judowettkampf verloren habe. An dem Tag hätte ich das Bedürfnis gehabt, daß Du mich in die Arme nimmst und mir sagst, daß Du mich liebhast.«

Werturteile

»Ich nehme Dir deine Macken übel. Ich hätte das Bedürfnis gehabt, daß Du Dich auf uns und nicht auf diese Nichtigkeiten konzentrierst.«

Die Wörter »Macken« und »Nichtigkeiten« sind Werturteile. Aus ihnen spricht Groll. Sie sind überflüssig: Eine objektive Beschreibung der Tatsachen wirkt weitaus eindringlicher:

»Wenn wir aus der Schule kamen, mußten wir eine Schürze anziehen, damit wir uns nicht schmutzig machten. In unseren Zimmern durften wir uns nicht aufs Bett setzen, damit das Bettzeug nicht zerknitterte. Du bist um 5 Uhr morgens aufgestanden, um vor dem Weg zur Arbeit den Haushalt zu machen, und das hast Du uns dann zum Vorwurf gemacht. Beim Frühstück roch es bei uns schon nach Mittagessen, weil Du schon morgens gekocht hast.«

Grundlose Angriffe

»Eines wünsche ich mir: daß ich nie so werde wie Du.«

Dieser Satz drückt Wut aus. Er hat seinen Platz im Sprechzimmer des Therapeuten, aber nicht in einem Brief an die Eltern. Er ist unnütz verletzend, nur ein Teil der Wahrheit. Eine akzeptable und gerechtere Formulierung würde lauten: »Ich will mit meinen Kindern nicht so umgehen, wie Du mit mir umgegangen bist.«

Gedankenlesen, Deutungen

»Mama, ich bin wütend auf Dich, weil Du mich von Kindheit an ins Vertrauen gezogen hast, ohne einen Augenblick darüber nachzudenken, daß dies keine Rolle für ein Kind ist. Ich hätte das Bedürfnis gehabt, auf dem Weg zum Erwachsenwerden begleitet zu werden, und nicht, daß Du Dein Herz ausschüttest und Dich auf meine schwachen Schultern stützt.«

Von den sehr allgemeinen Formulierungen abgesehen, kann Karla doch gar nicht wissen, was ihre Mutter gedacht hat oder nicht. Hier hat sie »Gedanken gelesen«.

»Ich bin wütend auf Dich, weil Du mich zu oft in meinem Zimmer alleingelassen hast. Ich bin aus Langeweile eingeschlafen. Ich hätte das Bedürfnis gehabt, daß Du Dich einmal gefragt hättest, wo ich war, was ich tat und ob ich Dich brauchte.«

Auch Julian denkt für seine Mutter. Außerdem ist die Formulierung aggressiv und weckt Schuldgefühle. Eine Ich-Botschaft würde lauten: »Ich bin wütend auf Dich, weil Du mich zu oft in meinem Zimmer alleingelassen hast. Ich bin aus Langeweile eingeschlafen, und dabei hätte ich Dich gebraucht. Ich fühlte mich so einsam, hätte es so gern gehabt, daß Du zu mir kommst, mich rufst, mit mir sprichst und Zeit mit mir verbringst.«

Ratschläge und »Laien-Psychologie«

»Mama,

Ich möchte Dir folgendes sagen, weil Du meine Mutter bist und ich Dich liebe. Du hast mir die Rolle einer Vertrauten zugewiesen wie es unbewußt Deine Mutter getan hat, als Du ein Kind warst. Du hast nicht den Platz der Tochter gehabt, der Dir zukam. Du bist die Vertraute, die Komplizin Deiner Mutter geworden. Folglich konntest Du mit mir nicht anders umgehen. Aber Du warst doch nicht die Frau, sondern die Tochter Deines Vaters. Deshalb wollte ich Dich dazu bringen, einen Psychologen aufzusuchen, der Dir hilft, Dich selbst, Deine Identität, auf die Du ein Anrecht hast, und Dein Gleichgewicht zu finden, so wie ich all dies gefunden habe.«

Dorothea prangert in ihrem Brief die vertauschten Rollen an, übernimmt aber weiterhin Verantwortung für ihre

Mutter, indem sie ihr Ratschläge erteilt. Sie mischt sich in Dinge ein, die sie eigentlich nichts angehen. So ein Brief kann eigentlich nur schlecht ankommen. Dorothea ist immer noch in ihren Verhaltensmustern gefangen. Sie ist weder ihren Emotionen noch ihren Bedürfnissen näher gekommen. Ihre Mutter wird sie nicht verstehen können:

»Hast Du Dich einmal gefragt, ob in meinem Leben alles gut lief? Ob ich nicht litt, ob ich glücklich war? Nein!! Nur Deine Herzensergüsse, Deine Gefühle haben gezählt. Ich habe mich um Dich gekümmert, habe Dich auf Händen getragen. Aber jetzt reicht's! Ich bin heute eine gute Vertraute und Ratgeberin, aber ich habe Schwierigkeiten, etwas von mir preiszugeben, weil ich mir vorstelle, daß meine Probleme keinen interessieren.«

Marie ist noch immer sehr aggressiv, aber sie beginnt sich ihrer selbst bewußt zu werden. Ihre Mutter steht nicht mehr im Zentrum ihrer Aufmerksamkeit. Sie entdeckt den Zusammenhang zwischen ihrer Geschichte und ihren gegenwärtigen Schwierigkeiten.

Befehle und Erwartungen, daß andere sich ändern

»Laß mich mein Leben einer Erwachsenen, einer Frau, Mutter und Ehefrau leben. Gib mich frei. Sag mir, daß Du mir schließlich erlaubst, mein eigenes Leben zu leben …

Ich will, daß Du mir sagst, daß Du Dich freust, daß ich lebe.

Sag es! Gib mich frei!

Schneide dieses Gängelband durch!!!«

Carolines Wortwahl offenbart ihre Abhängigkeit. Sie bittet ihre Mutter, ein Gängelband zu durchtrennen, sie zu befreien, ihr ein eigenes Leben zu erlauben. Sie räumt ihrer Mutter noch immer zuviel Macht über sich ein. Dabei muß doch sie selbst das elterliche Joch abschütteln, das Band durchtrennen und sich befreien. Wenn sie sich befreit hat, kann sie ihrer Mutter in einem Brief ihre Gefühle mitteilen, Wiedergutmachung fordern und gegebenenfalls eine Aussöhnung ansteuern. Und ein neues Band anknüpfen, keines der Abhängigkeit, sondern eines der Interdependenz, also der wechselseitigen Abhängigkeit.

Einige Ich-Botschaften

Im folgenden einige Sätze, die Eltern verstehen können. Man merkt, daß die Aussagen länger, kraftvoller und bewegender sind, und spürt die Emotion des Kindes und wird von ihr ergriffen. Sie erfüllen ihre Aufgabe, Eltern dazu zu bewegen, sich auf unsere Emotionen und nicht auf sich selbst zu konzentrieren.

»Du bist mit Papa mehrfach für kurze Zeit verreist. Ich bin wütend auf Dich, weil Du vor der Abreise zu uns gesagt hast: ›Wenn uns etwas zustößt, wenn wir sterben werden, dann ist da Geld, sind da die Papiere ...‹ Das war fast schon ein Testament. Ich habe es mit der Angst zu tun bekommen. Ich hätte das Bedürfnis gehabt, daß Du mich beruhigst, mir sagst, Du würdest sicher wiederkommen und seist froh, daß Du diese Reise machen kannst.«

Sterben ist in der Zukunftsform ausgedrückt! Die Angst, die ein kleines Mädchen packt, wenn es von den Eltern solche Worte hört, ist förmlich greifbar. Trotzdem spricht dieses Mädchen von sich, ohne die Mutter zu verurteilen.

»Ich bin wütend auf Dich, weil Du mir als kleinem Mädchen und noch bis ins Jugendalter die Haare im Stil von Jean Seberg ganz kurz geschnitten hast. Ich wollte wie ein Mädchen aussehen und den Wind in meinem Haar spielen lassen.«

»Ich bin wütend auf Dich, weil Du zuviel getrunken hast, nach den Stadtratssitzungen schwankend und über die Stufen stolpernd nach Hause gekommen bist und mich als ›faules Stück‹ beschimpft hast. Ich hätte das Bedürfnis gehabt, zu Dir aufzuschauen, mir den Bericht von deinen Sitzungen anzuhören und auf diesem Weg ein Interesse am politischen Leben der Stadt zu entwickeln.«

»Ich bin wütend auf Dich, weil Du jeden Tag einen anderen Nachbarn zum ›Anstoßen‹ eingeladen hast. Sie kamen mit dreckigen Stiefeln. Ich war dreizehn oder fünfzehn Jahre alt, und Du hast mir befohlen, Kaffee aufzuwärmen und Calvados zu servieren, während es mir wichtig gewesen wäre, daß der frischgefegte und geschrubbte Boden nicht gleich wieder beschmutzt wird. Und ich hätte mir ein anderes Beispiel für ein Nachbarschaftsverhältnis gewünscht.«

»Ich bin wütend auf Dich, weil Du mich als Hure und Schlampe beschimpft hast, wenn ich mich mit Freundinnen und Freunden meines Alters getroffen habe. Ich war siebzehn Jahre alt. Ich hätte das Bedürfnis gehabt, daß Du danach fragst, ob unsere Ausflüge nett gewesen seien.«

»Ich bin wütend auf Dich, weil Du mir haßerfüllte Blicke zugeworfen und mich in den Arm gekniffen hast, wenn ich nicht sofort tat, was Du wolltest, oder nicht sah, was getan werden mußte. Ich war zwischen fünf und neun Jahre alt und hätte das Bedürfnis gehabt, daß Du mir in einem freundlichen Tonfall sagst, was ich tun soll.«

»Ich bin wütend auf Dich, weil Du gestört hast, als ich den Gästen die verschiedenen Gemüseplatten erklärt habe, die ich mit so viel Sorgfalt zusammengestellt hatte. Ich hätte das Bedürfnis gehabt, daß Du mir ein aufmunterndes Lächeln zuwirfst.«

Stellen Sie sich vor, Sie als Eltern hätten solche Briefe bekommen. Merken Sie den Unterschied?

Die Formulierung »Ich bin wütend auf Dich..., ich hätte das Bedürfnis gehabt,...« hat einer konkreten Arbeit gedient. Sie hat geholfen, übermäßige Wut abzureagieren und uns selbst Mut zu machen, unsere Emotionen zum Ausdruck zu bringen. Jetzt geben wir unserer Wut einen anderen Ausdruck, einen, den wir unseren Eltern schicken können, und tun alles, um nicht nur gelesen, sondern auch verstanden zu werden.

Kann man auch die Beziehung zu bereits verstorbenen Eltern reparieren? Nach der Beantwortung dieser Frage kommen wir auf das Warum und das Wie des Briefs zurück.

Wenn Ihre beiden Eltern noch leben, können Sie gleich bis Seite 250 weiterblättern.

Wenn die Eltern nicht mehr leben

Um die dauernde innere Beschäftigung mit seinen Eltern loszuwerden, kann man ihnen schreiben. Solche Briefe, ob sie nun der eigenen Befreiung dienen oder Wiedergutmachung fordern, kann man durchaus auch an Verstorbene richten. Sie können Ihre Botschaft verbrennen und beobachten, wie die Asche in die Lüfte aufsteigt, sie auf dem Grab des betreffenden Elternteils in Rauch aufgehen lassen, sie dort eingraben, sie dem Meer überantworten oder mit einer neuen Adresse versehen in einen Postkasten stecken: »Alexander Klein, Engelsstraße, Himmel« oder auch: »an den Vater meiner 15 Jahre, Fegefeuerstraße, Hölle.« Oder knapper: »Mein Vater, Himmel« – oder was immer Sie wollen.

Im folgenden ein Brief, den Lisa zur eigenen Befreiung geschrieben hat. (Oft braucht es mehrere Briefe, ehe man in einem Wiedergutmachung fordern kann. Daß man auch von verstorbenen Eltern Genugtuung verlangen kann, sehen wir an späterer Stelle.)

Papa,

jetzt bist Du schon dreizehn Jahre tot, und ich habe geglaubt, ich wäre Dich los. Aber das war ein Irrtum. Heute muß ich Dir endlich sagen, was ich Dir seit Jahren zu sagen versuche. Erinnere Dich: Als ich noch bei Mama gewohnt habe, habe ich Dir so etwas gesagt wie: ›Du hast uns nicht glücklich gemacht.‹ Und Du hast geantwortet: ›Was? Willst du dich beklagen? Jetzt sag bloß, du hättest nicht jeden Tag genug Essen auf dem Teller gehabt oder frieren müssen.‹ Du bist ärgerlich geworden. Und ich habe aus Angst, Du läßt es an Mama aus, nichts mehr gesagt. Aber heute kannst Du ihr nicht mehr wehtun, und ich habe das Recht, Dir klarzumachen, wie ich meine Kindheit erlebt habe. Versuche wenigstens diesmal zu verstehen, daß es hier nicht um Worte oder Gedankenspiele geht, sondern um meine Leiden und Gefühle. Gehungert habe ich wirklich nicht, und ich hatte auch immer Kleider auf dem Leib. Aber Du hast wohl nicht bemerkt, daß es meist abgetragene Kleider von der Nachbarin gewesen sind und daß wir Suppe und Reste gegessen haben, während Du frische Speisen und Fleisch bekommen hast, wohl das Privileg des Vaters! Ich hatte weder Hunger, noch war mir kalt, aber nur so viel: Ich hatte oft Schmerzen in den Füßen, und wenn man täglich mindestens vier Kilometer gehen muß, dann sind schmerzende Füße sehr schlimm. Und sie schmerzen, weil die Schuhe von der Nachbarin oder vom Cousin einfach nicht richtig passen. Man muß sich eben entscheiden, ob man wie ein Schlot raucht und wie ein Loch säuft oder ob man seinen Kindern anständige Kleidung kauft. Ich habe, ehrlich gesagt, einige Schwierigkeiten, Deine Entscheidung zu respektieren. Alles in allem habe ich Schmerzen in den Füßen gehabt und unter den Blicken meiner Mitmenschen und unter dem, was sie dachten, gelitten, aber das war weniger schlimm. Ich antworte nur auf dein »Sag bloß, du hättest nichts zu essen bekommen«. Ich sage Dir jetzt noch einmal: Ich war nicht glücklich. In der ganzen Zeit, in der ich bei Dir gelebt habe, hatte ich Sterbensangst. Erinnere Dich: Ich war ungefähr vier Jahre alt, als Du nach Hause gekommen bist und ich geweint und geschrien habe. Statt zu versuchen, mich zu verstehen, hast Du mich ausgesperrt. Es war kalt und dunkel. Ich stand allein und außer mir vor Angst draußen, und Du hast die Tür erst wieder aufgemacht, als ich still geworden war. Nach drei oder vier Abenden mit diesem Regiment hattest Du gewonnen. Ich war verstummt. In Wahrheit hast Du nur gemeint, Du hättest gewonnen, denn als Ergebnis hatte ich noch mehr Angst vor Dir, aber ich konnte sie Dir nicht mehr zeigen. Ich war terrorisiert. Dafür, PAPA, hasse ich Dich.

Erinnere Dich, wie oft Du Mama vor uns geschlagen hast. Ich war verrückt vor Angst. Ich versuchte, mit Fäusten dazwischenzugehen, aber Du hast mich schnell beiseite gestoßen. Es war Dir wichtiger, Deine Wut an Deiner Frau auszulassen, als mein Leiden zu verstehen. Auch dafür hasse ich Dich.

Lisa

Leider können Tote nicht antworten. Oder doch …?

Carolines Eltern sind tot. »Ich werde nie erfahren, ob meine Mutter mich geliebt hat«, sagt sie mir verzweifelt. Aber vielleicht finden verstorbene Eltern doch ein Mittel, auf solche Fragen zu antworten. Ich erwidere: »Und wenn du sie einfach fragst? Wenn die Frage in dir akut geworden ist, passiert etwas. Schau auf die Zeichen, blicke dich um, achte auf deine Träume.«

In der nächsten Sitzung erzählt sie mir folgendes:

»An einem Abend verspüre ich das dringende Bedürfnis, Luft zu schnappen. Ich bitte meinen Lebensgefährten, nach den Kindern zu schauen, und bummle eine Straße entlang, die ich gewöhnlich nicht nehme. Ich frage mich, warum ich hier bin, spüre aber zugleich, daß ich hier sein muß. Plötzlich entdecke ich am Straßenrand das Wrack eines Renault 4. Das wirft mich um. Diesem ganz typischen Wagen aus den 60er und 70er Jahren (der erste R 4 wurde 1961 gebaut) begegnet man im Jahr 2001 nur noch sehr selten. Sogar hier bei mir auf dem Land. In einem R 4 ist meine Mutter vor vielen Jahren tödlich verunglückt. Ich trete näher und entdecke auf der Fahrbahn einen Meter von dem Wrack entfernt ein Plüschherz. Ein rotes

Plüschherz mit den eingestickten Worten: ›Ich liebe dich‹.«

Durch welchen Zufall war dieses Plüschherz hierher gekommen? Keiner weiß es. Das Wichtige daran ist, daß Caroline eine ersehnte Botschaft erhalten hat.

Im folgenden das Zeugnis von Claudia:

»Als ich heute morgen zum Kurs fahre, lese ich in der Metro ein Buch über Sterbebegleitung. In dem Kapitel berichtet die Autorin, wie der herannahende Tod den Dialog zwischen Eltern und einem Sohn wieder in Gang bringt. Es berührt mich. Tränen steigen mir in die Augen: Ich hätte mir auch gewünscht, daß mir jemand dabei hilft, die Beziehung zu meinem Papa wieder anzuknüpfen. Ich hätte mir sehr gewünscht, daß wir uns verstehen, daß sich ein Dialog entspinnt, daß er mich so akzeptiert, wie ich bin. In Isabelles Kurs rede ich zunächst nicht darüber. Eine Übung steht an. Es geht darum, eine Emotion oder ein Bedürfnis mit einem Ich-Satz auszudrücken. Ich denke an Papa und an all meine Wut auf ihn. Das Gefühl ist sehr stark, es steigt in mir hoch, und ich verliere die Beherrschung. Ich denke an die Augenblicke, in denen er sauer war und mir Angst eingejagt hat. Wir sitzen in Dreiergruppen zusammen, um über die Übung zu reden. Isabelle tritt zu meiner Gruppe, sieht, wie es mir geht, und fordert mich auf, darüber zu reden. Ich kann nicht. Die Emotionen steigen heftig hoch, und ich weine und weine. Ich nehme mich nicht zusammen. Ich spüre das Gefühl in meinen Bauch, und es tut gut. Schließlich kann ich reden. Isabelle rät mir zu einem Brief, in dem ich meinem Vater alles mitteile: meine Wut, meine Frustration und meine Bedürfnisse. Dann soll ich den Brief verbrennen und dabei an ihn denken. Ich könne ihn um Kontakt, um eine Äußerung bitten. Anbei ein Auszug aus meinem Brief:

›Wenn Du nicht mehr mit mir redest und mich keines Blickes mehr würdigst, spüre ich Angst. Ich fühle mich schuldig, schrumpfe im Inneren zusammen, weil ich mich hilflos fühle und nicht dafür sorgen kann, daß es Dir gut geht. Ich fühle mich der Situation nicht gewachsen und empfinde Wut, weil ich das Bedürfnis hatte, daß Du Dich um mich kümmerst, daß wir gemeinsam Dinge tun, daß Du mir sagst, was in Dir vorgeht. Ich bitte Dich, dieses Band der Liebe spüren zu können, damit ich ohne diese Fessel ich selbst sein kann und mich frei fühle.‹

Ich fühlte mich für den Zustand meines Vaters verantwortlich, ja sogar schuldig, wenn es ihm nicht gutging. Das bestimmte meine Beziehung zu anderen, vor allem insofern, daß ich anderen auf Kosten meiner eigenen Bedürfnisse helfen wollte. Ich war überzeugt: ›Ich verdiene es nicht, geliebt zu werden. Ich muß allein zurechtkommen.‹ Bei der anschließenden Entspannungsübung schlägt Isabelle eine Begegnung mit dem kleinen Mädchen in mir vor. Ich sehe mich an dem Tag wieder, als ich wegen einer Dummheit eine Ohrfeige bekommen habe. Onkel und Tanten waren da, und ich schämte mich, war traurig und wütend. Die Claudia von heute konnte die Wut auf ihren Vater ausdrücken, der ihr als kleinem Mädchen Enttäuschungen bereitet hatte. Sie konnte die Kleine aus der Vergangenheit trösten, mit ihr sprechen und ihr erklären, daß diese Behandlung nicht gerecht gewesen war. Als ich sie bei der Hand nahm, sah ich Papa vor mir: ein wunderbares Bild. Seine Züge waren die bekannten, aber verklärt, glänzend und strahlend. Seine Augen erstrahlten in Liebe zu mir. Er sagte mir, es sei nicht meine Schuld gewesen. Ich sei zu Recht wütend, und er liebe mich. Er sandte mir seine Liebe, und ich fühlte mich geliebt. Ich fand meine Kraft und Stärke wieder. Ich fühlte mich voller Energie. Als ich auf der Matratze lag, flossen mir sanft Tränen aus den Augen. Der Gruppe konnte ich es erst etwas später erklären. In mir stieg die Emotion hoch und schnürte mir die Kehle zu. Dann erzählte ich: Es war schön, ein Glückserlebnis, aber zugleich auch sehr heftig. Isabelle sagte mir, ich solle diese in mir zirkulierende Liebe im ganzen Körper, im Becken und in den Adern spüren. Und das war auch gut, weil ich Schwierigkeiten hatte, diese Liebe ganz anzunehmen. Ich hatte wie immer das Gefühl, diese Liebe nicht zu verdienen. Ich atmete tief durch und ließ sie richtig auf mich wirken und fühlte mich von meinem Vater geliebt. Ich war dieser Liebe würdig, verdiente sie. Nach dem Kurs fühlte ich mich verändert. Die anderen sahen mich jetzt ganz anders an. Endlich konnte ich ihr Interesse an mir und ihre Liebe annehmen. Das hat viel in meinem Leben verändert. Ich war sehr froh über diese Begegnung mit meinem Vater und dachte, das sei die Antwort auf meine Frage in dem Brief. Und als ich eines Morgens zur Arbeit gehen wollte, fiel mir auf, daß meine Uhr nicht ging. Gerade an dem Tag brauchte ich sie dringend. Ich holte aus einer alten Kassette eine Armbanduhr meines Vaters hervor. Bis dahin hatte die Uhr mich nicht interessiert. Ich nahm sie als Ersatz für meine. An diesem Tag, einem 8. Dezember, knüpfte sich ein inneres Band zwischen uns an: Der Tag war mein Geburtstag! Ganz aufgeregt sah ich die Uhr als ein Geschenk meines Vaters an. Ich schaute sie mir genauer an und fand sie schön! Ich sah das im Zusammenhang mit meinem Brief an ihn. Seither trage ich die Uhr oft. Ich bin stolz auf sie und sehe sie als ein

Symbol für dieses Band der Liebe zwischen uns. Am Tag nach der Entdeckung der Uhr meines Vaters stellte ich übrigens fest, daß meine eigene völlig normal ging.«

So können Gegenstände plötzlich große Bedeutung gewinnen. Ein Herz aus Schaumstoff landet auf der Straße, eine Uhr bleibt stehen und schafft Platz für eine andere – wie ein Fingerzeig des Schicksals.

Andere empfangen die Botschaften ihrer Eltern in ihren Träumen. »Mein Vater ist mir im Traum erschienen. Er hat mich angelächelt.« – »Meine Mutter hat mich in meinen Träumen besucht. Sie war ganz in Weiß. Ich habe nach ihr gerufen. Sie hat mir einen Schlüssel überreicht und ist verschwunden. Ich habe nach ihr gerufen und gerufen. Sie hat mir Lebewohl gesagt.«

Lena will, daß ihr Vater zugibt, daß er sie als Baby vergewaltigt hat. Aber ihr Vater ist tot. Ihr einziger Beweis: Er hat sich auch an anderen vergangen, hat bei einem seiner Brüder Inzest mit Babys begangen und auch seinen Sohn sexuell mißbraucht. Auch ihr Körper sagt Lena, daß sie mißbraucht worden ist. Sie erstarrt, wenn ihr Freund in sie eindringt, hat panische Angst vor Männern und reagiert völlig übertrieben, wenn über Sex geredet wird. Alles deutet auf einen Mißbrauch hin.

Zwei Wochen, nachdem sie ein Schuldeingeständnis ihres Vaters herbeigesehnt hat, träumt sie folgendes: Sie entdeckt Beweise, aber der Vater schnappt sie sich und verbrennt sie mit den Worten: »Es gibt keinen Beweis.« Lena wacht auf und ist ganz durcheinander. Offenbar bedeutet der Traum, daß ihr Vater die Fakten nicht anerkennen will. Einige Tage später, am Vortag der Gruppensitzung, erhält Lena einen Telefonanruf von dem Polizeiinspektor, der mit der Akte ihres Sohnes (der einem Päderasten in die

Hände gefallen ist) befaßt ist. Er sagt: »Der Arzt hat keine Läsion festgestellt. Es gibt also keinen Beweis.« Lena fühlt sich dem Zusammenbruch nahe. Es ist wie in ihrem Traum. Doch dann beruhigt der Inspektor sie: »Aber der Täter hat schon gestanden.« Ist dies eine Antwort ihres Vaters? Am Abend setzt sie sich – eines der seltenen Male – vor den Fernseher und zappt zufällig in eine Sendung über sexuellen Mißbrauch Minderjähriger. Sie hört das Geständnis eines Mannes, der seine Tochter mißbraucht hat. Er sieht ein, wie sehr er sie verletzt hat.

Beide Fälle gehören zu den eindrucksvollsten, die mir untergekommen sind, und ich habe von Dutzenden ähnlichen gehört. Liebe kümmert sich eben nicht um Grenzen.

Warum soll man einen Brief schreiben?

Schriftlich sagt man Dinge meist schonender als im persönlichen Gespräch. Denn »Worte vergehen, Geschriebenes bleibt.« Dieses Bewußtsein der Dauerhaftigkeit des Geschriebenen lenkt die Aufmerksamkeit im allgemeinen stärker auf die Form. Der Schreibende wägt seine Worte ab und sucht länger nach dem treffenden Ausdruck. Und er kann das Geschriebene nochmals daraufhin durchlesen, ob es den gewünschten Inhalt richtig zum Ausdruck bringt. Er kann so Verurteilungen leichter vermeiden und kontrollieren, ob seine Emotionen mit Blick auf die dahinterstehenden Verletzungen nachvollziehbar sind. Seine Forderung nach Wiedergutmachung ist besser durchdacht. Schreiben schafft eine Distanz, die es ermöglicht, Reste von parasitären, von Ersatzgefühlen (zu diesen Begriffen siehe meine Bücher *Die Intelligenz des Herzens entdek-*

ken, Düsseldorf/Zürich 1998 oder *Sei wie du fühlst: Mit Emotionen besser leben – ein Praxisbuch,* Düsseldorf/ Zürich 2002. Auch andere Bücher zur Transaktionsanalyse können Aufschluß geben) bewußt zu machen. Außerdem können beim Schreiben Gedanken ohne Unterbrechung weitergesponnen werden, und das ist beim Sprechen selten der Fall. Und die Neugierde treibt die meisten Empfänger dazu, einen Brief bis zu Ende zu lesen.

Auch der Empfänger hat von einem Brief viele Vorteile. Da Sie ihm nicht persönlich gegenübertreten, fühlt er sich nicht dazu verpflichtet, auf eine bestimmte Art zu reagieren oder seine Gefühle zu verbergen. Er kann ihnen freien Lauf lassen. Er fühlt sich weniger angegriffen, als wenn er direkt antworten müßte, und bekommt die Dinge zudem auf eine schonendere Weise gesagt. Er kann sich mit seiner Antwort Zeit lassen und sie sich genau überlegen. Auch ändern sich beim zweiten Lesen eines Schreibens mitunter die Reaktionen: Ein Brief kann bei den Eltern trotz der sorgfältig abgewogenen Worte zunächst einen Schock auslösen. Wenn sie ihn nochmals und erneut lesen, glätten sich allmählich die Wogen. Dann dringt langsam zu ihnen durch, was Sie sagen wollten. Und Ihre Eltern können Ihren Brief auch anderen zu lesen geben.

Eine Mutter hat einen Brief bekommen und stürzt aufgeregt zur Nachbarin: »Schauen Sie sich diesen Brief von Gesine an. Stellen Sie sich vor: So etwas schreibt mir meine Tochter!« Die Nachbarin liest den Brief ruhig durch, blickt Gesines Mutter in die Augen und ruft aus: »So ein schöner Liebesbrief!« Verwirrt liest die Mutter den Brief nochmals durch. Später ruft sie Gesine an: »Die Ruth von nebenan hat mir gesagt, du hättest mir einen sehr schönen Liebesbrief geschrieben.« Die Onkel, Tanten,

Cousins oder Freunde, die um Rat gebeten werden, lesen im allgemeinen mit weitaus größerem Abstand. Sie sind nicht direkt betroffen und können so Ihren Eltern zu größerer Objektivität verhelfen.

In manchen Fällen kann auch der andere Elternteil, obwohl er mitbetroffen ist, eine hilfreiche Rolle spielen. So legte Marions Mutter den Brief ihrem Mann vor. Gemeinsam antworteten sie in Formulierungen, welche die Mutter allein kaum gefunden hätte. Das lag nicht am fehlenden Wortschatz – auch sie wollte die richtigen Worte finden –, sondern an ihren Schwierigkeiten, mit ihrer Tochter zu kommunizieren. Wenn die Eltern sich nahestehen, werden sie sich gut ergänzen.

Dagegen werden Sie in Ihren Geschwistern, falls diese nicht gerade einen ähnlichen Prozeß durchlaufen wie Sie, selten Verbündete finden. Geschwister reagieren auf einen solchen Schritt, zumindest am Anfang, eher negativ, und dies aus mehreren Gründen. Zum einen rührt Ihr Brief auch bei ihnen zwangsläufig an verdrängte Emotionen und ruft Abwehrhaltungen hervor. Um ihr Idealbild der Eltern nicht in Frage stellen zu müssen, neigen sie dazu, die Eltern parteiisch in Schutz zu nehmen. Zum anderen können bei der Gelegenheit alte geschwisterliche Rivalitäten wieder ausbrechen. Um Sie verstehen zu können, müßte Ihr Bruder oder Ihre Schwester in eine andere Haut schlüpfen. Sie haben unterschiedliche Kindheiten hinter sich. Ihre Eltern waren nicht dieselben. Es ist verblüffend, welche unterschiedlichen Perspektiven zum Vorschein kommen, wenn Geschwister ihre Kindheitserlebnisse miteinander vergleichen. Und sie haben auch unterschiedliche Realitäten hinter sich. Eine Mutter bekommt ihre Kinder zu unterschiedlichen Zeitpunkten und unter verschiedenen

Umständen in ihrem Leben. Deshalb verhält sie sich ihren Kindern gegenüber zwangsläufig auch unterschiedlich.

Zora ist betroffen: »Wenn ich mit meinem Bruder Klaus über unsere Kindheit rede, habe ich das Gefühl, wir hätten verschiedene Eltern gehabt.«

Die Darstellungen Ihrer Geschwister sind nicht zuverlässiger als die Ihrer Eltern. Sie sind das Ergebnis von deren eigener Geschichte. Und selbst wenn sich die Erinnerungen an ein Ereignis präzise decken, messen ihm Ihr Bruder oder Ihre Schwester möglicherweise eine ganz andere Bedeutung bei. Als Menschen ordnen wir die Dinge unterschiedlich ein und geben sie je nach Standpunkt unterschiedlich wieder. Der Ältere hat die Dinge anders erlebt als der Jüngere, das verhätschelte Mädchen einen anderen Blickwinkel gehabt als der lieblos behandelte Junge usw. Wir erleben die Dinge in Abhängigkeit von unserer Stellung unter den Geschwistern. Und auch die Aufmerksamkeit, die wir durch die Eltern erfahren haben, der Zugang zu Informationen, unsere körperliche Gesundheit, unser Alter und die Verletzungen unseres Egos spielen eine Rolle.

Wenn Ihre Geschwister offen sind, bestätigen sie vielleicht Ihre Einschätzung der Haltung Ihrer Eltern Ihnen gegenüber. Möglicherweise können sie Ihnen brauchbare Informationen geben. Wenn nicht, müssen Sie deswegen nicht an sich selbst zweifeln. Jeder lebt seine eigene Geschichte, und möglicherweise zieht Ihr Bruder oder Ihre Schwester unbewußt einen gewissen Nutzen daraus, nicht zu akzeptieren, daß Sie die Dinge hinterfragen.

Ehe Sie Ihren Eltern schreiben, ist es trotzdem hilfreich, zunächst mit Ihren Geschwistern zu reden. Eine Geschwisterschaft als Gruppe ist ein Ganzes und damit mehr als die Summe seiner Teile. Ihre Beziehung zu Ihren Eltern ist natürlich Ihre persönliche Angelegenheit. Aber Sie sind auch Mitglied einer Gruppe. Wenn Sie Ihre Geschwister in Kenntnis setzen, werden die nicht das Gefühl bekommen, Sie hätten hinter ihrem Rücken gehandelt. Sind die Geschwister miteinbezogen worden, werden sie weniger kritisch reagieren, wenn sie einen Anruf von Ihren Eltern bekommen. Vielleicht erhalten Sie sogar Unterstützung: »Ich telefoniere mit Mama, sobald sie den Brief bekommen hat. Dann rufe ich dich an und sage dir, wie sie ihn aufgenommen hat.« Oder: »Ich werde mit Papa reden und ihn auf deinen Brief vorbereiten.«

Ihre Geschwister werden Sie desto eher unterstützen, je offener und vertrauter Ihre Beziehung zueinander ist. Aber Beziehungen unter Geschwistern sind häufig kompliziert. Liebe und Haß wechseln sich ab. Kitzeln oder Liebkosungen können unter Kindern nahtlos in Raufereien, Gemeinheiten und Spott übergehen. Unsere gemeinsame Geschichte ist durch komplizenhafte Vertrautheit, aber auch Eifersucht und Machtspiele geprägt. Dies ist auch der Zeitpunkt, um gemeinsam unsere Vergangenheit durchzugehen, um Gefühle mitzuteilen, um zu sagen, welche Verletzungen wir uns gegenseitig angetan haben, und um alte Rivalitäten beizulegen.

Wie soll ich formulieren?

Vergessen Sie nicht, daß die eingesetzten Mittel Ihr Ergebnis mitbestimmen. Sie wollen respektiert werden? Dann achten Sie auf eine respektvolle Wortwahl mit Blick auf sich selbst wie auf die anderen. Sie beabsichtigen mit diesem Brief, gelesen und verstanden zu werden. Und Sie wollen gegebenenfalls Wiedergutmachung bekommen. Es geht Ihnen nicht mehr darum, ein Übermaß an Wut abzureagieren. Dies haben Sie bereits in der therapeutischen Sitzung getan. In Ihnen sitzt jetzt nur noch das, was Sie Ihren Eltern sagen müssen, damit in Ihre Beziehung wieder eine gewisse Harmonie einkehrt. Sie achten also sehr sorgfältig auf ihre Formulierungen: Sie vermeiden Verurteilungen und Aggressionen und wecken keine Schuldgefühle. Eltern machen sich beim geringsten Anlaß sowieso Vorwürfe. Wenn man sich von seinen aufgestauten Emotionen ausreichend freigemacht hat, schlägt sich dies in der Wortwahl und im Tonfall spürbar nieder. Übrigens geben Ihnen Ihre Briefentwürfe auch Auskunft darüber, welche Fortschritte Sie bei der Heilung gemacht haben. Schreiben Sie, was Sie zu sagen haben – und lesen Sie alles noch einmal durch. Jede Verurteilung, jede Verallgemeinerung, jede Emotion, die überzogen ist oder für eine andere steht, sind deutliche Hinweise darauf, daß die Zeit, sich an Ihre Eltern zu wenden, noch nicht gekommen ist. In Ihnen warten noch immer eine oder mehrere Emotionen darauf, freigesetzt zu werden.

Der Einstieg

»Meine liebe Mutter,

die Erziehung, die ich bei Dir genossen habe, war sehr zu meinem Nachteil. Unter den Folgen leide ich noch immer.«

Mit der Anrede »meine liebe Mutter« betont Milena, daß sie zu ihrer Mutter ein liebevolles Verhältnis unterhält. Würde dies der Wahrheit entsprechen, wäre die Anrede richtig, aber in diesem Fall liebt Milena ihre Mutter überhaupt nicht. Sie kann sie ja nicht einmal mit »Mama« ansprechen. »Papa« und »Mama« sind für manche eine zu zärtliche Anrede. Eine Mutter, eine Erzeugerin, hat jeder, nicht aber eine Mama, also eine Person, die einen mit mütterlicher Zärtlichkeit behandelt.

Seien Sie in der Wortwahl aufrichtig. Lassen Sie falsche Höflichkeit zugunsten von Authentizität beiseite. Nennen Sie Ihre Eltern so wie immer. »Papa« oder »Mama« reichen oft aus. Wenn Sie beim Schreiben wirklich Liebe empfinden, dann können sie »lieber Papa, liebe Mama« schreiben. Wenn nicht, dann verzichten Sie auf diese Beifügungen. Es macht keinen Sinn zu versuchen, Ihre Ausführungen durch höfliche, aber leere Formulierungen abzumildern.

Ludger redet seine Mutter nie an. Er ergeht sich in Umschreibungen, ohne sich direkt an sie zu wenden. Und trotzdem ist ihm überhaupt nicht bewußt, daß er seiner Mutter gegenüber Zorn empfindet.

Heinrich konnte seinen Brief nur mit »Vater« als Anrede beginnen. Dann fuhr er fort: »Du siehst, ich kann Dich nicht einmal ›Papa‹ nennen. Und darunter leide ich. Ich schreibe Dir, weil ich gern zu Dir ›Papa‹ sagen können würde.«

Das Anliegen

Nach diesem Einstieg äußern Sie Ihr Anliegen. Im folgenden einige Auszüge aus beispielhaften Briefen:

»In diesem Brief möchte ich Dir sagen, welche Leiden mich daran hindern, daß ich mich in Deiner Gegenwart richtig wohl fühle.«

»Ich schreibe Dir, um Dir Dinge mitzuteilen, die ich Dir noch nie sagen konnte. Ich schreibe sie Dir, weil ich nicht weiß, ob ich sie Dir mündlich richtig mitteilen könnte.«

»Ich schreibe Dir, weil es mir schlecht geht. Ich bin depressiv. Ich muß Dir schreiben, was ich durchgemacht habe. Bitte lies meinen Brief bis zu Ende. Ich klage Dich nicht an. Ich brauche Dich.«

Sie können auch ein wenig mehr sagen:

»Du hast bemerkt, daß ich es seit einiger Zeit vermeide, Dich zu sehen. Ich wußte nicht, wie ich mit Dir reden sollte. Mir hat der Mut gefehlt. Du sagst so oft, daß wir einander alles sagen können, aber in Wahrheit wurde in unserer Familie über Gefühle nicht geredet. Ich hatte Angst, Dich zu verletzen, wenn ich Dir sagen würde, was mir wehgetan hat. Ich habe beschlossen, keine Angst mehr davor zu haben, mit Dir zu reden. Ich will vor meinem Papa keine Angst haben.«

»Mein geliebter Papi,

ich will schon seit langem mit Dir reden, aber die Angst hindert mich daran: die Angst zu mißfallen, die Angst, verurteilt oder für meine Worte kritisiert zu werden. Und jetzt bin ich so weit, daß ich mir sage, daß dies doch wirklich idiotisch ist. Ich möchte mit Dir sprechen, ehe wir nicht mehr zusammen sind. Welchen Sinn hat das Leben denn sonst, wenn nicht den, daß man sich erzählt, was man denkt, auch wenn es nicht so wichtig ist, so daß man sich auf diesem wahrhaft geheimnisvollen Weg weniger allein fühlt. Ich muß Dir einfach schreiben. Natürlich möchte ich unbedingt, daß Du mir antwortest! Aber eine Antwort, die von Dir kommt und die Du geben willst, denn ich werde nicht urteilen und nicht werten. Ich bin traurig, daß ich in den Jahren, die ich mit Dir verbrachte, mit Dir keinen Austausch mehr hatte. Ich träumte davon, daß wir uns sagen, welche Bedürfnisse wir haben, was ihnen im Wege steht, was uns wachsen läßt, welche Emotionen es in uns auslöst. Wir können die Dinge vielleicht nicht in Ordnung bringen, aber doch sie einfach aussprechen: Hinterher fühlt man sich doch wirklich besser, jedenfalls ich. Ich möchte in diesem Brief die ganzen Jahre seit meiner Geburt Revue passieren lassen, damit wir dann wie Vater und Tochter (oder Vater und Kind) miteinander reden können.«

Tatsache/Erleben/Bedürfnis

Bauen Sie Ihre Sätze nach dem Schema auf: Tatsache/Erleben/Bedürfnis.

Vermeiden Sie jede Verallgemeinerung (»Du hast Dich nie um mich gekümmert«) und jedes Urteil (»Du bist hartherzig«). Halten Sie sich an die Fakten. Je objektiver Sie bleiben, desto größer sind Ihre Chancen, verstanden zu werden.

Sie können zu den Verhaltensweisen und Haltungen Ihrer Eltern durchaus Deutungen äußern. Machen Sie aber deutlich, daß es sich um Ihre Schlußfolgerungen und nicht um Tatsachen handelt: »Ich habe mir gesagt…«, »Ich hatte den Eindruck, daß Du…«, »Ich habe mir vorgestellt, daß…«. Ihr Adressat muß richtig verstehen, daß es sich um Ihre Wahrnehmung und nicht um eine Festlegung seines Verhaltens handelt.

Achten Sie darauf, daß die ausgedrückten Emotionen und Gefühle echt und keine Ersatzgefühle sind.

Überprüfen Sie, ob Ihre Bedürfnisse den Gefühlen entsprechen, die Sie während der Ereignisse empfunden haben. Viele Menschen sind sich gar nicht mehr bewußt, welche Bedürfnisse sie hatten, und müssen den Inhalt dieses Begriffs erst einmal wiederentdecken. Auch hier können ein Psychotherapeut und eine Gruppe sehr hilfreich sein.

Im folgenden einige Auszüge aus Briefen:

(Tatsachen:) »Eines Abends – ich war damals zehn Jahre alt – kam ich etwas zu spät aus der Schule. Die Großen hatten mich nach der Schule verprügelt. Ich habe geweint, hatte blaue Flecken im Gesicht und Schmerzen, und ich fühlte mich gedemütigt. Als ich zur Tür hereinkam, hast du mich angeschrien, weil ich zu spät kam und auch noch schmutzige Schuhe hatte. Du hast nur von meinen Schuhen gesprochen. (Erleben:) Ich habe mich nicht getraut, etwas zu sagen. Ich bin in mein Zimmer hochgegangen und habe geweint. Nach diesem Tag hatte ich immer Angst, zur Schule zu gehen, und Du hast nie verstanden warum. (Bedürfnis:) Ich hätte mir gewünscht, daß Du mich anschaust, daß Du meinen Kummer siehst und mich fragst, was passiert ist. Ich hätte mir gewünscht, daß Du mich in die Arme nimmst, mich mit Deiner Wärme tröstest. Ich hätte mir gewünscht, mit Dir zu reden. Ich hätte mir gewünscht, daß Du mich beschützt, mir sagst, wie ich mich zur Wehr setzen soll, und mir Rückhalt gibst.«

»Als ich entdeckt habe, daß Du mein Tagebuch gelesen hast, war ich am Boden zerstört. Ich habe ihm alle meine

Geheimnisse anvertraut. Diese Geheimnisse waren nicht für Dich bestimmt, deshalb hat mir das wehgetan. Ich konnte nicht einmal wütend sein. Ich war zutiefst traurig, Mama. Ich hatte das Bedürfnis, daß Du mit mir redest und mir zuhörst, nicht, daß Du diese Seiten über mein Innerstes liest.«

»Als Du den Gürtel herausgezogen hast, um mich zu schlagen, brach ich innerlich total zusammen. Ich wußte nicht, was ich machen sollte, solche Angst hatte ich. Am liebsten hätte ich mich unter dem Teppich verkrochen. Du hast mich angeschaut, und ich war über Deinen Blick entsetzt. Und dann prasselten die Schläge auf mich nieder. Sie brannten auf meinem Rücken, auf meinem Hintern und auf meinen Beinen. Ich wollte nicht schreien. Ich habe Dich gehaßt. Du hättest lieber mit mir reden sollen.«

»Als ich Dir mein Zeugnis vorgelegt habe, hast Du einen Blick hineingeworfen und nur gesagt ›ist gut‹, ohne mich anzuschauen. Ich war traurig und enttäuscht. Jedesmal hoffte ich, daß Du mir Fragen stellst, welches Fach ich gernhatte oder welches mir nicht so lag. Ich hatte den Eindruck, Du interessiertest Dich nicht für mein Leben und für das, was ich empfand.«

»Über meine Geburt weiß ich nichts Genaues, nur: daß ich große Füße hatte. Ich weine beim Gedanken daran, daß Du mir nie, aber auch nie gesagt hast, daß ich ein hübsches Kind gewesen sei. Es macht mich wütend, daß Du zu meiner Geburt nichts anderes zu sagen gewußt hast, als daß ich große Füße hatte. Ich habe das Gefühl, ich bin für Dich eine Mißgeburt. Ich hätte liebevolle Worte gebraucht.«

»Als Baby war ich die ganze Woche bei der Tagesmutter. Ich habe ständig auf Dich gewartet. Einem Baby von einigen Monaten fällt es schwer, wenn es Tag um Tag auf seine Mutter warten muß. Sehr schwer. Unendlich schwer. Du hast mir gefehlt, und ich habe darunter gelitten. Und zwar ganz enorm. Ich hätte in dieser Zeit Zuwendung, Deine Zuwendung gebraucht. Ich habe mich verlassen und unerwünscht gefühlt.«

»Papa, ich bin wütend auf Dich, weil Du mir gesagt hast, ich solle mich zusammennehmen und ein Mann sein, wenn ich mich mit etwas schwergetan oder geweint habe. Ich hätte erwartet, daß Du mit einfachen Worten auf mich eingehst und herauszubekommen versuchst, was mich bedrückt.«

Verlangen Sie Wiedergutmachung

Anschließend kommt die Forderung nach Wiedergutmachung. Was braucht jeder, damit er das Gefühl von Genugtuung bekommt? Einfühlung. Dies wird folglich die gefragteste Wiedergutmachung sein. Wir wollen einfach in unserem Leiden anerkannt, verstanden und nicht verleugnet werden.

»Papa, ich bitte Dich nachzuvollziehen, was ich an diesem und an den folgenden Tagen durchgemacht habe, als ich mit Striemen an den Beinen zur Schule gehen mußte.«

»Mama, ich bitte Dich, Dir vorzustellen, wie tief es mich verletzt hat, als Du mich vor meinen Freundinnen als Hure beschimpft hast.«

Suchen Sie in sich nach dem, was sie gebraucht hätten, um ihr Selbstwertgefühl wiederaufzurichten, und vor allem, um das Gefühl zu haben, Ihren Eltern wieder vertrauen zu können. Auf die Wiedergutmachung kommen wir im folgenden Kapitel zu sprechen. Je genauer und konkreter ihre Forderung ist, desto eher haben Sie eine Chance, Genugtuung zu bekommen. Nur Sie können wissen, was sie brauchen, damit die Beziehung zu Ihren Eltern wieder ins Lot kommt. Wenn Ihre Eltern bisher keine Anstrengungen in diesem Sinn unternommen haben, so nicht unbedingt aus böser Absicht. Entweder wissen sie nicht, wie eine Wiedergutmachung aussehen kann, oder sie glauben nicht an deren Nutzen.

Motivieren Sie Ihre Eltern abschließend zu einer Antwort

Zeigen Sie Ihren Eltern den persönlichen Vorteil, den sie haben, auf, wenn sie sich bemühen, Ihre Forderung zu erfüllen. Dazu müssen Sie ihnen nur deutlich machen, wie sich das auf Sie und Ihre Beziehung zu ihnen auswirkt. Sagen Sie Ihrem Vater oder Ihrer Mutter, was sich an der Beziehung verändert, wenn er oder sie Ihnen zuhört und die Forderung nach Wiedergutmachung erfüllt:

»Ich fühle mich Dir dann näher.«

»Ich komme Dich dann gern besuchen.«

»Dann schaue ich Dich mit Zärtlichkeit und Bewunderung an.«

Es geht konkret um die Zukunft. Die Sätze stellen keine Erpressung dar, sondern zeigen im Gegenteil Chancen auf. Es geht darum, den Eltern klarzumachen, daß sie die Beziehung zu uns mitbeeinflussen können, und ihnen den Weg zu weisen, der in unsere Herzen führt.

Lesen Sie Ihren Brief vor dem Abschicken nochmals durch. Schreiben Sie ruhig mehrere Entwürfe, ehe Sie eine endgültige Fassung versenden. Der Brief soll eine Aufgabe erfüllen. Er ist ein Mittel, um Wiedergutmachung zu erhalten. Verpatzen Sie dieses Vorhaben nicht!

Die Forderung nach Wiedergutmachung

Als meine Tochter neun Jahre alt war, werkelte sie in der Küche, um Freundinnen etwas mitzubringen. Ich erkundigte mich, was sie vorhatte, und sie kündigte »Äpfel im Ofen« an. Als ich am Backofen vorbeiging, fiel mir auf, daß der Thermostat auf 100 °C stand, und mischte mich ein, ohne daß sie darum gebeten hatte. »Die werden ja nie gar, für Bratapfel ist das nicht heiß genug«, sagte ich zu ihr und drehte den Schalter hoch. Margot versuchte noch, mir zu erklären, daß sie das Rezept in der Woche zuvor, als ich nicht da war, bereits erfolgreich ausprobiert hatte. Ich hörte ihr gar nicht richtig zu und hielt einen Vortrag darüber, wie man Äpfel gart. In Wahrheit wollte sie aber Apfelscheiben trocknen! Als wir dann den Ofen öffneten, waren die Äpfel weich und ihr Rezept mißlungen. Sie weinte aus Wut und Enttäuschung. Ich habe mich entschuldigt und ihr zugehört. Ich sah meine beiden Fehler ein: Ich hatte den Schalter eigenmächtig höhergedreht und ihr nicht zugehört. Ich versprach, mich (außer bei Gefahr) nicht mehr ohne Erlaubnis einzumischen. Ich versicherte ihr, daß ich auf ihre Fähigkeiten vertrauen würde, und schlug vor, ihr bei einem neuen Blech Äpfel zu helfen. Sie weinte noch immer. Es genügte nicht.

»Was willst du? Ich habe mich doch entschuldigt. Es

stimmt, ich hätte mich nicht so verhalten dürfen. Was fehlt denn, damit du das Gefühl hast, daß alles wieder in Ordnung ist?«

Sie schaute tränenblind zu mir hoch und schrie: »Ich habe das Gefühl, du willst gar nicht sehen, wie ich mich fühle. Dann ist alles, was du sagt, gar nichts wert.«

Ich nahm mir ihre Worte zu Herzen. Ich sah ein, wie recht sie hatte. Zwar hatte ich mich aufrichtig entschuldigt und mein Verhalten tat mir wirklich leid, aber ich hatte nicht nachgefühlt, wie es ihr dabei ging. Ich hatte ihr zugehört, um herauszubekommen, wie ich Verzeihung bekommen könnte, aber nicht wirklich nachzuempfinden versucht, wie sie sich fühlte.

»Du hast recht, mein Liebling. Ich sehe nicht richtig, wie du dich fühlst. Also erkläre es mir noch einmal. Sag mir, wie du dich gefühlt hast.« Ich setzte mich ihr nochmals gegenüber und hörte diesmal genau zu. Je länger sie redete, desto mehr wurde mir bewußt, was sich in ihr abgespielt hatte. Ich versetzte mich in die Haut des neunjährigen Mädchens: Sie konnte ihren Freundinnen nichts mehr mitbringen und mußte auch noch zugeben, daß ihr die versprochenen Apfelscheiben danebengegangen waren. Für ein neues Blech hatten wir keine Zeit mehr. Ich hatte dafür gesorgt, daß ihr Vorhaben mißlungen war. Das war ja nun nicht meine Aufgabe gewesen. Aber schlimmer noch als die verkochten Äpfel war das erschütterte Vertrauen. Ich hatte ihr nicht zugetraut, daß sie wußte, was sie tat, und nicht auf sie gehört. Ich hatte mich eingemischt, hatte ihre Fähigkeiten unterschätzt und nicht sehen wollen, daß sie selbständig zu werden begann. Sie hatte Spaß am Experimentieren, war stolz gewesen, daß ihr etwas gelungen war, und hatte mir das zeigen wollen. Und dann diese Demütigung. Ich hatte mich mit meiner Macht in den Vordergrund gedrängt. Was hatte ein kleines Mädchen mit neun Jahren der Selbstsicherheit ihrer Mutter entgegenzusetzen? Sie hatte nicht gewagt, sich mir zu widersetzen. Das alles wurde mir klar, und ich habe es für sie in Worte gefaßt. Liebesbedürftig kam sie in meine Arme. Ich drückte sie ganz fest an mich.

Platte Entschuldigungen heilen Verletzungen nicht. Nur echte Einfühlung, bei welcher der angerichtete Schaden ermessen wird, kann das Verhältnis reparieren. Der andere muß wirklich erfassen, was wir durchgemacht haben. Um den Verlust ihres Nachtischs zu verschmerzen, brauchte Margot nur ihre Wut. Doch damit unsere Beziehung wieder ins Lot kam und das verlorene Vertrauen wiederhergestellt wurde, war echte Einfühlung notwendig.

Eltern zögern, über die Vergangenheit zu sprechen, weil sie das Gefühl haben, sie könnten damit auch nichts mehr verändern. Zwar kann man die Uhr nicht zurückdrehen und einfach auslöschen, was passiert ist, aber man kann reparieren, was in einer Person und in einer Beziehung zerbrochen ist. Das ist gar nicht so kompliziert. Man muß nur zuhören, wirklich verstehen und Einfühlung zeigen können. Genau danach suchen alle. Einfühlung ist die Achtung vor unseren Emotionen und Gefühlen. Mit ihr fühlen wir uns als Individuum, als Person wirklich respektiert. Einfühlung gibt uns das Gefühl, daß wir ein Recht darauf haben, dazusein und das zu fühlen, was wir fühlen. Wir fühlen uns in unserer Persönlichkeit rehabilitiert und wieder eins mit uns.

»Du kannst mich nicht mehr zu meiner Geburt willkommen heißen. Du kannst das Leid, das mir mein Vater mit seinen Beleidigungen angetan hat, nicht mehr lindern. Du kannst mich nicht mehr in die Arme schließen, wenn ich von einer Reise zurückkomme, kannst mich nicht mehr an Dich drücken und fragen, was ich erlebt habe, und mir zeigen, daß Du Dich freust, mich wiederzusehen. Du kannst mich nicht mehr pünktlich von der Schule abholen. Das ist zu spät. Ich muß mit meiner Vergangenheit leben. Aber ich bitte Dich heute, an das Baby, an das Kind, an das junge Mädchen und an die junge Erwachsene, die ich war, zurückzudenken und endlich zu erkennen, wie sehr ich darunter gelitten habe, daß ich Tage und Tage auf Dich warten und mich beleidigen lassen mußte, ohne daß Du eingegriffen hast, daß ich mich nie aufgenommen und erwünscht gefühlt habe. Ich verlange Achtung vor dem, was ich durchgemacht habe. Ich habe Dich heiß und innig geliebt, ohne auf Gegenliebe zu stoßen. Es ist nicht selbstverständlich, einem Kind so etwas anzutun. Ich hatte in Deinem Herzen keinen Platz und bitte Dich heute um Achtung vor meinem Leiden. Du hast mir sehr wehgetan. Du kannst darüber weinen, es war wirklich sehr schlimm. Du kannst schreien, denn es war entsetzlich ungerecht und himmelschreiend. Ich war sehr unglücklich, und dafür bist zu einem Großteil Du verantwortlich. Du warst meine Mutter. Wenn ich von Deiner Seite aus nie Liebe gespürt habe, dann sieh mich wenigstens jetzt als einen Menschen an, der Achtung verlangt. Achtung habe ich schrecklich nötig. Die brauche ich vor allem.«

Simone hat sehnsüchtig auf eine Antwort gewartet. Eine Zeitlang blieb der Briefkasten leer. Dann kam zu ihrem Geburtstag ein Päckchen: eine Perlenkette. Ihre »Austernmutter« konnte ihr nicht schreiben, mit ihr nicht reden.

Aber sie hat ihr eine Perlenkette geschenkt. Simone nahm es als eine erste Anerkennung, einen ersten Schritt auf.

Eine Wiedergutmachung kann konkret sein und sich im Verhalten zeigen: »Ich möchte, daß Du mich in die Arme nimmst und fünf Minuten lang fest drückst. Ich möchte, daß Du mir die Schultern massierst. Ich möchte, daß Du mich küßt. Ich möchte meinen Kopf in Deinen Schoß legen, möchte, daß Du mir über das Haar streichst und sanft meinen Namen sagst. Ich bitte Dich, mir einen zärtlichen Brief zu schreiben, in dem Du etwas von Dir mitteilst.«

Eine Wiedergutmachung kann auch eher materieller Art sein:

»Ich möchte, daß Du mir einen Atlas schenkst.«

»Ich möchte, daß Du die Hälfte meiner Therapie bezahlst.«

»Als Wiedergutmachung möchte ich gern, daß Du mir zwei Jahre Studium bezahlst. Die brauche ich, um meinen Weg wiederzufinden.«

»Kauf mir bitte ein rotes Kleid.«

»Ich wünsche mir von Dir ein Buch über Sexualerziehung.«

Solche Angebote für eine Wiedergutmachung mögen lächerlich klingen. Wichtig ist, daß sie für beide Seiten eine Bedeutung haben. Die materielle Entschädigung, das Geld oder die Geste sind nur konkrete Erscheinungsformen eines Aktes mit einem tieferen Sinn: Die Tiefe der Verletzung des anderen wird anerkannt. Man kann alles wiedergutmachen. Kinder sind bereit, die schlimmsten Grausamkeiten zu verzeihen, sobald man einsieht, daß es Grausamkeiten waren. Kinder lieben ihre Eltern verzweifelt. Schon eine kleine Geste kann das Eis zum Schmelzen bringen.

Julia wurde von ihrem Vater vor den Augen und mit Wissen der Mutter mißbraucht. Wie kann die Mittäterschaft an einem Inzest wiedergutgemacht werden? Ist so etwas noch reparabel? Durchaus. Die betreffende Mutter wußte ihrer Tochter zuzuhören. Sie hat sie verstanden, ohne sich zu rechtfertigen, und hat mit ihr geweint. Als symbolische Wiedergutmachung hat sie ihr einen selbstgestrickten schwarzen Pullover geschickt, gerade in dem Augenblick, als ihre Tochter diese Wiedergutmachung von ihr verlangen wollte. Der Pullover war also genau das Richtige. Ich weiß nicht mehr, welche Bedeutung er in der Lebensgeschichte der Tochter gehabt hatte, aber die Aussagekraft war gewaltig.

Ein Geschenk muß nicht sein. Es ersetzt nicht die Einfühlung in das erlittene Unrecht, es ist das äußere Zeichen für sie. *Die Einfühlung, mit der die Schwere des verursachten Leidens ermessen wird, ist notwendig und reicht oft sogar, um das Band des Vertrauens zu flicken.*

Die Reaktion der Eltern

Robert schreibt mir:

»Auf Deinen Ratschlag hin habe ich einen Brief an meine Mutter geschrieben und in ihm die vielen Vorwürfe zusammengetragen, die ich gegen sie vorzubringen habe. Ich habe ihre Adresse darauf geschrieben und ihn dann in einem symbolträchtigen Akt verbrannt. Als ich meine innere Ruhe wiedergefunden hatte, konnte ich mit ihr über meine Leiden als Kind reden. Sie hat es sich angehört: Sie war ganz überrascht. Sie dachte damals, bei mir sei alles in Ordnung! Natürlich hat sie ihr Verhalten bedauert und mich gebeten, ihr zu verzeihen. Unser Verhältnis hat sich dadurch ganz klar verbessert.«

Reaktionen wie die von Roberts Mutter sind häufiger, als man glaubt. Unsere Eltern haben meist gar nicht mitbekommen, was sie uns angetan haben.

Wegen ihrer Verantwortung für die Gesundheit, den Schutz und die Erziehung ihrer Kinder neigen Eltern dazu, sich im Zentrum von allem zu sehen, was ihren Kindern widerfährt. Wie sie auf Ihren Brief reagieren, hängt von ihrer Fähigkeit ab, Schuldgefühle zuzulassen. Wenn ihnen bewußt wird, daß sie Fehler gemacht haben, sind sie entweder glücklich, mit Ihnen darüber reden, es wiedergutmachen und sich so von ihrem Schuldgefühl befreien zu können, oder aber sie weigern sich einfach, Schuld zu empfinden, und versuchen Sie zum Schweigen zu bringen. Eltern, die besonders gewalttätig waren, ziehen sich gern aufs Leugnen zurück, versuchen Schuldgefühle bei dem Kind zu wecken und setzen es herab. Wie soll man auch in den Spiegel blicken, wenn man derart grausam war? Man macht sich lieber vor, man sei es nicht gewesen, und Schluß. Der Sohn oder die Tochter haben sich etwas eingebildet. Die Mißhandlungen haben nicht stattgefunden. Alles ein Hirngespinst.

Manche Eltern erschreckt die Aussicht, daß sie die Macht über ihr Kind verlieren. Für sie geht es um einen hohen Einsatz. Sie brauchen die Unterwerfung des Kindes, um das Gefühl, gebraucht zu werden, nicht zu verlieren. Sie sind unfähig, ihr Kind zu lieben und sich auf seine Bedürfnisse zu konzentrieren. Sie drängen sich in den Vordergrund, auch wenn ihnen das nicht bewußt ist, denn sie sorgen sich ja so und opfern sich sogar für die Kinder auf. Ganz sicher sind sie den Kindern verbunden, aber nicht unbedingt in Form von Liebe.

Als Luigi seinem Vater mitteilt, daß er sich wundert, von ihm nie nach seinem Leben gefragt zu werden, erwidert der Vater: »Nein, ich stelle dir keine Fragen. Dein Leben interessiert mich nicht.« So deutlich! Dann aber antwortet er Luigi im nächsten Brief:

»Du sagst, daß ich Dich nicht liebe. Wie kommst Du darauf? Wer sagt so etwas? Ein Dummkopf! Ich habe sechs Fotos von Dir in meinem Schlafzimmer.«

Und etwas weiter: »Ich kann Dir sagen, daß ich jeden Tag mindestens drei- oder viermal an Dich denke. Ist das etwa keine Liebe?« Nein, das ist keine Liebe, auch wenn der Vater es wahrscheinlich nicht weiß. Er zeigt seiner Umgebung bei jeder Gelegenheit, wie stolz er auf seinen Sohn ist. Er schaut ihn sich auf dem Foto an. Aber wenn er ihm Auge in Auge gegenübersitzt, macht er ihm Vorwürfe und beleidigt ihn. Er redet ihn häufig mit »kleiner Depp« an. Luigi verletzt das sehr. Seine Mutter leugnet nicht, daß ihr Mann ihren Sohn so behandelt, nimmt ihn aber mit einer Erklärung in Schutz: »Er zeigt dir auf diese Art seine Zuneigung. Er kann dir seine Liebe eben nur mit Grobheiten zeigen.«

Das Gefühl der Liebe speist sich aus Emotionen der Liebe. Und solche Emotionen können sich nur in Augenblicken der Innigkeit entwickeln. Liebe zeigt sich in Zärtlichkeit. Und die drückt sich in Körperkontakt, in Blicken und Worten aus. Gewalt und Demütigungen gehören nicht zum Vokabular der Liebe.

Viele Reaktionen dienen dazu, die ins Wanken geratene Macht über das Kind zu bewahren: von der totalen und aggressiven Verweigerung einer Kooperation (»Du bist in einer Sekte, ich zeige dich an« – »Du bist verrückt« – »Du warst schon immer kompliziert« – »Du bringst deine Mutter noch ins Grab«) bis hin zur völligen Ablehnung (»Ich enterbe dich, von mir kriegst du nichts. Du bist nicht mehr mein Sohn«). Andere Eltern gehen dagegen auf Distanz: »Mach mit deinem Leben, was du willst. Wir haben unseres: Laß uns einfach in Ruhe.« Sie leugnen ihre Fehler nicht, wollen aber auch nicht verstehen und verteidigen sich nicht. Sie entziehen sich einfach der Beziehung. Ihre Reaktion drückt eigene Verletzungen aus, die so groß sind, daß sie nicht darüber reden können.

Soll man nachbohren? Hier sind wir mit der Freiheit des anderen konfrontiert. Es ist sein Recht, sich zu verschließen und die Beziehung abzulehnen. Aber wir haben das Recht, uns die Beziehung zu wünschen – und am Ball zu bleiben. Ohne uns zermürben zu lassen und vor allem, ohne ein Ergebnis zu erwarten. Wenn Ihnen die Aussöhnung wichtig ist, wenn Sie ein Bedürfnis haben, Ihren Papa oder Ihre Mama lieben zu können, dann nehmen Sie sich die Freiheit, nicht locker zu lassen. Resignation bedeutet, daß wir das Gesetz des anderen akzeptieren. Dazu die Worte eines Vaters, der ein harter Brocken gewesen ist: »Deine Hartnäckigkeit hat mich gerührt. Ich habe schließlich begriffen, daß Du mich nicht kaputtzumachen versucht hast, sondern nur eine ganz offene Beziehung anknüpfen wolltest. Ehrlich gesagt, ich hatte Angst vor Dir. Ich fühlte mich Dir nicht gewachsen. Ich habe mich vor Deiner Verachtung gefürchtet. Ich danke Dir, daß Du nicht lockergelassen hast. Heute weiß ich unsere Beziehung richtig zu schätzen. Das hätte ich mir nicht vorgestellt.«

Julian hatte vier Jahre in respektvoller Entfernung am Ball bleiben müssen, ehe er von seinem Vater diese Antwort bekam. Wenn Ihren Eltern gar nicht bewußt ist, daß sie Sie verletzt haben, wenn sie in gutem Glauben gehandelt haben, dann konfrontiert sie Ihr Brief mit Ihrer Wahrheit. Entweder reagieren Eltern dann verblüfft und haben sofort ein Bedürfnis nach Wiedergutmachung. Oder sie entwikkeln so große Schuldgefühle, daß sie vor dem Weiterlesen Angst haben. Wenn Ihre Eltern genug innere Sicherheit besitzen, werden sie versuchen, Ihnen zuzuhören. Falls nicht, werden sie leugnen, verdrängen oder sich in eine Opferhaltung flüchten: »Ich bin eine schlechte Mutter. Ich habe im Leben noch nie etwas Gutes zustandegebracht.«

Manche Eltern vergessen, daß sie ihre Kinder mißhandelt haben, andere sind sich dessen nicht bewußt, weil sie nicht die Absicht hatten, ihre Kinder zu schlagen, ihnen Schaden zuzufügen oder ihnen wehzutun. Ihre Aggressionen haben sich nicht gegen das Kind, sondern gegen die eigenen Eltern gerichtet. Die Verletzungen, die sie selbst erlitten haben, sind ihnen (zuweilen) noch bewußt, aber nicht die Verletzungen, die sie ihren Kindern zugefügt haben. Und wieder andere wollen die Tatsache ihrer Mißhandlungen nicht sehen, weil sie das zu einer Auseinandersetzung mit ihren eigenen Verletzungen in der Kindheit zwingen würde.

»Meine Mutter hat meinen Brief ins Feuer geworfen und gemeint, ich hätte ihr das alles schon gesagt. Immer wenn ich gehofft habe, daß sie mich verstehen würde, kam eine Enttäuschung, die noch hundertmal mehr schmerzte. Ich wollte sie mit meinem Brief nicht überzeugen, sondern ihr die Dinge nur sagen. Wenn ich darauf warten sollte, daß sie sich ändert, wäre ich längst kaputt.«

Erwarten Sie von Ihren Eltern keine Veränderung. Beschäftigen Sie sich mit Ihrem Teil der Verantwortung in der Beziehung. Tun Sie von Ihrer Seite, was Sie für richtig halten, und drücken Sie das aus, was Ihnen wichtig ist. Für die Reaktion darauf sind Ihre Eltern verantwortlich. Mit ihnen zu reden ist wichtig, um sich von der Abhängigkeit zu befreien. Eine anschließende Aussöhnung liegt nicht allein in Ihrer Hand.

Lassen Sie sich von den genannten negativen Reaktionen nicht abschrecken: Die positiven sind weitaus häufiger, als man glaubt. Meine Klienten sind oft verblüfft, auf wieviel Offenheit sie stoßen. So gibt beispielsweise Lilo die Reaktion ihrer Mutter wieder: »Jetzt, wo ich weiß, was Du empfunden hast, höre ich Dir zu. Ich erlaube Dir diese Bewältigungsarbeit. Ich wußte doch nicht, daß ich Dir wehgetan habe.«

Ein interessantes Detail: Sie »erlaubt« es, obwohl ihre Tochter mit vierunddreißig Jahren längst volljährig ist! Sehen wir über solche Reste eines Machtanspruchs hinweg und schauen auf das Positive der Reaktion. »Ich wußte das nicht. Das war mir nicht bewußt. Das war keine Absicht. Ich möchte, daß wir darüber reden. Kannst Du das genauer sagen? Ich hätte nicht gedacht, daß Du so darunter leidest. Wenn ich das gewußt hätte ...«

Und eine andere Mutter reagierte so:

»Wenn ich das Ausmaß des von Dir beschriebenen Leidens sehe und wieviel Balsam nötig wäre, um diese Schmerzen zu lindern, fühle ich mich schon etwas überfordert.«

Ein sehr schöner Anfang für einen Antwortbrief.

»Als mein Vater meinen Brief erhielt, hat er geweint und mir vorgeschlagen zu beten. Etwas später hat er mich nochmal halb freundlich, halb verärgert angerufen und gesagt, er habe versucht, mir zu schreiben, es aber nicht geschafft. Schließlich hat er das Gespräch mit den Worten beendet: ›Ich habe keine Lust, in der Vergangenheit herumzustochern. Das interessiert mich nicht.‹ Ehe er aufgehängt hat, sagte er: ›Wir reden noch einmal darüber, wenn Du willst.‹«

Die Reaktion ist rührend. Mit seinen Worten bringt dieser Vater zum Ausdruck, wie sehr er das Leiden seines Sohnes versteht. Er klagt ihn nicht an. Er bekennt sich zu seinen eigenen Schwierigkeiten, sich mit der Vergangenheit auseinanderzusetzen, macht die Tür aber nicht wieder zu.

»Meine liebe Annette,

zunächst einmal vielen, vielen Dank für Deinen Brief, der so liebevoll und zugleich so entsetzlich traurig war. Seitdem ich ihn erhalten habe, habe ich zweimal darauf zu antworten versucht, weiß aber nicht, wie ich das im einzelnen tun soll. Das ist zu kompliziert, denn dazu müßte man weit in die Vergangenheit zurückgehen. Ich hatte eine sehr strenge Erziehung, die mich seit meiner Kindheit blockiert hat. Bei uns wurden alle Gefühle sofort verbannt und durften nicht geäußert werden. Das hindert aber nicht, daß ich Dich liebe. Sicher ist dagegen, daß die Zuwendung vom Vater zum Kind zu mager ausgefallen ist. Das ist schade, aber so ist das eben. Ich sehe ein, daß ich es sehr viel besser hätte machen können.

Tausend dicke Küsse. Ich liebe Dich von ganzem Herzen.«

Dieser Papa hört zu und erkennt die Fakten an. Im Augenblick redet er nur von sich (»ich hätte es sehr viel besser machen können«), und Annette hätte Anspruch auf einen Satz im Stil: »Ich sehe, wie sehr Dir der Kontakt zu mir gefehlt hat, wie schwierig das für Dich gewesen sein muß.« Dieses Einfühlungsvermögen muß sich erst einmal entwickeln. Der Vater zeigt ein Bedürfnis nach Wiedergutmachung. Sein Bedauern ist spürbar. Er sieht seine eigenen Schwierigkeiten, mit seinen Emotionen Kontakt aufzunehmen und die Vergangenheit zu betrachten, aber er verurteilt Annette nicht.

Manche Eltern geben Fakten – im allgemeinen zu ihren Gunsten – entstellt wieder. Sie rekonstruieren eine Geschichte, die ihr Selbstbild schützt. Das ist auch Pias Erfahrung:

»Was den Briefwechsel mit meiner Mutter angeht, so hat mich ihre Antwort (positiv wie negativ) sehr überrascht. Ich konnte den in Gang gekommenen Dialog (noch?) nicht fortsetzen. Das Bild, das sie von sich selbst zeichnete, entsprach überhaupt nicht dem, das ich kannte, und manche Tatsachen hat sie verzerrt wiedergegeben. So sagte sie mir zum Beispiel, sie habe ›gewollt, daß ich zum Frauenarzt gehe‹, obwohl die Geschichte völlig anders gewesen war: Ich hatte den Termin eigenständig ausgemacht, und weil ich keinen Wecker hatte, bat ich sie am Vorabend, mich früher zu wecken, damit ich die Sache vor dem Unterricht hinter mich bringen konnte. Sie hat mir damals dann eine höchst unerfreuliche Szene mit Tränen gemacht: Alles hätte sie falsch gemacht! Sie hätte sich doch so gewünscht, daß ich mit ihr darüber rede, daß sie mich zum Arzt begleiten könne. Schließlich ist sie doch mitgegangen. Damals war ich sechzehn Jahre alt. Ich weiß nicht, was ich mit dieser Neudichtung der Vergangenheit anfangen soll.«

Manche Eltern zeigen offenbar guten Willen, bleiben dann aber in der eigenen Egozentrik stecken. Dazu ein Auszug aus dem Brief von Stephanie an ihre Mutter und deren Antwort darauf:

»Ich hatte gewaltige Schwierigkeiten, mit den Aggressionen anderer zurechtzukommen, und fraß jede Wut in mich hinein. Dadurch lief ich Gefahr, die Wut an meinen Töchtern auszulassen. Wenn der Druck zu groß wurde, versohlte ich ihnen den Hintern. Ich war völlig außer mir und einer schrecklichen Kraft ausgeliefert, die ich nicht beherrschen konnte. Als ich darüber nachdachte, was sich in mir abspielte, kam ich – auch dank meiner ältesten Tochter, die mich besonders gut in Rage bringen konnte – schließlich darauf, was mich die Beherrschung verlieren ließ: Wenn sie meine Bedürfnisse verleugnete und ihre durchsetzte, hatte ich das Gefühl, daß sie mich wie eine Sklavin behandelte. Dann spürte ich, wie die Wut in mir hochkochte und ich in Raserei geriet. So wollte ich nicht weiterleben. Ich sagte mir, daß ich lernen mußte, meine Emotionen zu beherrschen, und schrieb mich in diese beiden Kurse von Isabelle Filliozat zum Verstehen von Emotionen ein. Ich dachte, ich müßte Kontakt zu meiner Wut bekommen, zu dem gerechten Zorn, der verhindert, daß andere einen mit Füßen treten. Zunächst bin ich der Angst begegnet. Der Angst vor Dir, Mama. Ich stieß wieder auf die schreckliche Angst, die ich als kleines Mädchen allein in meinem Bett hatte, wenn ich schlafen sollte und Dich SCHREIEN hörte! Du hast so endlos lange geschrien, daß ich das Gefühl hatte, Du hättest den Verstand verloren … und diese Schreie erschreckten mich zu Tode, terrorisierten mich. Dazu fühlte ich mich für Virginia verantwortlich. Ich mußte meine kleine Schwester schützen, schon deshalb, weil sie häufig die Ursache Deines Geschreis war: Ich erinnere mich mit Entsetzen an den Abend, als sie ihre erste Sechs im Diktat bekommen hatte!«

Und die Antwort der Mutter:

»Meine liebe Stephanie,

es fällt mir nicht leicht, auf Deinen langen Brief zu antworten, aber ich werde es tun, damit Du in Deiner Therapie besser vorankommst. Die Rolle der Mutter ist einem nicht angeboren, weil man eine Frau ist, vielmehr wächst man täglich in sie hinein. [Sie rechtfertigt sich] Ich werde versuchen, auf Deinen Brief der Reihe nach zu antworten und auf die mir wichtigen Punkte angemessen einzugehen.«

Auf der folgenden Seite redet die Mutter nur von sich. Kein Wort über Stephanie. Sie kreist um sich selbst und rechtfertigt sich.

»Ich habe versucht, Euch mit Euren persönlichen Eigenarten aufwachsen zu lassen… Jetzt komme ich zu Deiner Angst, Angst vor mir, weil ich geschrien habe! Tatsächlich war es der Ausdruck meiner Verzweiflung, insbesondere wegen Virginia, die eine Sechs im Diktat bekommen hatte. Du mußt wissen, daß ich ihr gegenüber auch Schuldgefühle hatte, weil Eure kleine Schwester Juliette im Jahr von Virginias Vorbereitungsklasse für die Grundschule zur Welt kam und ich deswegen wohl nicht genug Zeit für sie hatte.«

Statt für Stephanie Einfühlung zu zeigen, spricht ihre Mutter von sich und sogar von ihrer Beziehung zu ihren anderen Kindern.

»Daß Du einen Mangel gespürt hast, hängt damit zusammen, daß ich Dich nur eineinhalb Monate gestillt habe. Stephanie, ich war damals zweiundzwanzig Jahre alt. Du hast nachts nicht durchgeschlafen. Dein Vater und ich waren sehr erschöpft, und für mich war diese Art, Dich zu füttern, wirklich kein Vergnügen. Es hat mir eigentlich nicht gepaßt, und ich habe es nur auf den – guten oder schlechten – Rat von Leuten hin getan, die mir bei der Lösung des Problems hatten helfen wollen. Daß ich Deine Schwestern gar nicht gestillt habe, hängt damit zusammen, daß ich diese Zeit mit Dir in keiner guten Erinnerung behalten hatte. [Noch eine Rechtfertigung.] Aber bei Deinen beiden Schwestern verlief alles glatt, und mir ging es sehr gut dabei.«

Stephanies Mutter schenkt dem Erleben ihrer Tochter keinerlei Aufmerksamkeit. Sie rechtfertigt sich, als säße sie auf der Anklagebank, obwohl Stephanie sich in ihrem Brief sehr klar ausgedrückt und ins Zentrum gestellt hat.

»Ich hoffe, ich konnte auf einige Deiner Fragen antworten. Falls ich etwas vergessen habe, antworte ich das nächste Mal.

Ich umarme Dich, Deine Mama.«

Die Mutter kreist in diesem Brief ganz um sich selbst. Sie steckt voller guter Absichten, hat für ihre Tochter aber weder Verständnis noch Einfühlung. Sie geht so weit, daß sie von ihren unangenehmen Erfahrungen beim Stillen berichtet. Was hat wohl ihr Säugling damals empfunden? Sie spricht von dieser Erinnerung und ist sich gar nicht bewußt, daß sie das Gefühl ihrer Tochter, zu kurz gekommen zu sein, damit nur bestätigt. Aus ihren Worten geht hervor, daß ihre Tochter schon vor dem Abstillen einen Mangel erlitten hat.

Die Mutter zieht sich deutlich auf eine verleugnende Haltung zurück. Sie rekonstruiert eine neue Realität, um sich dem Problem ihrer Tochter nicht stellen zu müssen. Stephanie soll die Dinge so sehen: »Meine Mutter hat nicht den Verstand verloren, sie war durch Überlastung im Haushalt verzweifelt und psychisch am Ende. Sie bekam psychische Probleme, weil der Nervenarzt ihre Behandlung abrupt abgebrochen hatte.«

Aber die Mutter verkehrt die Tatsachen: Nicht der Abbruch der Therapie hat ihre psychischen Probleme ausgelöst, sie hatte bereits Probleme und war deswegen behandelt worden. Diese Frau verharrt aktiv beim Leugnen. Die Zeit der Aussöhnung ist noch nicht gekommen.

Als Gegenbeispiel läßt sich ein Auszug aus dem sehr schönen Brief einer anderen Mutter anführen:

»Ich danke Dir, daß Du uns geschrieben hast und uns an Deinem Schmerz hast teilhaben lassen, von dem ich keine Ahnung hatte. Es stimmt, ich habe Dich nicht oft umarmt. Und ich habe Dich sehr wenig berührt. Ich wußte nicht, wie man ein Kind liebkost. Ich habe mit Körperkontakt Schwierigkeiten, weil meine Eltern ihn vermieden haben. Ich selbst habe darunter nicht gelitten. Ich kenne keine Zärtlichkeit und habe Dir deshalb auch keine geben können. Aber ich habe nie daran gedacht, daß Du darunter leiden könntest. Das tut mir sehr leid. Sag mir, was ich tun kann, um Dir zu helfen. Ich komme nach Paris, wenn Du willst, und spreche mit Dir alles durch.«

Als Jutta diesen rührenden Brief erhielt, reagierte sie glücklich und erschreckt zugleich. Glücklich, weil sie sich eine so positive Antwort überhaupt nicht hatte vorstellen können, und andererseits erschreckt, weil sie die Aussicht auf eine Begegnung mit ihren Eltern erstarren ließ. Sie hatten sie nie eine innige Nähe spüren lassen, nie mit ihr über Emotionen oder Gefühle geredet und sie nie liebkost. Der Gedanke, sie nach diesem tief vertraulichen Briefwechsel zu Besuch zu haben, war ihr geradezu unangenehm. Sie bat mich um ein Treffen zu dritt bei mir. »Bei dir fühle ich mich aufgehoben. Ich weiß, daß du mir hilfst, mich auszudrücken, und daß du dich um sie kümmerst.«

Die Begegnung

Traude arbeitet seit einigen Monaten mit mir. Sie hat eine schwere Kindheit hinter sich. Sie ist geschlagen, gedemütigt und auf jede Art mißhandelt worden. Sie ist über vierzig, hat aber noch immer panische Angst vor ihrem Vater und kann sich auch gegen ihre Mutter nicht durchsetzen. Sie läßt sich von beiden leicht Vorschriften machen. Am Tag nach einem Kurs erhalte ich folgende Nachricht:

»In der Küche die mütterliche Frage: ›Hast du ein schönes Wochenende gehabt?‹ Und ich, begeistert, erzähle ihr alles! Ich nehme mir Zeit, erzähle, was mich zu meinem Schritt bewogen hat, erkläre das Wie und Warum, meine

Leiden, mein Unwohlsein … Alles ohne Verurteilung, ohne Aggressionen, auf mich konzentriert und so genau wie möglich – wie Du es geraten hast und wie ich es gelernt habe. Ich lege ganz ruhig die Fakten dar, und das war's. Am Ende sagt sie leicht wehmütig zu mir: ›Ich habe meine Kindheit längst vergessen.‹ Und mit einem freundlichen Lächeln fügt sie hinzu: ›Bist du jetzt geheilt?‹(!)

Dann bin ich zu meinem Vater gegangen, um ihn zu begrüßen. Er hatte von dem Gespräch nichts mitbekommen und stellte mir die gleiche Frage: ›Hast du ein schönes Wochenende gehabt?‹ Da habe ich beschlossen, mir Zeit zu nehmen, und mich gesetzt. Und ich habe das gleiche noch einmal gesagt. Er hat mich nur unterbrochen, um nach Einzelheiten zu fragen, hat verständige und einfühlsame Bemerkungen gemacht und mir bis zum Schluß interessiert zugehört, ohne wie gewöhnlich von sich selbst zu reden. Ich faßte es nicht! Am Ende bin ich aufgestanden und wollte gehen. Mein Herz klopfte zum Zerspringen, und meine Füße wurden schwach. Ich tat ein paar Schritte. Innerlich fragte ich mich, ob das, was ich jetzt sagen wollte, richtig war oder nicht. Ich schwankte heftig. Dann drehte ich mich um und sagte: ›Der letzte Kurs findet im Juli statt. Ich kann ihn mir leisten. Aber als Entschädigung für meine Leiden als Kind würde ich ihn gern von euch geschenkt bekommen.‹ Ich glaube, mein Vater ist ein bißchen blaß geworden, jedenfalls hat sich sein Gesichtsausdruck verändert. Er schaute mir einige Sekunden lang tief in die Augen und sagte: ›Ich schenke ihn dir sehr gern.‹ Ich selbst war völlig durcheinander. Ich schloß ihn in meine Arme und hatte den Eindruck, daß meine Gefühle erwidert wurden. Und ich sagte mir, mein Vater ist doch ein netter Typ. Und jetzt? Was soll ich damit anfangen?

Was denkst du? Reicht das als Wiedergutmachung? Oder mache ich mir noch Illusionen? Jedenfalls ist das ganz schön anstrengend. Ich zittere jetzt noch. Aber ich mache weiter.«

Traude faßt es kaum. Sie kann sich nicht erinnern, daß ihre Eltern und insbesondere ihr Vater sich für ihr Leben und ihre Gefühle je interessiert hätten. Aber es ist bestimmt so: Wenn wir selbst die innere Bereitschaft entwickelt haben, wollen oft unsere Eltern mit uns ins Gespräch kommen. Warten Sie trotzdem nicht, bis sie von sich aus auf Sie zukommen. Wenn es geschieht, ist es um so besser, falls nicht, dann fassen Sie sich ein Herz, und gehen Sie auf ihre Eltern zu.

Sie fühlen sich stark? Sie haben Ihren Emotionen freien Lauf gelassen und Ihre Verletzungen ausgeheilt? Sie sind zu der Begegnung bereit? Nehmen Sie sich einen Tag Urlaub, um bei Ihren Eltern unangemeldet aufzukreuzen. Kündigen Sie ihnen am Telefon an, daß sie ins Flugzeug steigen und zum Mittagessen bei ihnen sind. Laden Sie Ihre Mutter ins Restaurant ein, oder machen Sie mit Ihrem Vater einen Spaziergang durch den Wald. Spontaneität zahlt sich für eine Beziehung aus, während strategische Planung eher schadet.

Spontaneität heißt nicht fehlende Vorbereitung. Mehrmals ins Unreine schreiben, was wir zu sagen haben, kann immer nützen. Zum einen wird unser Gehirn aktiviert, so daß die Worte leichter kommen. Zum anderen können wir so herausfiltern, was wirklich gesagt werden muß und was nicht.

»Ihre Methoden und Ratschläge haben mir geholfen, meiner Mutter näherzukommen. Sie konnte mich fast nicht mehr ertragen. Ich habe meine Wut auf eine positive Weise zum Ausdruck gebracht, und es hat funktioniert. Ich habe jetzt einen besseren Draht zu ihr und auch zu meinem Vater!« Die Begegnung mit Ihren Eltern ist zu wichtig, um sie nachlässig anzugehen.

Sichern Sie sich den Beistand der Menschen, die Ihnen seelisch nahestehen. Die Begegnung mit den Eltern ist ein Augenblick großer Intensität. Sie brauchen vorher, nachher und zuweilen sogar während des Treffens Beistand. Franziska hat eine Freundin zu ihrer Mutter mitgenommen. Sie wußte, daß ihre Mutter sie in Gegenwart einer dritten Person nicht zurückweisen würde. Und sie fühlte sich mit der Freundin an der Seite stärker. Die Anwesenheit Dritter wirkt beschwichtigend. Wenn andere dabei sind, halten sich die meisten Menschen mit Beschimpfungen und aggressiven Ausbrüchen zurück. Die Rolle des Dritten kann auch Ihr Psychotherapeut spielen. Darauf kommen wir später noch zurück.

Man kann mit beiden Elternteilen zusammen reden. Allerdings ist es im allgemeinen passender, das Gespräch mit ihnen einzeln zu führen – auch wenn beide unabhängig vom individuellen Verhalten zu jeweils 50 Prozent für ihre Kindheit verantwortlich waren. Aber beide sind Individuen, und eine Wiedergutmachung, die individuell erbracht worden ist, bringt mehr. Wenn der Partner nicht mithört, sind beide Elternteile eher in der Lage, über ihre eigene Geschichte zu reden. Manche Geheimnisse werden nur mühsam gelüftet. Wie könnte Herbert vor seiner Frau zu seinem Sohn sagen: »Du sagst, ich hätte dir keine Zuwendung gegeben. Es stimmt, daß ich nicht da war und daß ich mich nicht um dich gekümmert habe. Aber jedesmal, wenn ich zu dir wollte, hat deine Mutter mich vertrieben.

Du hast ihr gehört.« Wie könnte Patrizia vor ihrem Ehemann zu ihrer Tochter sagen: »Bevor ich deinen Vater geheiratet habe, war ich unsterblich in einen anderen Mann verliebt. Anfangs war ich dir dafür böse, daß du nicht die Tochter des Mannes warst, den ich noch immer liebte.«

Wenn die Eltern als Ehepaar kein wirklich inniges Verhältnis haben – das ist leider oft der Fall –, öffnen sie ihr Herz im Beisein des anderen nicht so leicht. Es kann zwischen ihnen auch ein (offener oder latenter) Konflikt schwelen, dann haben sie Angst vor dem Urteil des Partners und fürchten, er könne Macht über sie gewinnen. Sie müssen ihr Gesicht wahren und werden sich mit Zähnen und Klauen verteidigen, solange der andere dabei ist. Es gibt auch Eltern, die eine Symbiose bilden: Der eine springt stets zur »Verteidigung« für den anderen in die Bresche. »Wie kannst so etwas zu deiner Mutter sagen? Schämst du dich nicht?« Ein Gespräch unter vier Augen ermöglicht eine größere Vertrautheit. Haben Sie den Mut, Ihre Eltern zu diesem Zweck für ein paar Stunden voneinander zu trennen.

Um Ihre Eltern darauf vorzubereiten, Ihnen zuzuhören, müssen Sie zunächst eine günstige Situation schaffen. Wenn Sie zu Ihren Eltern ein ausreichend vertrautes Verhältnis haben, können Sie frei heraus reden. Wenn dies nicht der Fall ist, können Sie Ihre Eltern zunächst bitten, über ihre eigene Geschichte zu reden. »Mama, erzählst du mir aus der Zeit, als du klein warst?« Wenn man dem Kind in sich selbst näher ist, vernimmt man leichter das Kind im Inneren des anderen. Sobald Sie Einfühlung gegenüber dem Kind in Ihrer Mutter oder Ihrem Vater zeigen, wird sie oder er darauf vorbereitet, anschließend Ihnen dieselbe Einfühlung zu geben.

Eine andere, sehr wirkungsvolle Möglichkeit besteht darin, gemeinsam alte Fotos aus Ihrer Kindheit anzuschauen. »Papa, holst du den Karton mit den Fotos, als wir noch klein waren?« Beim Betrachten der Aufnahmen stellen Sie dann Fragen und sprechen über Ihre Geschichte. »Ich schaue auf dem Foto ziemlich traurig. Was ist passiert?... War das nicht die Zeit, als ich diesen strengen Lehrer hatte? Hast du dich damals nicht gerade mit Mama gestritten? War das nicht die Zeit eurer Reise nach Venezuela?«

Aussöhnung findet eher in einem Prozeß als in einem einzigen Gespräch statt. Es gibt viel zu besprechen und anzuhören, ehe Eltern und Kinder sich anerkannt und akzeptiert fühlen und damit in der Beziehung das Gefühl erhalten, Genugtuung bekommen zu haben. Mehrere Begegnungen werden notwendig sein. Es ist sinnlos, »alles« auf einmal sagen zu wollen.

Vergessen Sie nicht: Sie sind vorbereitet, Ihre Eltern nicht! Lassen Sie ihnen die Zeit, die Dinge in sich aufzunehmen. Erwarten Sie keine sofortige Reaktion im Sinn einer Wiedergutmachung. Bleiben Sie standhaft gegenüber ersten Reaktionen des Leugnens oder der Aggression. Ihre Eltern werden nur mit Ihnen reden und Ihnen zuhören, wenn sie das sichere Gefühl haben, daß sie weder verurteilt noch angegriffen werden. Es ist besonders schwierig, den Gedanken an sich heranzulassen, daß man sein Kind verletzt hat oder es zuließ, daß es verletzt wurde. Die Eltern müssen sich in einem Klima von Vertrauen und Respekt aufgehoben fühlen.

Manchmal ist es zu schwierig, seinen Eltern allein gegenüberzutreten. Es gibt Leute, die Angst davor haben, nicht die richtigen Worte zu finden und nicht alles sagen zu können. Andere befürchten, daß ihre Eltern nicht zuhören, nicht verstehen, leugnen oder sie mit Worten oder sogar körperlich angreifen werden. Wieder andere fühlen sich einfach durch die anstehende vertrauliche Situation verunsichert: »Ich habe noch nie so ein Gespräch mit meinen Eltern geführt. Ich kann mir das nicht vorstellen. Ich möchte ihnen nicht allein gegenübersitzen.« In meiner Ausbildung habe ich gelernt, daß ein guter Therapeut vor den Eltern seiner Klienten keine Angst haben darf. Das habe ich mir gemerkt. Wenn unsere positiven Botschaften an unsere Klienten verstanden werden sollen, müssen wir mehr Überzeugungskraft ausstrahlen als deren Eltern. Ein Therapeut, der sich vor den Eltern seiner Klienten fürchtet, hat meist die Auseinandersetzung mit den eigenen Eltern noch nicht gesucht. Seine Botschaften haben dann nicht die notwendige Überzeugungskraft, um Klienten bei der Heilung zu helfen.

Wie schon in der Einführung erwähnt, empfange ich in meinem Sprechzimmer immer häufiger auch Kinder mit ihren Eltern, nachdem mich eine Klientin einmal dazu aufgefordert hatte: »Mach du das doch, wenn es so einfach ist.« Diese Kinder sind natürlich nicht mehr so ganz jung: Die älteste Frau, die zu einem Gespräch mit einem noch lebenden Elternteil kam, war vierundsechzig und ihre Mutter fünfundachtzig Jahre alt. Wir haben das Gespräch statt in meinem normalen Sprechzimmer in meinem kleinen Arbeitszimmer im Erdgeschoß geführt: Ich konnte es der alten Dame nicht zumuten, die Treppen bis in die zweite Etage meines Hauses hochzusteigen.

»Das werden meine Eltern nie machen«, höre ich oft. Nur zögernd schlagen Klienten ein solches Treffen vor. Trotzdem haben sich einer solchen Begegnung meines Wissens nur zweimal Eltern verweigert. Eine Mutter meinte kategorisch: »Kommt nicht in Frage.« Und ein Vater: »Wir brauchen niemanden von außen, um zu reden. Wo kommen wir hin, wenn man in der Familie nicht mehr reden kann.« Es erübrigt sich zu sagen, daß in seiner Familie überhaupt keine Kommunikation mehr stattfand.

Die einfache Anwesenheit eines neutralen Dritten erleichtert das gegenseitige Zuhören. Die Regeln sind einfach: Was sich in dem Gespräch abspielt, unterliegt dem Berufsgeheimnis. Aggressive Verhaltensweisen und Verurteilungen sind untersagt. Jeder hört dem anderen zu und gibt dann in eigenen Worten wieder, was er gehört hat. Und meine Rolle dabei? Ich begleite meine Klienten, während sie ihren Eltern gegenüber ihre Emotionen und Bedürfnisse artikulieren. Und ich begleite ihre Eltern beim Zuhören und Verstehen. Gelegentlich auch bis zu einer Wiedergutmachung.

Im allgemeinen nehme ich näher bei dem betreffenden Elternteil Platz – gewissermaßen als ein Signal, daß ich an seiner Seite bin. Er muß Vertrauen fassen, denn dies ist für eine ausgewogene Gesprächssituation wichtig. Der Klient ist ja bereits in seinem Element. Er kennt mich, beherrscht die Regeln der Therapie, ist an den Raum gewöhnt, hat die Initiative ergriffen und sich auf das Treffen vorbereitet. Für den Elternteil ist dagegen alles Neuland: der Raum, ich, die Art, wie ich eingreife, und (oft) auch die Welt der Emotionen. Ich gehe davon aus, daß Eltern, die es bis in mein Sprechzimmer geschafft haben – weil sie die Beziehung zu ihrem Kind reparieren wollen –, auch damit einverstanden sind, daß ich sie mit ihren Haltungen konfrontiere und mich gelegentlich ihrer Lebensgeschichte zuwende. Dennoch bitte ich grundsätzlich um Erlaubnis, wenn ich an einen Vater oder eine Mutter herantrete, ihnen Fragen stelle und sie gegebenenfalls sogar anfasse. Mitunter bitte ich das »Kind« hinauszugehen, damit der Vater oder die Mutter Vertrauen fassen können: Ich gebe ihnen die Einfühlung, die notwendig ist, damit sie ihrerseits ihrer Tochter oder ihrem Sohn mit Einfühlung begegnen können. Vielen Eltern ist selbst nie zugehört worden, deshalb wissen sie gar nicht, wie sie zuhören sollen. Es fehlt ihnen weder am Willen noch an der Zuneigung. Sie haben einfach keine Ahnung von der Welt der Emotionen und reagieren ungeschickt und mit Unbehagen auf die Forderungen ihrer Kinder. Es dauert eine ganze Weile, ehe ich ihnen ihre Möglichkeiten deutlich gemacht und ihnen die Bedürfnisse ihrer Kinder erklärt habe. Manchmal bitte ich um die Erlaubnis, sie zu Gesten der Wiedergutmachung zu geleiten.

Die Regel, in eigenen Worten wiederzugeben, was der andere gesagt hat, fördert ein tieferes Verständnis. Die Regel, nicht zu verurteilen, hilft, Aggressionen zu vermeiden, und verpflichtet zur Mitteilung der eigenen Emotionen. Keine Meinungsäußerung über den anderen, keine Beurteilung und keine Lektion in Sachen Moral. Nur ein Teilhabenlassen an Emotionen, Gefühlen und Bedürfnissen. In einer ersten Sitzung, die oft die einzige mit mir bleibt, wird der Dialog wieder angeknüpft. Manche führen das Gespräch anschließend allein fort, andere wollen es lieber bei mir vertiefen. Schon die Bereitschaft der – oft betagten – Eltern, an einer Sitzung beim Therapeuten ihres Kindes teilzunehmen, zeigt ihre positive Absicht, wenn nicht sogar Liebe oder zumindest den Wunsch, ihr Kind zu lieben. Schon dies ist für den Klienten eine überwältigende Erfahrung.

Manche laden ihre Eltern zu früh ein. Dann hören diese häufig nicht zu. Aber auch wenn der Zeitpunkt stimmt, zeigen manche Eltern sich natürlich noch verschlossen und defensiv und kreisen um sich selbst. Aber sie bilden die Minderheit. Ein erster Schritt in Richtung des anderen ist immerhin gemacht. Es ist möglich geworden, über Dinge zu reden, die zuvor tabu oder zu konfliktträchtig gewesen sind. Zudem bekommen die Klienten bei solchen Sitzungen wertvolle Informationen zu ihrer Geschichte. Sie bilden einen Ausgangspunkt. Selbst wenn es nicht gelingt, zu einer ganz offenen und liebevollen Beziehung zu gelangen, so wird die Grundlage für einen neuen und innigeren Dialog gelegt. Dies spiegelt beispielsweise der folgende Brief von Katja an ihre Mutter nach einer Sitzung wider:

»Du hast Dich bereit erklärt, mit mir in die Therapiesitzung zu gehen, und dafür danke ich Dir. Mir war das wichtig. Diese Sitzung hat mir vor Augen geführt, wie sehr ich mich danach sehne, von Dir verstanden zu werden; wie sehr meine Erwartungen von heute in einem Mißverhältnis zu meiner Realität als Erwachsene und Frau stehen. Während dieser Sprechstunde konnte ich mir Klarheit darüber verschaffen, was sich in meiner Kindheit abgespielt haben muß und warum ich es nicht mit Worten ausdrücken konnte. Wie hätte ich als Kind diesen subtilen Unterschied zwischen dem, was Du mir sagtest, und Deinem Verhalten in Worte fassen können, das mir immer das Gegenteil vermittelt hat. Diese beiden Ebenen von Botschaften, die einander widersprachen, haben in mir Zweifel an meiner Wahrnehmung geweckt. Und diese Zweifel lähmen mich und hindern mich daran, Dir zu sagen, was ich auf dem Herzen habe. An Deinen Verhaltensweisen stört mich am meisten die Art, wie du das Kinn anlegst, den Kopf leicht nach rechts neigst und mit einem unangebrachten Lächeln abwartest, was ich Dir sagen werde. Diese Haltung signalisiert mir, daß Du meine Botschaft nicht annehmen willst. Wenn ich mit Dir rede, habe ich das Gefühl, daß Du innerlich in Abwehrstellung gehst, als ob ich Dich anklagen wollte. Wenn ich versuche, über mein Erleben als Kind zu reden, rechtfertigst Du Dich mit Deiner schwierigen Lage. Ich fühle mich unverstanden und bin sehr traurig.«

Katja konnte mit ihrer Mutter über die Sitzung und ihr Erleben noch mehrmals reden. Allmählich schaffte sie es, daß die Mutter sich die Rechtfertigungen abgewöhnte und wirklich zuzuhören begann. Katja erinnerte sie in freundlichem Tonfall an ihre Körpersprache: »Mama, dein Kopf, bitte nicht so auf die Seite.«

Manche Eltern haben gewaltige Schwierigkeiten, sich aus der eigenen Egozentrik zu lösen. Sie können ihrem Kind nicht zuhören, sich nicht auf seine Realität konzentrieren. Dauernd rechtfertigen sie sich: »Das wollte ich doch nicht.« – »Das war doch keine Absicht.« – »Ich habe mein Bestes getan.« – »Ich war eine gute Mutter.« Ich, ich, ich – sie reden immer nur von sich. Sie fühlen sich schuldig, verteidigen sich und kommen von sich selbst nicht los, um sich auf die Realität des anderen zu konzentrieren. Hinter dieser Egozentrik stecken eine Abhängigkeit vom

Urteil anderer und ein tiefer Mangel an innerer Sicherheit. Solange ihre Tochter oder ihr Sohn das, was sie zu sagen haben, nicht mit genügend Selbstvertrauen vorbringt, solange sie noch vor den elterlichen Reaktionen Angst haben, reagieren solche Väter und Mütter zwangsläufig verunsichert und gehen in Abwehrstellung. Die vorangegangenen Ausführungen haben bereits deutlich gemacht, daß Eltern sich eigentlich nicht vor den »Angriffen« oder »Anklagen« ihrer Kinder schützen, sondern vor ihren eigenen Ängsten: daß sie dem Gespräch nicht gewachsen sind, nicht geliebt, nicht mehr gebraucht werden …

Als ich eine Mutter mit Nachdruck dazu bringen wollte, daß sie endlich ihre Tochter in den Mittelpunkt stellte, überraschte sie mich mit der Reaktion: »Ja und ich?« Ganz offenbar standen ihre Bedürfnisse schon länger mit denen der Tochter in Konkurrenz. Immer schon hatte sie sich trotz ihrer scheinbaren Aufopferung für ihre Kinder in den Vordergrund geschoben. Ihre Tochter Gisela war nur auf der Welt, um Mutters Bedürfnisse zu befriedigen. Die Tochter übernahm die Rolle der Mutter: Gisela spürte dumpf, daß sie für ihre Mutter da sein und ihre eigenen Bedürfnisse hintanstellen mußte. Die Sitzung lieferte ihr die Bestätigung, daß sie als Individuum keinerlei Geltung besaß. Ihre Mutter war noch nicht in der Lage, sie als selbständige Person anzusehen.

Auch Hildes Mutter Yvonne hatte Schwierigkeiten, sich von ihrer Sicht der Dinge freizumachen.

»Als Jugendliche durfte ich ja nicht einmal ein Poster aufhängen.«

»Allerdings nicht. Es sollte ja ordentlich aussehen. Das Zimmer war neu hergerichtet und frisch gestrichen. Die Farbe sollte nicht verhunzt werden. Ich hatte nichts dagegen, daß du Poster aufhängst, aber Reißnägel hinterlassen eben Löcher in den Wänden.«

Yvonne leugnete die Fakten nicht. Aber sie konnte sich nicht vorstellen, daß ihr Verhalten die Persönlichkeitsentwicklung ihrer Tochter behindert hatte. Ich führte ihr vor Augen, wie wichtig es ist, daß sich Kinder und insbesondere Jugendliche ihre eigene Umgebung schaffen. Sie stimmte zwar zu, aber eher aus Unterwürfigkeit gegenüber der Autoritätsperson, die sie in mir sah, als aus Einfühlung. Sie erfaßte das Problem nicht wirklich. An der Beziehung zu ihrer Tochter hat sich im Anschluß nur wenig verändert. Sie zeigt sich etwas vorsichtiger und äußert sich weniger kritisch. Und sie überlegt, ehe sie spricht. Aber sie hat das Problem nicht richtig erkannt und noch weniger verarbeitet. Dennoch hat der Tochter die Sitzung genützt, weil sie über das Verhalten ihrer Mutter mehr Klarheit bekommen hat und ihre Erfahrungen in Worte fassen konnte.

Die Begegnung mit den Eltern ist kein Zaubermittel, das Ihr ganzes Leben verändern wird. Sie ist eine Etappe mit dem Ziel, es Eltern und Kindern zu ermöglichen, zu einer harmonischen Beziehung zurückzufinden.

Daniels Eltern sind beide gekommen … und zwar mehrmals. Sie nahmen an der Therapie ihres Sohnes aktiv teil. Trotz der weiten Anfahrt haben sie sich einzeln oder beide vom flachen Land herbemüht und in meiner Gegenwart mit ihrem Sohn geredet. Daniel hat über seine Geschichte vieles erfahren. Seine Eltern haben ihre Schwächen eingesehen und seine Gefühle verstanden. Sie haben die Angst, die ihn im Griff hielt, nachvollziehen können und sich seine Verzweiflung als Kind bewußt gemacht. Sie haben die Arme nach ihm ausgestreckt und ihm ihre Herzen geöffnet, ungeschickt zuweilen, aber aufrichtig und echt.

Trotzdem haben die Sitzungen Daniel keine Erleichterung gebracht. Im Gegensatz zu seinen Eltern hat er nicht geweint. Seine Emotionen waren längst versiegt. Ich habe die Hoffnung, daß die Eltern sich ihrem Sohn ein Stück näher fühlen. Sie haben Fortschritte in ihrer Beziehung zu ihm festgestellt, aber nicht genug Fortschritt in seinem Leben, und das wäre in ihren Augen wichtiger gewesen. *Die Begegnung mit den Eltern heilt das Kind nicht. Es ermöglicht eine Aussöhnung, eine Wiedergutmachung für die Beziehung. Aber seine Genesung muß das erwachsene Kind selbst bewerkstelligen.*

Manche Eltern geraten stark aus dem Gleichgewicht, wenn sie feststellen, daß sie den Bedürfnissen ihres Kindes nicht ausreichend Aufmerksamkeit geschenkt haben, obwohl sie das Gefühl hatten, ihre Bedürfnisse immer hinter denen anderer, insbesondere der Kinder, zurückgestellt zu haben. Es kann sehr schmerzhaft sein, wenn einem bewußt wird, daß es nicht immer möglich war, das Kind im Mittelpunkt zu sehen, für es da zu sein, es zu begleiten, ihm zuzuhören und mit ihm zu reden. Noch schmerzhafter ist es, wenn Eltern mitansehen, wie ihr Kind im Beruf oder privat scheitert, krank wird, an Drogen zerbricht oder umkommt, statt mit ihnen zu reden. Dann überfallen sie unweigerlich Schuldgefühle.

Viele Eltern wissen gar nicht, daß sie ihre Kinder nicht lieben. Sie verwechseln Liebe mit der Tatsache, daß sie sich Sorgen machen, sich aufopfern. Sie empfinden Zuneigung, haben aber nie oder fast nie die Emotion der Liebe gespürt. Ihnen dabei zu helfen, sich dessen bewußt zu werden, ohne Schuldgefühle zu wecken, ist besonders heikel. Dieses Bewußtsein kann schmerzhaft sein – dieser ganze Scherbenhaufen, all die verlorene Zeit –, aber es bietet zugleich eine Gelegenheit, in der Beziehung eine neue Dimension zu entdecken. Und es ist nie zu spät, glücklich zu werden. In der Sitzung helfe ich Eltern dabei, Bedingungen zu schaffen, unter denen die Emotion der Liebe aufkeimen kann: Intimität, Authentizität, Einfühlung und Zärtlichkeit. Auch wenn das Gefühl der Liebe häufig mit dabei ist, haben die meisten Familien die Emotion der Liebe seit langem nicht mehr erlebt, obwohl gerade sie das Ferment der Beziehung bildet. Am Ende jeder Sitzung versuche ich deshalb, diese Emotion zu wecken. Manchmal taucht sie ganz von selbst auf: Wenn die Intimität einen bestimmten Grad erreicht, verspüren die Beteiligten das natürliche Bedürfnis, sich zu berühren, zu küssen und in die Arme zu schließen. Manchmal blockiert ein Schamgefühl diesen Austausch von Zärtlichkeiten. Jeder bleibt auf seinem Stuhl sitzen und hält sich zurück. Ich sage nie: »Nehmen Sie sich doch in die Arme.« Ich frage vielmehr: »Was würden Sie jetzt, in diesem Augenblick, gern tun, wenn Sie sich das erlauben dürften?« Oft bedarf es nur dieser Erlaubnis.

Wenn die Emotion der Liebe erst einmal gespürt und mitgeteilt ist, dann weiß ich: Diese beiden können sich noch mehr Dinge sagen, ohne sich zu zerfleischen. Die gemeinsam empfundene Liebe gibt in der Beziehung die notwendige Sicherheit, um sich mitzuteilen und den anderen anzuhören. Es mag einige Zeit dauern, ehe die Beziehung ihre Kanten verliert, aber die Fundamente für ein neues inniges Verständnis sind gelegt.

Zwei Jahre nach dem Treffen, das ich am Anfang dieses Kapitels beschrieben habe, erhielt ich von Jutta folgende Nachricht:

»Ich habe meinen Eltern gesagt, ich fände, daß sie mir nähergerückt sind und mir verständnisvoller erscheinen.

Ich habe sie gefragt, worauf sie diese Veränderung zurückführen. Ich wollte Dir die begeisterte Antwort meines Vaters mitteilen: ›Das ist seit unserer Begegnung mit dir bei Isabelle Filliozat.‹«

Gedicht

Im folgenden ein Brief in Gedichtform von Nicole an ihre Mutter. Die 86jährige ist mit ihrer ganzen Familie zerstritten und hat zu allen anderen Kindern die Brücken abgebrochen. Nur mit Nicole, die einfach nicht lockerlassen wollte, redet sie noch. Dabei hat Nicole als einzige ihrer fünf Geschwister den Mut gehabt, ihr die Wahrheit ins Gesicht zu sagen:

Mama

Ich weiß, daß Du da bist,
dort und nicht weit von mir.
Unsere Leben laufen nebeneinander her,
ohne sich je zu kreuzen.

Die Zeit, Tag für Tag,
hat im langen, schweren Schweigen
den Graben tiefer aufgerissen,
der sich zwischen uns aufgetan.
Wie zwei Fremde,
und doch bist Du meine Mutter …

Ich höre in der Stille,
wie unsere Gedanken sich kreuzen
und unser beider Einsamkeit
sich bisweilen trifft.

Ich suche nach Worten, Mama,
ehe es zu spät ist,
denn was uns trennt,
das könnte doch…

All die Kümmernisse von einst,
als ich als kleines Kind
verständnislos darauf wartete,
daß Du zärtlich zu mir wärest.

Ich wollte in Deinen Augen,
als Du mich angeblickt,
die Liebe glänzen sehen,
um mir beim Großwerden zu helfen.

Du liebtest einen anderen,
Du dachtest nur an ihn,
Dein Herz war anderswo,
und auch Deine Gedanken.

Was ist geschehen
in all den Tagen,
in denen ich auf Dich gewartet
und auf Deinen abwesenden Blick,
Deine automatischen Gesten?

O Du nährtest mich,
wuschst mich und kleidetest mich,
kümmertest Dich um mich,
doch wie um einen Gegenstand.

In all den Jahren
fehlte mir Deine Liebe.
Ich suchte sie überall
und suche sie noch heute.
Du hast mich nicht erkannt.
Du hast mich nicht gewollt.

Seither versuche ich vergeblich
zu wissen, wer ich bin,
und ob man mich lieben kann
und ob ich hübsch bin,
ob mein Leben einen Sinn hat
und ob ich einen Wert besitze.
Und ich will wissen,
ob ich ein Fehltritt bin…

So viele Jahre sind vergangen,
die keine Lösung brachten
für das, was zwischen uns steht,
für die nicht ausgesprochenen Worte,
die nicht gesagte Liebe,
die uneingestandene Zärtlichkeit
und auch nicht für die Sehnsucht.

Denn ich kann mich nicht daran hindern,
an die zu denken,
die ich hätte sein können,
wenn Du mich geliebt hättest.

Die Hoffnung immer bewahren,
und ehe man geht
zu wissen, daß man gezählt hat
für die, die um uns sind,
und daß ein einziges Wort von Dir,
alles hätte ändern können,
dieses Wort, ich bitte Dich,
dieses Wort, so sag es mir,
schenke mir diese Geste,
und sag mir, daß Du mich liebst,
ich brauche Dich so sehr …

Oft denk ich an den Tag,
da Du dann nicht mehr bist,
und kann nicht hinnehmen
den Gedanken, daß Du beim Gehen
die Worte mit Dir nimmst,
die mich erlösen könnten,
und daß Du nicht weißt,
wie sehr Du mir gefehlt hast
und wie gern ich Dich,
in meine Arme schlösse,
um Dir zu sagen, wie sehr
ich mich nach Dir gesehnt
und mich noch immer sehne …

was es durchgemacht hat, wollen sie das wiedergutmachen.

Wenn man das Vorher mit dem Nachher des Gesprächs mit den Eltern vergleicht, ergibt sich für manche meiner Klienten ein Unterschied wie Tag und Nacht. Andere stellen in dem Verhältnis dagegen lediglich mehr Zärtlichkeit, Nähe und Innigkeit fest. Ich höre regelmäßig Sätze der Art: »Vorher bin ich meinen Eltern bei jeder Gelegenheit aus dem Weg gegangen. Ich habe mich bei ihnen ganz unwohl gefühlt. Jetzt gehe ich gern zu Familienfesten.« Auch die Eltern äußern Zufriedenheit: »Ich habe meine Tochter wie ein rohes Ei behandelt. Ich hatte Angst vor ihren Reaktionen. Seit unserem Gespräch fühle ich mich ihr gegenüber entspannter.«

Wenn Eltern bereit sind, sich auf die Wahrheit ihrer Kinder einzulassen, wenn sie sich ihre Bedürfnisse anhören und zur Wiedergutmachung bereit sind, geht aus der Begegnung viel Liebe hervor. Es wäre schade, es gar nicht erst zu versuchen. Im schlimmsten Fall haben Sie es probiert und müssen sich von dem Gedanken verabschieden, daß Sie liebende Eltern haben. Der Weg kann steinig und die Arbeit schwierig sein. Wenn die Beziehung zerrüttet ist, empfiehlt sich die Vermittlung durch einen Dritten. Einem Psychotherapeuten kann man nicht nur seine seelischen Verletzungen anvertrauen. Er begleitet einen auch beim Abreagieren aufgestauter Emotionen und bei der Arbeit an einer Aussöhnung mit den Eltern. Der urteilsfreie Raum des therapeutischen Sprechzimmers erleichtert Echtheit und hilft beim Wiederaufbau einer Intimität, die für die Entfaltung von Liebe notwendig ist.

Hoffentlich habe ich den Wunsch in Ihnen geweckt,

Denn wenn ich auch
kein Kind mehr bin, so braucht man
doch stets das Wissen,
daß man geliebt wird.

Denn ich bin Dein Kind,
Du bist meine Mutter,
Du hast mich empfangen,
Du hast mich zur Welt gebracht,
Du bist die erste, die ihre Augen auf mich gerichtet,
Du hast mich das Leben gelehrt …

Mama, o Mama …

Nicole Toupet

Schlußbemerkung

Zum Abschluß möchte ich einen letzten Brief vorstellen. Claudia schreibt ihrer Mutter:

»Unsere Beziehung ist heute neutraler und weniger explosiv. Du denkst immer an die Geburtstage Deiner Enkel und zeigst Dich dabei finanziell besonders großzügig. Du machst Dich nützlich, hilfst uns im Garten und anderswo, schenkst uns Obst, Gemüse oder Blumen aus Deinem Garten, kochst Marmelade … Manchmal schiebe ich einen flüchtigen Gedanken beiseite: daß Du damit die Vergangenheit wiedergutmachen willst. Denn ich habe gesehen, wie Du Dir an Deinem letzten Geburtstag diskret einige Tränen abgewischt hast, als hättest Du das Gefühl, daß Du es nicht verdienst, von Deinen Kindern beschenkt zu werden. Ich ahne, wie schwierig das für Dich ist. Dann träume ich von einer echten Aussöhnung, von großen liebevollen Augenblicken, von einem Verständnis und einer Zuneigung, die ich mit einer aufmerksam gewordenen Mama teile. Oft keimt in mir die Hoffnung auf, daß Du erwartest, daß ich die Hand ausstrecke. Wir können die Vergangenheit nicht ändern. Was gewesen ist, ist gewesen. Wir können die Uhr nicht zurückdrehen. Aber wenn wir wollen, haben wir die Möglichkeit, unsere Gegenwart besser zu gestalten. Heute, Mama, ist es höchste Zeit, daß wir wieder zusammenkommen. Ich werde immer nur eine Mama haben, und

das wirst immer Du sein! Ich bewahre mir diese Hoffnung – und kann mich mit dem Gedanken nicht abfinden, daß Du mich nicht lieben kannst. Außerdem kennst Du die Antworten auf bestimmte Fragen: Sie würden es mir ermöglichen, daß ich Dich besser verstehe, und Dir, daß Du Dich ausdrücken und befreien kannst. Könntest Du doch nur mein Leiden verstehen und Deinen Teil an der Verantwortung dafür anerkennen. Dann könnten wir endlich beide die Vergangenheit besser verarbeiten, besser akzeptieren.«

Die Aussöhnung ist nicht notwendig, um das Leiden an unserer Kindheit zu überwinden. Aber wir brauchen sie für ein inniges Verhältnis zu unseren Eltern. Ohne Authentizität gibt es keine Liebe. Dinge, die nicht gesagt werden, belasten Beziehungen. Befreien wir uns von der Angst vor unseren Eltern. Eltern sind Menschen wie du und ich. Sie haben Anspruch auf unsere Achtung und Wertschätzung. Wagen wir die Konfrontation, und lassen wir Aggressionen, Distanz oder Gleichgültigkeit hinter uns. Liebe zu den Eltern ist möglich. Warum sollten wir uns mit einem oberflächlichen Verhältnis begnügen, wenn wir – und das geht in den meisten Fällen – eine Beziehung der Intimität und des innigen Vertrautseins schaffen können?

Wir entwürdigen unsere Eltern, wenn wir ihnen die Verantwortung für ihre Handlungen absprechen. So sprechen wir ihnen die Fähigkeit zur Liebe, das Bedürfnis, ihrem Kind einfühlsam zu begegnen, ab. Ich bin davon überzeugt, daß die überwiegende Mehrheit der Eltern für ihre Kinder das Beste will. Die meisten sind in der Lage, ihre Fehler einzusehen und sich in ihr Kind hineinzuversetzen. Und kaum haben sie erfahren, wie es die Dinge erlebt und

Kontakt zu Ihren Eltern aufzunehmen und aufrichtig mit ihnen – über sich – zu reden.

Ich schließe die Arbeit an diesem Buch am Jahrestag der welterschütternden Tragödie des 11. September ab und beginne von anderen Aussöhnungen zu träumen. Sie folgen alle dem gleichen Muster und verlangen nach der Anerkennung der Verletzungen jedes einzelnen, nach Äußerung und Annahme der Wut, nach Achtung des Erlebens anderer, nach Gerechtigkeit und Einfühlung in den erlittenen Schmerz. Der Weltfrieden beginnt mit dem Frieden in unserem persönlichen Umfeld.

»Mögen meine Worte den Weg in Dein Herz finden …« – so lautet unsere inständige Bitte und unsere heimliche Hoffnung, wenn wir den Brief an einen unserer Eltern in den Postkasten werfen.

Hoffentlich haben meine Worte den Weg in Ihr Herz gefunden. Hoffentlich geleiten sie Sie auf dem Pfad der Aussöhnung mit Ihren Eltern und vielleicht mit anderen.

Aix-en-Provence, 11. September 2003

PIPER

Marcel Rufo

Geschwisterliebe – Geschwisterhaß

Die prägendste Beziehung unserer Kindheit. Aus dem Französischen von Elsbeth Ranke. 256 Seiten. Gebunden

Einen Bruder oder eine Schwester zu haben kann die Hölle sein, aber auch ein fabelhaftes Glück. Der bekannte französische Kinderpsychologe und Bestsellerautor Marcel Rufo nimmt in seinem neuen Buch das Geschwisterverhältnis unter die Lupe und geht allen wichtigen Fragen auf den Grund: Ist es vorteilhafter, der Ältere oder der Jüngere zu sein? Haben Eltern ein Lieblingskind? Wie verstehen sich Brüder und Schwestern in den verschiedenen Lebensphasen? Muß es chronische Haßliebe sein? Wie nah dürfen sich Geschwister kommen? Die Antworten des passionierten Arztes – auch zu Adoptivgeschwistern, Zwillingen, Scheidungskindern – überraschen und beruhigen. Es gelingt Marcel Rufo, Klischees und falsche Vorstellungen über die Geschwisterbeziehung gegen den Strich zu bürsten und beispielsweise ein Lob auf die Eifersucht und den fairen Wettkampf zwischen Brüdern und Schwestern anzustimmen.

01/1422/01/L